ÉPISTÉMOLOGIE ET INSTRUMENTATION
EN SCIENCES HUMAINES

Jean-Pierre Pourtois
Huguette Desmet

ÉPISTÉMOLOGIE ET INSTRUMENTATION EN SCIENCES HUMAINES

Dernière édition

MARDAGA

Collection : PSY- Théories, débats, synthèses
dirigée par Marc Richelle et Xavier Seron

© 2007 Éditions Mardaga
Avenue Pasteur 6 - bât. H
B-1300 Wavre (Belgique)
D. 2007-0024-35

Prologue à la 3ᵉ édition

Le présent ouvrage reste pour nous d'une belle actualité. Certes, nous avons poursuivi notre réflexion mais nous restons persuadés que, comme nous le suggérions à ce moment, le saut d'une posture à l'autre, d'une démarche à l'autre, d'une méthodologie à l'autre... non seulement est possible, mais enrichit singulièrement la connaissance scientifique. Nous sommes de plus en plus convaincus qu'il faut aujourd'hui dépasser les « voies royales » que sont le « tout quantitatif » ou le « tout qualitatif ». Il ne s'agit plus aujourd'hui de « s'enfermer » dans les chemins tout tracés qui réduisent la compréhension de la réalité. Les manières d'interroger celle-ci sont multiples. Utilisons-les.

D'autant plus que la réalité est et restera problématique : elle ne peut se dévoiler facilement, elle se présente sous de multiples facettes, elle n'est pas le reflet d'une réponse unique et univoque. Ainsi, la recherche doit-elle être le lieu par excellence de la problématisation, à savoir du questionnement permanent et pluriel. Nous continuons à plaider pour une approche centrée sur la question (perspective problématologique) et non sur une réponse unique, figée, valable une fois pour toute (perspective résolutoire). C'est toujours dans ce sens que nous avons abordé l'épistémologie en sciences humaines. Au cours du temps, notre position n'a fait que se renforcer. Notre questionnement reste identique. Comment parler de la réalité ?

En fait, cette question n'est pas neuve ; depuis l'aube des civilisations, l'homme se l'est posée. Mais la réponse a toujours donné lieu à des débats contradictoires. Ainsi, avec Platon et Aristote, le rapport à la réalité a donné lieu à deux conceptions divergentes de l'épistémologie, l'une idéaliste, l'autre réaliste. La version platonicienne est idéaliste en ce sens qu'elle présuppose que l'Être des choses est unique et stable. La version aristotélicienne considère, par contre, que l'Être est à la fois « Un » et « Multiple ». L'une donnera naissance au positivisme et plus tard au néopositivisme, l'autre sera au fondement de l'herméneutique et de la phénoménologie. Ainsi, l'histoire des sciences humaines commence-t-elle sur base d'un contentieux épistémologique de longue date. Dans le présent ouvrage, c'est bien de ce contentieux qu'il est question. Nous avons voulu examiner l'une et l'autre postures épistémiques et prendre en compte la validité scientifique de leur instrumentation et de leurs conclusions.

Quel que soit l'axe épistémique adopté, l'examen de la validité scientifique devra être effectué. Toutefois, la procédure prendra des aspects différents. Ainsi, si on considère la réalité comme un ensemble de solutions clôturées (perspective résolutoire), la scientificité résidera dans la validation des réponses ; si, au contraire, le réel est perçu comme problématique et ouvert (perspective problématologique), la conception scientifique prendra en considération différentes manières d'interroger le monde, par exemple en optant soit pour une observation extérieure et objective, soit pour une prise en compte des interactions du chercheur avec les acteurs. Dans le premier cas, la validation [1] des observations sera centrale ; dans le deuxième, ce sont les prétentions à la validité qui seront examinées auprès des acteurs.

C'est bien de cette distance relative à la réalité vue à travers le dilemme épistémique réalisme / anti-réalisme (ou idéalisme) que nous débattons dans le présent ouvrage. Sachons qu'au sein des deux positions, la manière d'envisager la réalité va être l'objet d'interprétations différentes. On peut ainsi dégager diverses postures du réalisme (réalisme naïf, scientifique, phénoménologique) comme on peut en détecter d'aussi diverses du côté de l'anti-réalisme (positivisme, instrumentalisme, pragmatisme, constructivisme...). Nous avançons l'idée qu'au cours d'une recherche, le chercheur peut avoir une vue articulée de plusieurs postures. Ainsi, par exemple, dans un premier temps, il peut mettre en avant les perceptions ordinaires du monde des acteurs (réalisme naïf), puis, dans un deuxième temps, déboucher sur une structure phénoménologique (réalisme phénoménologique), enfin, dans un troisième temps encore, envisager une perspective constructiviste qui postule que l'observateur construit son objet de savoir tout en étant lui-même construit par l'environnement observé.

La réflexion développée dans le présent ouvrage est bien celle que nous défendons toujours aujourd'hui ; elle met effectivement en évidence l'importance de se dégager de l'enfermement dans une structure rigide et univoque comme nous le signalions au début de ce prologue.

Pour guider le chercheur, nous avons proposé dans une publication intitulée « Les points-charnières de la recherche scientifique » (Pourtois, Desmet et Lahaye, 2001) les diverses étapes qui balisaient la construction et la réalisation d'une recherche. Nous avons insisté, d'une part, sur la nécessaire démarche de « validité de reliance » qui vérifie la cohérence des étapes les unes par rapport aux autres et, d'autre part, sur la richesse d'une recherche qui emprunte des voies hybrides dans son cheminement à travers les étapes.

---

[1] Habermas J. (1987), *Théorie de l'agir communicationnel*, t. 1 et 2 (traduction française, 1987), Paris, Fayard.

Prenons deux exemples pour illustrer cette vision hétérogène. On peut imaginer une recherche qui s'inscrit dans un paradigme explicatif avec des hypothèses a priori et qui utilise des données qualitatives traitées qualitativement ou encore une recherche de type compréhensif sans hypothèses a priori et qui utilise des données qualitatives traitées quantitativement. Une grande variété de combinaisons est possible. Le chercheur a donc une belle liberté d'action pour autant qu'il argumente ses décisions. A tout moment, il doit faire preuve de vigilance épistémique, de cohérence systémique et de rigueur scientifique. Son questionnement à chaque étape de la recherche est incontournable. La réflexion sur la position hétérogène que nous proposons peut être trouvée dans l'ouvrage de P. Paillé (« La méthodologie qualitative », Colin, 2006) au chapitre intitulé « Postures et démarches épistémiques en recherche » (Pourtois, Desmet et Lahaye).

Aux lecteurs qui désirent réfléchir sur les postures et démarches épistémiques que nous adoptons, nous proposons les quelques références bibliographiques suivantes :

Berthelot J.-M. (2001), *Epistémologie des sciences sociales*, Paris, PUF.

Meyer M. (2005), *Comment penser la réalité ?*, Paris, PUF.

Mucchielli A. (1996), *Dictionnaire des méthodes qualitatives en sciences humaines et sociales*, Paris, A. Colin.

Paillé P. et Mucchielli A. (2003), *L'analyse qualitative en sciences humaines et sociales*, Paris, A. Colin.

Paillé P. (sous la direction de) (2006), *La méthodologie qualitative. Postures de recherche et travail de terrain*, Paris, A. Colin.

Pourtois J.-P., Desmet H. et Lahaye W. (2001), Les points-charnières de la recherche scientifique, *Recherche en soins infirmiers*, 65, pp. 29-52.

Sciences humaines (revue 2000-2001), Débats autour de la science, n° 31, hors série, décembre 2000 – janvier-février 2001, pp. 58-62.

Jean-Pierre Pourtois et Huguette Desmet, juin 2007.

Avant-propos

Quel mobile nous a poussés à écrire un ouvrage consacré à l'épistémologie et à l'instrumentation en sciences humaines ? Notre intérêt premier nous a orientés vers la problématique des techniques instrumentales car nous sommes convaincus que le choix des outils d'investigation est une étape capitale dans le déroulement d'une recherche. Or, il faut bien avouer qu'en sciences humaines, les chercheurs n'accordent pas souvent à cette démarche toute l'attention qu'elle mérite. Et pourtant, quel crédit peut-on octroyer à une recherche dont les méthodes de prises d'information ne seraient pas tout à fait valides ou adéquates à l'objet d'étude ?

Par ailleurs, lorsqu'un chercheur sélectionne ou élabore un instrument d'évaluation, il fait un choix épistémologique qui conditionne toute son étude ultérieure. Dès lors, les divers courants de pensée qui sous-tendent les connaissances actuelles en sciences humaines ont retenu toute notre attention. En d'autres termes, il était impossible de concevoir l'instrumentation sans s'attacher à l'épistémologie dans laquelle elle s'inscrit.

Par la présentation des différents courants de pensée et d'action, nous souhaitons amener le lecteur à confronter ses propres jugements et pratiques au cadre actuel de réflexion et de savoir dans le domaine des sciences en général et des sciences humaines en particulier.

Nous avions nous aussi à effectuer cette démarche et à situer nos propres positions épistémologiques. Nos études et recherches antérieures étaient résolument orientées vers une perspective positiviste dans laquelle la méthode expérimentale était largement privilégiée. Pourtant, il nous est apparu que le monde objectif — certes, il est important et loin de nous l'idée de le négliger — n'était peut-être pas suffisant pour comprendre le monde social qui nous entoure. L'acteur, avec sa subjectivité, ses motivations et ses intentions, dans sa quotidienneté et sa singularité, nous semblait une dimension à ne plus omettre. La phénoménologie, l'interactionnisme symbolique, la méthode clinique étaient autant d'approches qui nous paraissaient apporter les éléments qui manquaient à notre première orientation.

Des auteurs tels que J. Habermas et P. Bourdieu nous renforçaient dans notre optique d'articuler les divers types de savoirs en vue d'appréhender le monde dans ses dimensions multiples. Par ailleurs, notre pratique de la recherche participante dans le domaine de la formation des parents à l'éducation nous avait appris qu'il était possible et extrêmement enrichissant de combiner des méthodes de recherche.

Nous avons donc opté pour une position dialectique. Ce n'est certes pas le choix le plus confortable mais c'est celui qui nous semble le plus riche et le plus prometteur. Notre attachement au pôle positiviste restant entier, s'est posée d'emblée à nous la question de savoir comment saisir et interpréter de façon scientifique, c'est-à-dire en respectant les principes de vérification des informations et de contrôle des inférences, les significations subjectives émanant des acteurs. Nous avons tenté de répondre à cette interrogation en proposant au lecteur un ensemble de méthodes de recueil et de traitement d'une information qualitative et en suggérant pour chacune d'elles les stratégies à mettre en œuvre pour garantir une crédibilité, une transférabilité et une fiabilité de qualité à la recherche.

Ainsi s'est constitué l'itinéraire du présent ouvrage. Nous voudrions adresser ici notre gratitude à J. Cardinet (Université de Neuchâtel), à E. Becchi (Université de Pavie), à P. Dickès (Université de Nancy), à M. Perrez (Université de Fribourg) et à J.-M. Van der Maren (Université de Montréal) : sans leurs suggestions et sans leurs objections, cet ouvrage n'aurait pas trouvé sa forme actuelle ; nous les en remercions vivement.

Introduction

La nécessité d'étudier les problèmes éducatifs, sociaux ou psychologiques sous l'angle d'une recherche véritablement scientifique naquit avec le XXe siècle. Un positivisme souvent strict s'instaura au sein des sciences humaines. Cette volonté de rigueur était pleinement légitime : il s'agissait de parvenir à une épistémologie scientifiquement éprouvée ou, pour reprendre l'expression de Claude Bernard, à un «jugement motivé».

En fait, on rompit définitivement avec les affirmations péremptoires et les connaissances intuitives qui avaient constitué jusqu'alors le champ du savoir en sciences humaines.

Depuis lors, la méthode expérimentale n'a cessé de se développer et, avec elle, sa cohorte de techniques d'investigation et d'analyse qui se doivent de répondre à des critères précis de rigueur, d'objectivité, de quantification et de cohérence. Ainsi, on quitte radicalement le domaine de l'opinion pour s'attacher exclusivement à des expériences scientifiquement reconnues. Près de cent ans ont passé ainsi...

Pourtant, au cours de cette dernière décennie, un nombre croissant de chercheurs vont mettre en question l'approche expérimentale classique, insuffisante selon eux à explorer la réalité éducative et sociale, complexe et en perpétuelle évolution.

Selon la conception positiviste traditionnelle, l'observation, la mesure et la répétitivité des faits vont permettre d'expliquer les phénomènes et de formuler les lois qui les régissent. Dans cette optique, la démarche est non problématique car le «fait» est une réalité. Il ne peut ni être nié, ni être contesté.

Or, à l'heure actuelle, de plus en plus de chercheurs en sciences humaines sont convaincus que les «faits» sont dépendants des conceptions qui sous-tendent leur observation ainsi que des théories et des hypothèses sous-jacentes à la recherche. Les «faits» ne seraient que le résultat de la perception du chercheur. Même si son observation est scientifique, elle n'est jamais que le produit de ses sens et de sa représentation du monde. Selon ce courant, les techniques d'investigation les plus raffinées n'y pourront rien. Par contre, l'acceptation de la relativité des «faits» va rendre possible des lectures diverses et donc une approche plus riche de la réalité.

Ainsi évoluent les conceptions épistémologiques. Ce changement est à l'origine d'un intérêt nouveau pour la recherche qualitative dont les fondements phénoménologique, interactionniste, dialectique vont susciter la mise en œuvre d'une démarche prenant plus largement en compte la complexité des situations, leurs contradictions, la dynamique des processus et les points de vue des agents sociaux. Car, pour les phénoménologues, en sciences humaines, ce qui est appelé faits concrets de la perception courante (comportements, pratiques, opinions, interactions, etc.) ne sont pas aussi concrets qu'il n'y pourrait paraître; ces faits recèlent des constructions, des abstractions, des généralisations, des formalisations et des idéations dont tout chercheur doit tenir compte sous peine de voir l'authenticité de ses recherches tronquée. Les faits ne sont jamais purs et simples; dès lors, l'observateur extérieur ou le partenaire ne saisit que certains aspects de la réalité, notamment ceux qui sont pertinents pour lui (Schütz, 1975, pp. 8-9). Ainsi, toute interaction de la vie quotidienne repose sur une série de constructions courantes, notamment de constructions sur le comportement anticipé de l'autre. C'est pourquoi, selon le sociologue de l'action qu'est M. Weber, pour comprendre le monde, il faut saisir l'ordinaire et les significations attribuées par les acteurs à leurs actes. Il ajoute que cette connaissance, combinée au réflexif, aboutira à une synergie pertinente pour la compréhension des sociétés complexes. A. Schütz dira que, pour accéder à un statut de scientificité, cette démarche doit s'effectuer selon les règles d'organisation logique de la pensée, à savoir notamment les principes d'inférence contrôlée et de vérifiabilité des informations et des interprétations.

Toutefois, ce type d'approche présente aussi ses difficultés et ses insuffisances. Notamment, les problèmes que posent la généralisabilité des conclusions, la fidélité et la validité de l'instrumentation «souple» ainsi que la réduction des données récoltées sur le terrain sont extrêmement ardus, voire insurmontables. La tendance de la «sociologie spontanée» à n'examiner que les interactions humaines au détriment des structures sociales dans lesquelles elles s'inscrivent est un autre écueil dont il faut être conscient.

Aujourd'hui, les deux tendances épistémologiques et méthodologiques s'affrontent souvent, s'articulent rarement encore. Le propos de la présente étude est d'exposer les éléments du débat qui oppose ces deux courants. Leur présentation, qui constituera le chapitre II de l'ouvrage, se veut quelque peu manichéiste et caricaturale. En choisissant de développer les positions parfois extrêmes de chacune des approches, nous tenterons d'éclairer un débat complexe, qui n'a pas trouvé jusqu'ici de véritable issue. Mais faut-il vraiment opposer l'approche nomothétique à l'approche herméneutique ? Des efforts sont actuellement tentés pour, d'une part, distinguer les deux conceptions et pour, d'autre part, les articuler. Beaucoup de chercheurs s'engagent actuellement dans cette dernière perspective. Leur position est inconfortable et la tâche est incertaine. Une nouvelle méthodologie est en train de s'élaborer, méthodologie qui s'appuie sur une dialectique entre deux démarches divergentes pour que soit réalisée en fin de compte leur complémentarité : tâche difficile certes mais combien prometteuse...

Pour nombre d'entre eux, la méthodologie quantitative et la méthodologie qualitative ne doivent plus être opposées. Il y a bien un matériau quantitatif qui diffère du matériau qualitatif mais la conception méthodologique doit tendre vers une synergie. Ainsi, des procédures et des questions méthodologiques vont devenir communes et l'on n'associera plus théoriquement les méthodes quantitatives au positivisme et les méthodes qualitatives à l'herméneutique. Par exemple, un matériau qualitatif peut éventuellement être traité par des méthodes quantitatives. La technique classique de l'analyse de contenu est une parfaite illustration de cette conception. A l'inverse, une démarche qualitative peut parfois être utilisée pour un matériau recueilli dans une optique strictement quantitative. C'est le cas, par exemple, des informations récoltées par une enquête extrêmement structurée.

Nous retiendrons ici la pensée de P. Bourdieu (1987) avec laquelle nous sommes en total accord, pensée qui peut être étendue à l'ensemble des sciences humaines. Cet auteur affirme qu'il est possible et nécessaire de dépasser les oppositions qui marquent la sociologie actuelle. Cette dernière est encore et toujours enfermée dans l'alternance du subjectivisme et de l'objectivisme et n'arrive souvent à concevoir des tentatives de dépassement de cette alternative qu'au prix d'une régression vers le subjectivisme. Pourtant, les oppositions d'école, de paradigmes, de méthodes apparemment incompatibles n'ont pas de fondement scientifique, précise P. Bourdieu. Au contraire, négliger l'un ou l'autre point de vue s'avère dangereux car la démarche est mutilante. Nous examinerons ultérieurement les lacunes qu'on peut déceler dans l'une et l'autre approches. La construction de structures objectives, écartant les représentations subjectives est inévitable à un moment donné de l'étude (moment objectiviste) si on ne veut pas s'exposer à de graves erreurs. Mais elle ne doit pas faire oublier les représentations des agents engagés dans le monde social afin de comprendre à travers leurs expériences quotidiennes comment se conservent ou se transforment les structures sociales (moment subjectiviste). En fait, il s'agit de réintroduire dans un second moment ce qu'il a fallu écarter pour saisir la réalité objective. Ainsi, il devrait constamment s'instaurer une dialectique entre ces deux temps. D'autant plus, ajoute P. Bourdieu, que les antagonismes sont porteurs de richesses. Ils contiennent en eux les possibilités de leur dépassement. Ce point de vue peut être illustré par l'exemple parfaitement éclairant que nous fournit l'auteur précité : *« Il est évident (...) que Weber a vu ce que Marx ne voyait pas, mais aussi que Weber pouvait voir ce que Marx ne voyait pas parce que Marx avait vu ce qu'il avait vu »* (1987, p. 49).

C'est dans cette perspective d'articulation, voire de synergie des conceptions épistémologiques et méthodologiques qu'en tant que chercheurs nous nous situons, même si dans la suite de l'ouvrage nous sommes parfois obligés, pour des besoins de clarté, d'opposer les deux approches.

Par ailleurs, la présente étude vise l'analyse d'une composante de base de la méthodologie scientifique : l'instrumentation. Cette dernière se situe au premier niveau de la recherche, celui dont on sous-estime souvent l'importance, celui qui, pourtant, porte inévitablement en lui des éléments théoriques sous-tendant les valeurs du plan de recherche, voire celles du chercheur et/ou d'une époque. En fait, les instruments, qui sont un ensemble de procédures de mesure, jouent un rôle décisif dans l'accroissement des connaissances. Ils sont nés avec l'apparition de la méthode expérimentale et entendent garder leur rigueur avec l'émergence de l'approche qualitative. L'objectif ici poursuivi est d'examiner dans quelle mesure il existe une correspondance entre les conceptions épistémologiques actuelles et les techniques d'instrumentation utilisées dans les travaux récemment publiés. En d'autres termes, la réflexion épistémologique atteint-elle le côté concret de la recherche? Peut-on observer des tendances évolutives dans l'emploi des méthodes d'investigation?

L'étude que nous avons menée pour répondre à cette interrogation est développée dans le chapitre III de cet ouvrage. Nous y relatons le résultat de l'analyse de quelque 615 instruments extraits d'articles issus de trois revues différentes : *Les sciences de l'éducation pour l'ère nouvelle*, la *Revue française de pédagogie* et *The Journal of experimental education*, soit deux revues françaises et une américaine. Le but est de confronter les instruments provenant des recherches actuelles (années 1982-1983-1984) avec ceux employés dans les recherches datant de dix ans (années 1972-1973-1974). La comparaison s'effectuera en fonction de divers critères tels que la proportion d'articles utilisant des instruments, le type d'instruments employés, leurs qualités métrologiques, leur originalité et la théorie sous-jacente à leur construction. Les données recueillies et analysées nous permettront d'affirmer qu'il y a manifestement un changement dans l'utilisation des instruments, changement dont l'orientation tend à s'effectuer parallèlement à celle des conceptions nouvellement émises en sciences de l'éducation.

Enfin, une partie de l'ouvrage (ch. V) est consacrée à une illustration des chapitres précédents en ce sens que nous y présentons une série de techniques instrumentales. Cet ensemble d'outils constitue une concrétisation des idées qui figurent dans les parties précédentes. Nous pensons que cette présentation pourra être une aide efficace pour le chercheur qui disposera ainsi d'instruments susceptibles de le servir dans ses recherches.

Chapitre I
La science aujourd'hui

> *Ainsi, le monde nouveau qui s'ouvre est incertain, mystérieux.*
>
> E. MORIN, *La méthode.*

1. LE RAPPROCHEMENT DES DISCIPLINES

Chacun sait que les sciences humaines ont, depuis le début de leur développement, utilisé les concepts et les méthodes des sciences naturelles. Aujourd'hui, la plupart des sciences expérimentales repensent leurs objets et leurs méthodes de recherche. Par exemple, en sciences humaines, on s'interroge sur les interactions entre les observateurs et les observés, les mesurants et les mesurés. Mais les interrogations épistémologiques et les doutes méthodologiques atteignent aussi bien les sciences naturelles que les sciences humaines et concernent notamment la prise en compte de la complexité des phénomènes.

I. Prigogine et I. Stengers (*La nouvelle alliance*), E. Morin (*La méthode*), K. Popper (*L'Univers irrésolu*), R. Boudon (*La place du désordre*), pour ne citer que certains auteurs des plus représentatifs, nous livrent leurs réflexions à ce propos. On observe une parenté dans les interrogations que se posent ces divers auteurs. Un tournant s'amorce à l'heure présente dans la pensée scientifique. « La science d'aujourd'hui n'est plus la science classique » dira Prigogine à ce sujet.

Mais qu'entend-on par méthode scientifique à l'heure actuelle?

Avec J.-P. Beaugrand (1982), nous définissons la méthode scientifique générale comme un procédé de résolution de problèmes relatifs à la connaissance du monde. La démarche scientifique n'est pas réductible à une technique particulière. Ainsi, par exemple, elle ne peut être assimilée à la méthode expérimentale. Une discipline scientifique au contraire va utiliser un ensemble de techniques pour résoudre des problèmes spécifiques qui se posent à elle.

D'autre part, J.-P. Beaugrand (1982) affirme que la démarche scientifique générale s'applique à toutes les disciplines. Seules, des techniques et tactiques spécifiques vont les distinguer.

La méthode scientifique se différencie des autres méthodes de connaissance (croyances populaires ou religieuses ou même pré-scientifiques) par le fait, pour reprendre les conceptions de K. Popper, qu'elle est capable de s'auto-corriger, c'est-à-dire qu'elle est apte à remettre systématiquement en question tout ce qu'elle a proposé. Ainsi, «le jeu de la science est en principe sans fin». Pour Popper, les théories qui rassemblent et organisent les énoncés à propos des faits en un réseau cohérent sont donc des ensembles en continuel changement. Selon Popper, elles ne sont en fait que des prétextes à réfutation empirique. Dans une perspective plus dialectique, le but est d'arriver à compléter, achever, adapter les connaissances. Ce n'est que sous cette condition que la démarche peut être considérée comme scientifique.

La perspective qui consiste à réduire la complexité à un petit nombre de lois est de plus en plus abandonnée[1]*. La science d'aujourd'hui doit faire face à un univers fragmenté et à une perte de certitude[2], à un réexamen de la place du hasard et du désordre[3] ainsi qu'à une prise en considération des évolutions, mutations, crises et bouleversements en lieu et place des états stables et permanents[4]. Cela implique une modification des méthodologies et des logiques car il s'agit de considérer le changement et non plus les états stables.

Le fait est qu'en sciences humaines, il existe peu de théories du changement. Par contre, les théories de la permanence ne manquent pas. Les théories de la personnalité, la mesure de l'intelligence, l'examen de la fidélité des instruments, de la répétitivité des résultats, le concept de réversibilité, etc. sont autant de recherches de la permanence. Dans leur étude traitant de la part de responsabilité des procédures d'évaluation dans l'échec scolaire, G. Noizet et J.-P. Caverni signalent que celles-ci, pratiquées par un opérateur humain, va privilégier le repérage des permanences plutôt que celui des changements dans les productions des élèves (1983, p. 7).

L'épistémologie évolue. D'une façon caricaturale, on peut affirmer que la science en général s'ouvre au milieu où elle se développe

---

* Les chiffres entre crochets renvoient à des notes bibliographiques figurant en fin d'ouvrage.

(Prigogine et Stengers) et que son évolution conceptuelle illustre de plus en plus les interactions qu'elle tente d'établir entre la culture dans laquelle elle s'insère et les conditions du dépassement du cadre étroit de cette culture.

Suite à cette orientation nouvelle, les frontières et les critères de démarcation entre les sciences de la nature et les « sciences de la société » deviennent ténus tant l'élaboration conceptuelle des unes et des autres reflète un même champ épistémologique. A. Schütz (1975, pp. 10-11) différencie sciences naturelles et sciences sociales dans la mesure où en sciences naturelles, les faits, les données, les événements ne sont pas interprétés d'avance. Ils ne contiennent pas en eux de structure de pertinence ou de signification. Par contre, les événements et les données du monde social présentent une structure pertinente et une signification particulière pour les personnes qui y vivent. Ces événements sont interprétés d'avance par les constructions courantes de la réalité de la vie quotidienne. Les considérer dès lors comme des données « naturelles » entraîne la négligence du secteur des constructions et des significations humaines. Ainsi, en sciences humaines, des dispositifs particuliers sont requis, notamment l'examen des caractéristiques des constructions courantes utilisées par l'homme dans la réalité quotidienne. Néanmoins, ajoute Schütz, il ne faut pas en arriver à la conception que les sciences sociales sont radicalement différentes des sciences naturelles. Certaines règles procédurales qui ont trait à l'organisation correcte et rationnelle de la pensée sont communes à toutes les sciences empiriques.

Quant à G. Devereux (1980, p. 7), il affirme que la science du comportement est considérée comme moins scientifique que la physique ou la biologie car, d'une part, le chercheur en sciences humaines est affectivement plus impliqué dans les phénomènes qu'il étudie (c'est-à-dire l'homme et ses comportements en lieu et place d'objets matériels) et, d'autre part, la complexité est une caractéristique fondamentale du comportement. Il est vrai que les chercheurs en sciences humaines, probablement gênés par le fait que leur discipline évolue moins vite que les sciences exactes, en copient les procédés (voir les plans expérimentaux de Fischer, empruntés aux sciences agraires). Cependant, ajoute G. Devereux, cette transposition mécanique ne peut aboutir qu'à des conclusions fausses ou tronquées. Le modèle physicaliste fonctionnerait davantage comme une séduisante idéologie que comme un modèle scientifique (p. 189). L'auteur insiste cependant fortement sur l'importance de mettre au point une méthode scientifique généralisée (p. 29) tout en recourant à des stratégies spécifiques à la discipline envisagée. Par exemple, pour être scientifique, la science du comportement doit commencer par l'examen de la matrice complexe des significations psycho-culturelles d'où prennent naissance les données recueillies.

En d'autres termes, la nouvelle perspective peut mieux se circonscrire grâce aux questions suivantes [5] :

1. Comment s'approprier la mouvance ? C'est-à-dire comment saisir les dynamiques des phénomènes ?

2. Comment prendre en compte l'enracinement social et historique dans la modélisation d'une situation concrète ? C'est-à-dire comment prendre en considération le perçu et les représentations des divers acteurs évoluant dans les situations familières sans aboutir à un quelconque relativisme des connaissances ?

3. Comment définir et opérationaliser l'objectivité ? L'« objectivité faible » s'oppose-t-elle à l'« objectivité forte » de l'approche positiviste initiale ? Comment utiliser l'intersubjectivité (ou l'objectivité faible) pour qu'elle soit apte à contribuer à l'édification de la science ?

Ainsi, les concepts de mouvance, d'enracinement historique et d'objectivité sont au cœur même de l'interrogation que tout chercheur, quelle que soit la discipline qu'il représente, ne peut plus négliger à l'heure actuelle.

2. LA DIVERSIFICATION A L'INTERIEUR DES DISCIPLINES

S'il est vrai qu'une convergence entre les réflexions s'établit entre les diverses disciplines scientifiques, il n'en reste pas moins qu'une diversification des courants de pensée s'installe à l'intérieur de chacune des disciplines. Il en résulte une confrontation des idées qui est susceptible de faire progresser la connaissance scientifique.

Ainsi, on peut affirmer qu'en sciences humaines, la connaissance se construit grâce à la diversité des courants théoriques et à la variété des démarches d'investigation. La méthode expérimentale, la méthode clinique, la méthode ethnobiographique, la recherche participante sont autant d'approches qui, même si elles présentent des oppositions parfois flagrantes, vont chacune, de façon spécifique, contribuer à l'édification de la science.

Face à la diversité des courants, nous pensons qu'il est hautement utile d'examiner les divergences qui constituent les différentes facettes de la connaissance en sciences humaines. Nous nous demandons également comment évoluent les multiples formes de recherche. De plus, on peut aussi imaginer qu'une articulation et une flexibilité entre les diverses orientations théoriques, entre les méthodes et les techniques d'instrumentation sont possibles.

Telles sont les perspectives que se donne la présente étude, s'appuyant sur les réflexions théoriques et philosophiques que nous proposent des auteurs comme D.T. Campbell (1974), L. Cronbach (1974), R. Boudon (1984), R. Caratini (1984), J. Cardinet (1980), J. Coenen-Huther (1984), G. De Landsheere (1982), M. Huberman et M. Miles (1983), E. Morin (1977), K. Popper (1982), J. Habermas (1968), A. Schütz (1975), P. Bourdieu (1987), etc.

Chapitre II
Les deux traditions scientifiques

> *Par définition, la science est faite pour être dépassée.*
>
> P. BOURDIEU, *Choses dites.*

1. LE CONCEPT DE LA CONNAISSANCE

Dans le cadre du thème qui nous occupe ici, à savoir l'instrumentation dans la recherche en sciences humaines, nous nous proposons d'examiner la signification de concepts qui le plus souvent sont acceptés et utilisés sans remise en cause, des concepts qui semblent «aller de soi», des concepts dont le sens pourtant n'est peut-être pas aussi évident qu'il n'y paraît au premier abord. Il nous semble opportun donc de nous interroger sur les notions de «faits», de «données», de «connaissance» ainsi que sur l'existence ou la non-existence de relation entre le sujet et l'objet d'une étude. Ce dernier point nous intéresse particulièrement; il implique, par ailleurs, la remise en question des notions qui précèdent.

A propos de cette question de relation entre sujet et objet, deux thèses importantes s'affrontent. Elles sont à la base de l'ensemble des débats qui traversent aujourd'hui la pensée scientifique. La première thèse considère qu'il n'existe pas de relation entre le sujet et l'objet, c'est-à-dire que les faits, qui découlent exclusivement de l'observation et de l'expérimentation, peuvent être analysés de façon neutre et objective. Cette perspective se rattache au courant positiviste. La deuxième thèse, au contraire, insiste sur l'idée que la réalité n'est jamais extérieure au sujet qui l'examine, qu'il existe donc une relation entre le sujet et l'objet. Cette orientation relève du courant que l'on qualifie de phénoménologique.

1.1. Il n'existe pas de relation

A l'origine de la science, toute connaissance est propre à chaque individu : c'est « mon » expérience qui la constitue. Mais plus tard, elle devient « l » 'expérience quand elle est partagée par la communauté entière. Par la suite, on transformera les données observées en données numériques. Pour cela, des instruments sont créés. C'est aussi à ce moment qu'apparaît la notion de reproductivité. L'expérience répétée et la quantification des données vont amener le chercheur à établir des lois de portée générale [6].

Ces éléments vont constituer la conception positiviste stricte dans laquelle l'esprit de la science doit exclusivement faire appel à l'observation directe, à la constatation et à l'expérience [7]. La connaissance ne peut donc être trouvée que dans l'analyse des faits réels. Ceux-ci doivent faire l'objet d'une description la plus neutre, la plus objective et la plus complète possible. Dans la conception positiviste extrême, ces faits sont non problématiques. Dès lors, il est facile de les qualifier de « vrais » ou de « faux » et leur quantification est aisée. Quant à l'observateur, il doit s'abstraire complètement de sa subjectivité : c'est l'exigence de la neutralité imposée à tout chercheur positiviste classique. Dans cette perspective, affirme R. Boudon (1986, p. 131), les idées fausses sont imputées à la passion ou à la précipitation : elles sont le fait de forces irrationnelles qu'on peut et qu'on doit éradiquer.

Ainsi, le positivisme peut se définir comme une attitude caractérisée par un certain nombre de principes (Thinès et Lempereur, 1984, p. 745) :

1) le positivisme refuse de prendre en considération toute proposition dont le contenu ne soutient directement ou indirectement aucune correspondance avec des faits constatés ;

2) pour le positivisme, il n'y a pas de différence réelle entre l'essence (c'est-à-dire la structure générale des significations) et le phénomène (le fait) ;

3) le positivisme réfute tout jugement de valeur qui ne peut s'appuyer sur aucune certitude scientifique ;

4) toute connaissance n'est valide que si elle se base sur l'observation systématique des faits sensibles.

Pour les néopositivistes, le monde est « tout ce qui arrive », c'est-à-dire, la totalité des faits. Il existe à côté d'un monde imaginé, un monde réel que nous pouvons appréhender par l'élaboration de « tableaux de faits». D'abord, il y a les états de chose qu'on appelle «faits atomiques» (par ex. : «Socrate est sage»). Les «faits», quant à eux, sont les liaisons de deux états de chose (par ex. : «Socrate est un sage et Platon est son élève»). La connaissance est l'expression linguistique bien formalisée du monde. Le langage scientifique doit tenter de réduire intégralement le sens au profit du référé, du descriptif. En vertu du concept d'objectivité, un énoncé n'est légitime que s'il décrit un fait[8].

L'approche néopositiviste initiale a concentré son attention sur les problèmes de logique, particulièrement ceux du langage scientifique et a adopté un langage de base qui se veut universel : le «physicalisme», c'est-à-dire un langage d'objets corporels extra-linguistiques, indépendants du sujet qui les perçoit. Il s'agit de traduire les discours de toutes les autres sciences dans le langage physicaliste et donc de réduire virtuellement ces dernières à la physique. C'est ici que le physicalisme a rencontré des problèmes insurmontables car il s'avéra rapidement presqu'impossible de traduire les acquis de la psychologie dans le langage physicaliste parce que la psychologie n'est pas la science de l'objet mais la science du sujet. En fait, l'objet de la psychologie est le sujet. Mais le sujet peut-il être considéré comme objet?

C'est à ce dernier obstacle que se sont heurtés les chercheurs en sciences humaines. La présente étude tente de montrer les efforts entrepris pour articuler les concepts de sujet et d'objet.

1.2. Il existe une relation

Nombreux sont les courants philosophiques qui réfutent l'existence d'un monde réel, d'une réalité extérieure au sujet. Citons à ce propos les positions des philosophes tels que Kant, Hegel ou Schopenhauer. «Le monde est inconnaissable et ma connaissance est phénoménologique» (Kant), ou «Tout se passe dans mon esprit qui n'est qu'un point de vue de l'Esprit universel» (Hegel), ou encore «Ma représentation est capitale» (Schopenhauer).

G. Devereux (1980) pose la question de savoir quel est le vrai but de la tentation d'isoler le fait «extérieur», objectif, de ses répercussions affectives (p. 150). L'auteur affirme que ce but est essentiellement défensif ; la fuite dans l'objectivité et la neutralité scientifiques s'expliquant par le fait que c'est le moyen qui permet de dissimuler le mieux les motivations irrationnelles inconscientes (p. 151) mais, ajoute l'auteur, elle ne les supprime pas pour autant.

Par ailleurs, nombreux sont les auteurs qui pensent que sous le couvert de l'objectivation se cache le problème éthique de la manipulation et du contrôle. Se reconnaître sujet «étudiant» un autre sujet constitue un acte de domination d'un être sur l'autre.

Cette perspective de l'interdépendance de l'objet et du sujet est reprise dans des courants de pensée actuels. Elle sera qualifiée de théorie active de la connaissance. Nous référant à R. Boudon (1986, pp. 128-129), il semble qu'historiquement, c'est à Hume qu'on doive l'existence de cette théorie : les notions dont nous nous servons pour décrire la réalité n'ont en fait pas de correspondants dans la réalité. Le déchiffrement de cette dernière est réalisé à l'aide d'instruments créés dans le propre esprit du sujet. Reprenant les conceptions de Hume, R. Boudon souligne que cette activité est présente dans les notions les plus habituelles dont nous nous servons pour décrire la réalité. Ainsi, il prend l'exemple de la notion de causalité. «Car si la réalité nous permet d'observer les séquences répétitives (A toujours suivi de B, par exemple), elle ne nous laisse jamais voir directement l'effet de A sur B. Un énoncé tel que ‹A est la cause de B› doit donc être considéré comme une interprétation, à l'aide de la notion de cause, d'une réalité qui se présente à nous comme une simple séquence répétitive» (p. 129).

Toujours selon R. Boudon, la pensée de K. Popper (1935) se rattache directement à cette tradition lorsqu'il affirme que la connaissance est le produit de questions plus ou moins bien formulées, pertinentes et décisives que le chercheur adresse à la réalité. Les conceptions de T. Kuhn (1962) relèvent aussi de ce courant quand il signale que le chercheur formule ses questions et ses théories à l'intérieur d'un cadre linguistique qui lui est transmis par tradition et qu'il ne remet en général pas en question. Ainsi, le chercheur hérite de «paradigmes», c'est-à-dire d'orientations théoriques et méthodologiques. Il existerait donc un caractère historique et social à ces paradigmes qui survivent jusqu'à ce qu'ils ne puissent plus résoudre les problèmes qui, de façon continue, surgissent au sein de la recherche scientifique (Boudon, 1986, pp. 130-131).

P. Bourdieu (1979), quant à lui, affirme que les objets eux-mêmes ne sont pas objectifs, c'est-à-dire qu'ils sont dépendants des caractéristiques sociales et personnelles des personnes qui les observent[9]. Mentionnons également les travaux de M. Huberman et M. Miles (1983) qui s'inscrivent dans la même orientation. Les auteurs s'appuient sur les travaux de phénoménologues et d'ethnométhodologues pour qui il n'existe pas de réalité extérieure au sujet. Tous les processus sociaux mis en évidence par les chercheurs sont éphémères et dépendent de la façon dont les acteurs les perçoivent[10].

En d'autres termes, on peut dire que pour cette approche, qu'on qualifie de phénoménologique, les fondements du discours scientifique ne prennent pas en compte les objets extérieurs indépendants du sujet percevant mais bien les perceptions, les sensations, les impressions de ce dernier à l'égard du monde extérieur. La difficulté réside dans le fait de créer une méthodologie objective au départ de la subjectivité des sujets.

1.2.1. La phénoménologie

Comment définir de façon plus précise la phénoménologie? C'est, dit Husserl, une rupture avec la familiarité des choses car cette dernière nous détournerait des phénomènes proprement dits. «La familiarité des choses est une capture qui masque leur phénoménalité» (Legros, 1987, p. 60). En d'autres termes, notre immersion dans la vie habituelle, parmi les choses tangibles qui nous sont familières, et l'engagement dans nos propres projets et nos intérêts personnels dissimulent la dimension phénoménale. La phénoménologie va tenter de comprendre l'«en-deçà» de ce qui se manifeste spontanément à nous. La réalisation de ce retour aux phénomènes plus initiaux, plus originaires — auxquels notre attitude naturelle se réfère puis masque aussitôt — ne peut se faire, selon Merleau-Ponty, qu'à la faveur d'une création (*ibidem*, p. 61). Car saisir le «comment» de la manifestation qui se présente spontanément à nous n'est pas une démarche aisée. Les choses ne livrent ni immédiatement ni jamais complètement leur identité première.

Selon les phénoménologues, l'investigation scientifique traditionnelle rompt certes aussi avec les évidences de la vie quotidienne. Cependant, les sciences positivistes restent très attachées à ce qui se manifeste (aux faits apparents, à la structure et aux propriétés des choses) et par là même sont plus inattentives à la manifestation sous-jacente, souterraine. Ainsi, par exemple, l'explication causale de la réalité humaine permet de dégager des lois. Cependant, les faits expliqués n'ont pas été compris; ils se sont imposés comme des données. Pour les phénoménologues, un événement devient compréhensible s'il peut être éclairé «par les visées qui forment le ‹projet du monde› au sein duquel il surgit» (Legros, 1987, p. 78). En fait, il s'agit de comprendre les phénomènes à partir du sens que prennent les choses pour les individus dans le cadre de leur «projet du monde». Pour les phénoménologues et notamment pour Husserl, l'explication causale des phénomènes humains serait même un obstacle à l'ouverture à la phénoménalité.

1.2.2. L'interactionnisme symbolique

L'interactionnisme (Mead, 1934; Blumer, 1969) — ou «théorie de l'acteur» — a pour fondement épistémologique et philosophique la phénoménologie. Selon Mead, le comportement humain ne peut se comprendre et s'expliquer qu'en relation avec les significations que les personnes donnent aux choses et à leurs actions. La réalité des gens est étudiée de l'intérieur, à partir de ce que les personnes perçoivent au travers de leurs expériences vécues (Horth, 1986, p. 8). Cette approche soutient la thèse que toute interaction de la vie quotidienne implique un ensemble de constructions courantes et notamment de constructions sur le comportement anticipé de l'autre. Le sujet agit en fonction du comportement attendu d'autrui. Nous nous situons ici dans la perspective interactionniste qui prend ses racines dans la philosophie de l'action de M. Weber, philosophie qui vise la compréhension interprétative de l'action sociale. Comme la signification d'une action est différente pour l'acteur, pour le partenaire et pour l'observateur — parce qu'elle s'enracine dans la situation unique et individuelle de chaque acteur —, on ne peut comprendre l'action des personnes que par la recherche de la signification que l'action revêt pour elles. C'est le postulat de l'«interprétation subjective de la signification» (Schütz, 1975, p. 34). Mais comment appréhender scientifiquement la signification subjective? Et comment saisir par un système de connaissances objectives les structures de signification subjectives (*ibidem*, pp. 43-44)? C'est ce que nous tenterons de faire dans le chapitre V du présent ouvrage, dans lequel nous présentons des dispositifs méthodologiques susceptibles d'accéder à une connaissance objective et vérifiable au départ d'un ensemble de données subjectives.

1.2.3. L'approche dialectique[1]

L'approche dialectique suggère une relation dynamique entre le sujet et l'objet, c'est-à-dire entre la subjectivité de l'acteur et le fait concret, entre le monde de la culture et le monde de la nature. Il y a constamment un va-et-vient entre ces deux pôles — contrairement à l'interactionnisme symbolique qui n'appréhende que le vécu et les significations des acteurs. L'approche reconnaît à la fois la valeur du fait observé et le rôle créateur du sujet et fait en sorte de les placer en interaction perpétuelle.

Par ailleurs, cette approche fait ressortir et analyse les contradictions (oppositions) du monde social afin de mieux le comprendre. Selon l'optique dialectique, les contradictions constituent la base des problèmes réels. Or, les conflits dans une société sont considérés comme facteurs de changement. Ainsi, à travers les éléments contradictoires, l'approche dialectique tente de retrouver le mouvement, la dynamique des systèmes par-delà leurs structures. L'analyse comparative de catégories opposées (par exemple, les rapports minorité-majorité) est la technique privilégiée par cette approche. La technique des événements critiques que nous présenterons au chapitre V illustre par excellence l'optique dialectique.

1.2.4. La pensée singulière

A côté de la perspective phénoménologique dont nous venons brièvement d'évoquer les principes, se développe au cours des années 68-70 un courant hétérogène que C. Descamps (1986, p. 9) dénomme «pensée singulière». C'est une approche extrêmement intéressante car elle peut grandement éclairer notre vision des sciences humaines quand bien même elle ne possède pas d'unité interne. Cette tendance «refuse une lecture unique de la science» (*ibidem*) dans la mesure où le sens des phénomènes est interrogé dans sa complexité, sa contingence et sa multidimensionalité. Elle reste parfaitement rationaliste même si elle prétend saisir les singularités qui ne sont pas toujours généralisables, même si elle analyse l'affectivité des sujets, même si elle examine les contradictions et les antinomies et même si elle tente de penser le complexe. En fait, la difficulté d'une telle approche à laquelle nous accordons une très grande attention réside dans les moyens que doit se donner le chercheur pour saisir l'individuel et le contingent. Nous reviendrons sur ce point ultérieurement.

1.2.5. En résumé

Ainsi, nous assistons au fait que les sciences humaines prennent progressivement en considération les modes de pensée des disciplines telles que l'ethnométhodologie et la phénoménologie, accordent une attention plus grande aux données qualitatives, intègrent davantage observateurs et observés dans ses procédures d'observation, sont plus attentives à rechercher les significations des actions auprès des acteurs concernés — cela dans le cadre de la vie quotidienne —, à analyser les contradictions et à saisir le singulier.

De plus en plus, la méthodologie de la recherche qualitative est mentionnée dans la littérature. On observe que les enquêtes sur le terrain et la récolte de données subjectives se font plus volontiers à l'heure actuelle. Par ailleurs, outre le fait que les chercheurs en sciences humaines ressentent la nécessité de prendre en compte une réalité complexe et globale (et non analytique), il apparaît aussi que la recherche est confrontée à la dimension de l'histoire : elle est amenée à examiner tout particulièrement le rôle joué par la trajectoire que suivent les acteurs afin de mieux comprendre les phénomènes.

1.3. Prendre en compte la complexité

Abordons maintenant la notion de complexité que l'introduction des données qualitatives ne manque pas de faire surgir. Pour les sciences classiques, le monde n'est complexe et désordonné qu'en apparence : les phénomènes peuvent toujours se réduire à des éléments simples et ordonnés.

Cependant, il est actuellement de plus en plus reconnu que, dans la nature, il y a beaucoup plus de désordre que d'ordre, qu'en fait le désordre y a toutes les chances de se produire tandis qu'au contraire, l'ordre n'est jamais qu'une exception. Or, les recherches classiques ont étudié essentiellement les états d'ordre, de stabilité et d'équilibre. La difficulté tient au fait que les états de désordre sont «impensables», toute pensée ne pouvant fonctionner que dans un système organisé[11].

I. Prigogine dans ses travaux sur les turbulences thermodynamiques conclut ainsi à l'absence de prédictibilité des mouvements des particules. Il souscrit dès lors à une exploration locale et élective d'une nature complexe, préconise l'abandon des études relatives aux situations stables et encourage les tentatives d'appropriation des dynamiques des processus. Cette nouvelle conception de la physique, qui, par ailleurs, ne balaie pas les acquis essentiels mis en évidence par la physique traditionnelle, intéresse particulièrement les chercheurs en sciences humaines, parce que le comportement humain est essentiellement complexe, dynamique et changeant.

En sciences humaines, il est indéniable qu'à l'heure actuelle la recherche qualitative, impliquant l'étude de la complexité et de la mouvance, «a acquis ses lettres de noblesse». Nous nous proposons de retracer, en synthèse, l'évolution du débat qui oppose les deux grandes tendances scientifiques : le positivisme (quantitatif), d'une part, et l'herméneutique (qualitatif), d'autre part. Rappelons que nous avons choisi de développer les positions extrêmes de chacune des deux approches. La présentation parfois caricaturale qui en résulte vise à rendre plus clairs les éléments d'un débat difficile.

2. L'APPREHENSION DE LA CONNAISSANCE

2.1. Le nomothétisme ou l'herméneutique

Pendant longtemps, on a pensé que les conditions qui orientaient la production des connaissances ne pouvaient être remises en cause. Toute science se devait de répondre aux critères énoncés au début de l'implantation du courant positiviste. Trois principes fondamentaux sous-tendent ce courant, à savoir : l'unité de la science, l'utilisation d'une méthodologie de recherche qui soit absolument celle des sciences exactes et la recherche de lois générales. Les recherches qui respectent ces principes vont être qualifiées de nomothétiques. Elles vont privilégier exclusivement l'explication causale, c'est-à-dire qu'elles auront pour seul but de mettre en évidence les causes qui expliquent le phénomène observé. Au début, la causalité recherchée est de type linéaire[2]. La démarche analytique des chercheurs positivistes d'alors est en effet fondée sur le fait toujours possible d'une réduction du complexe au simple, de l'hétérogène à l'homogène. Du même coup, il s'ensuit aussi une réduction de la prise en compte de la signification des phénomènes — ou de la signifiance —, qui ne peut être trouvée que dans leur complexité, au profit de la seule cohérence des démarches conceptuelles ou méthodologiques. Ainsi, tout objet de connaissance est susceptible de transparence. Pour cela, elle doit se débarrasser de toute forme d'énoncés pré-scientifiques tels les croyances, le perçu subjectif, l'épistémologie populaire, etc. qui pourraient nuire à cette transparence, à cette cohérence.

Mais ces conceptions sont actuellement considérablement bouleversées. Les limites de la perspective strictement nomothétique sont mises en évidence. Le concept de causalité est particulièrement remis en question. «Les causes sont des superstitions», dira Wittgenstein. Quant aux ethnologues et ethnométhodologues, ils affirment que les «causes» résultant des phénomènes sociaux observés sont uniquement dues à l'imagination des chercheurs et ils différencient «causalité idéaliste» et «causalité réaliste»[12]. Ainsi, la pensée causale, même complexifiée, semble ne plus suffire. Actuellement, apparaît, de façon urgente, la nécessité de comprendre[3] la signification des phénomènes (et non plus seulement les expliquer en termes de causalité) et pour cela il faut considérer leur complexité. Des chercheurs éprouvent le besoin de trouver une démarche qui privilégie la compréhension et le sens, même si elle s'effectue au détriment de la cohérence ; une démarche qui prenne en compte les intentions, les motivations, les attentes, les raisons, les croyances des acteurs ; une démarche, qualifiée d'herméneutique, qui, en sciences humaines, porte moins sur les faits que sur les pratiques, ce qui est une tâche beaucoup plus complexe.

Il résulte de cette divergence épistémologique l'installation d'un débat méthodologique au sein de la recherche en sciences humaines. Il se traduit par l'opposition qui peut exister entre la méthode expérimentale et la méthode clinique.

2.2. L'expérimentalisme ou la clinique

2.2.1. La méthode expérimentale

Le postulat de base de l'orientation positiviste traditionnelle est que le modèle utilisé dans les sciences de la nature est idéal pour les sciences humaines. Cela implique donc que soit employée en sciences humaines la méthode expérimentale dont les caractéristiques essentielles sont : l'élaboration et la mise en œuvre de plans expérimentaux stricts, la mise en place de procédures de recueil de données nécessairement quantifiables et mesurables, l'objectivation de l'observation ainsi qu'un traitement statistique des données, cela en vue d'établir des lois, des explications de portée générale.

A.F. Chalmers (1987), dans son ouvrage *Qu'est-ce que la science?*, propose un schéma de la démarche à laquelle se réfère le positivisme logique (p. 24) :

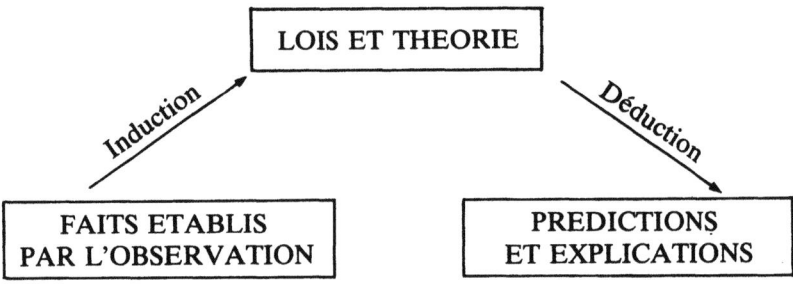

On peut expliquer ce schéma de la sorte : la science progresse en prenant appui sur un ensemble de données d'observation et un raisonnement inductif va permettre de construire le corps du savoir scientifique, à savoir les lois et les théories dont le degré de généralité croît au fur et à mesure que les observations et les expériences s'améliorent. Mais là ne s'arrête pas la démarche positiviste : son but est aussi d'expliquer et de prédire les phénomènes. Lorsqu'il dispose des lois et des théories universelles, le chercheur va tirer des conséquences (prédictions et explications) en utilisant un raisonnement déductif.

2.2.2. La méthode clinique

L'orientation opposée considère les sciences humaines comme des disciplines spécifiques, en raison des particularités de leur objet d'étude, à savoir le comportement humain. Dès lors, elles doivent développer une méthodologie propre, sans chercher leur inspiration dans les sciences naturelles[13]. Par ailleurs, selon cette approche, le simplisme conceptuel de la méthode expérimentale stricte conduisant à des généralisations erronées et la discordance entre les lois et les résultats de leur application sur le terrain créent la nécessité d'envisager un autre type de démarche. Les tenants de ce courant vont prendre en compte les structures idéologiques et l'enracinement socioculturel de leur discipline. Ils vont utiliser les méthodes cliniques et privilégier la recherche de type historique (ou anthropologique) qui s'attache à «l'originalité irréductible»[14] des événements et qui recueille surtout les données qualitatives.

Citons à ce propos l'ouvrage de S.J. Taylor et R. Bogdan (1984) relatif aux méthodes de recherche qualitative. Ces auteurs y décrivent la méthodologie qualitative dont les caractéristiques essentielles sont au nombre de dix[4] :

a) La recherche qualitative est inductive : les chercheurs tentent de développer la compréhension des phénomènes au départ des patterns de données plutôt que de recueillir les données pour évaluer un modèle théorique préconçu ou des hypothèses a priori[5] ;

b) dans la méthodologie qualitative, les sujets ou les groupes ne sont pas réduits à des variables mais sont considérés comme un tout : le chercheur qualitatif étudie le contexte écologique dans lequel évoluent les personnes ainsi que le passé de ces derniers;

c) le chercheur qualitatif est attentif à l'effet qu'il produit sur les personnes qu'il étudie : cet effet d'interaction ne peut être éliminé et doit être pris en compte lors de l'interprétation des données ; c'est l'observation participante ;

d) le chercheur qualitatif essaie de comprendre les sujets au départ de leur jeu de référence : la perspective phénoménologique est centrale ; il s'attache à la signification sociale attribuée par les sujets au monde qui les entoure (voir l'interactionnisme symbolique, H. Blumer, 1969) ;

e) le chercheur qualitatif ne met pas en avant ses propres croyances, perspectives et prédispositions : rien n'est pris pour avéré ; rien n'est pris d'emblée comme «vérité» ;

f) pour le chercheur qualitatif, tous les points de vue sont précieux, que ce soit celui de l'adolescent délinquant ou celui du juge : on donnera la parole au pauvre comme au «déviant», bref à tous ceux qu'on a l'habitude de n'entendre que très rarement ;

g) les méthodes qualitatives relèvent du courant humaniste qui implique ici une ouverture à l'autre et au social. Les méthodes utilisées pour étudier les sujets affectent nécessairement la nature des connaissances. Quand on approche «qualitativement» les personnes, c'est leur expérience de tous les jours qui est examinée, c'est la façon dont elles conçoivent les concepts tels que la beauté, la souffrance, l'amour, etc. qui est recherchée[6] ;

h) les chercheurs qualitatifs insistent sur la validité de leur recherche : en observant les sujets dans leur vie quotidienne, en les écoutant parler de leurs souvenirs, en analysant les documents qu'ils produisent, le chercheur qualitatif obtient des données non filtrées à travers des concepts, des définitions opérationnelles ou des échelles de niveau. Dès lors, les chercheurs qualitatifs accroissent la validité de leurs données contrairement aux chercheurs quantitatifs plus axés sur la fidélité et la réplicabilité des recherches ;

i) pour le chercheur qualitatif, tous les sujets sont dignes d'étude : tous sont égaux mais restent uniques ;

j) la recherche qualitative est, à côté de l'utilisation de techniques, la mise en œuvre d'une habileté : elle n'est pas standardisée comme une autre approche et les voies pour y accéder sont flexibles. Le chercheur qualitatif est donc un artisan en ce sens qu'il crée lui-même sa propre méthodologie en fonction de son terrain d'investigation. La technique sert le chercheur et constitue un lien entre ce dernier et son projet[7]. Ajoutons que le chercheur qualitatif doit rendre compte explicitement de sa démarche afin que chacun puisse en mesurer les limites et apprécier sa scientificité.

R. Burgess (1985b, pp. 4-5) tente également à travers l'examen de projets qualitatifs de déterminer les caractéristiques associées au travail qualitatif. Il complète la liste des caractéristiques de S.J. Taylor et R. Bogdan en mettant l'accent sur les précautions que le chercheur qualitatif doit prendre au moment de l'interprétation et de la dissémination des résultats. L'interprétation ne peut pas léser les sujets de l'étude : les problèmes éthiques doivent être pris en compte et un feed-back doit être fourni aux participants avant la dissémination du rapport.

2.2.3. La démarche méthodologique actuelle : vers une tentative d'articulation?

Le débat entre l'orientation quantitative et l'orientation qualitative est ancien. Pourtant, à l'heure actuelle, des tentatives de rapprochement se manifestent.

M. Huberman et M. Miles (1983) font observer qu'un grand nombre de spécialistes ont modifié leurs strictes conceptions positivistes — quand ce ne fut pas une reconversion complète — tout en se maintenant à l'intérieur des limites des règles méthodologiques émanant de l'approche positiviste. Ce fut le cas de Snow (1974), de Cronbach (1974), de Campbell (1974), de Cook (1979). Il n'est pas encore si éloigné le temps où Cambell et Stanley (1963) refusaient de considérer comme scientifiques les études sur le terrain parce qu'elles manquaient de contrôle et de randomisation[8].

La pensée scientifique actuelle est résolument marquée par la démarche clinique qui est une description de l'homme à un moment donné, dans une culture donnée. Elle se heurte cependant à des difficultés importantes dues essentiellement à la complexité et à la variété des facteurs entrant en jeu. Dès lors, comment aboutir à des résultats qui ne répondent pas à la seule caractéristique d'un particularisme stérile? Certes, on affirme aujourd'hui que la recherche scientifique en sciences humaines doit renoncer à atteindre des théories généralisables et durables. Mais, néanmoins, entre la méthode expérimentale pure, dont on connaît les limites et la méthode clinique stricte, soumise au danger du trop particulier, n'y a-t-il pas moyen de dégager une dialectique productive?

Par ailleurs, certains auteurs (A.P. Pirès, 1985; M. Huberman, 1986; J. Finch, 1986; R.G. Burgess, 1985; C. Griffin, 1985) affirment qu'il convient de ne plus opposer la méthodologie quantitative à la méthodologie qualitative. Certes, il existe bien deux types de techniques et de matériaux (quantitatif - qualitatif) mais les questions méthodologiques sont générales et s'appliquent tant aux recherches employant des techniques qualitatives qu'à celles utilisant une approche quantitative. En fait, un double mouvement se réalise. Il est l'indice d'un changement dans le travail méthodologique et dans la pratique de la recherche en général. D'une part, dans le cadre du quantitatif, les chercheurs s'aperçoivent des limites de l'opérationalisme classique et de la mesure strictement mathématique et s'ouvrent à l'emploi d'autres procédures (notamment qualitatives). D'autre part, l'approche qualitative s'attache à diversifier ses positions théoriques et épistémologiques. Elle remet en question l'empirisme idéaliste des premières recherches qualitatives (Ecole de Chicago). Elle revalorise les modèles théoriques. Elle se penche de façon de plus en plus approfondie sur des problèmes méthodologiques autrefois négligés (échantillonnage, qualités métrologiques des instruments, généralisation, etc.).

Ainsi, selon les auteurs précités, on ne devrait plus actuellement associer théoriquement les techniques quantitatives au positivisme et les techniques qualitatives à l'approche herméneutique. Les techniques deviennent plus flexibles méthodologiquement, ce qui pourrait rendre plus facile l'émergence d'une conception non dogmatique de la méthodologie en sciences humaines. Par exemple, des projets peuvent utiliser à la fois des techniques quantitatives et qualitatives dans un contexte positiviste ou non (C. Griffin, 1985, p. 100).

Néanmoins, trop d'obstacles entravent encore le dialogue entre les chercheurs des deux orientations traditionnelles, notamment en ce qui concerne le concept de l'objectivité scientifique, concept qui sera analysé par la suite sous l'intitulé «objectivité ou subjectivité» (voir paragraphe 2.3).

Pour l'instant, nous nous demandons s'il existe une possibilité de dépasser ces obstacles qui dominent encore trop la réflexion en sciences humaines. Des tentatives existent. Nous nous proposons d'examiner ci-après quelques perspectives qui essaient de formaliser et de systématiser un ensemble de données qualitatives.

2.2.4. Comment prendre en compte les données qualitatives

Le fait est que le désordre, qu'implique la prise en compte de données qualitatives, n'interdit pas l'ordre de la pensée[15]. S'il existe un véritable danger qui guette les chercheurs en sciences humaines tentant d'intégrer les données qualitatives, c'est bien de se perdre dans le dédale de la complexité. Le risque est grand, la tâche ardue d'autant plus que le chercheur ne dispose pas encore de techniques et d'instruments suffisants et valablement reconnus. Néanmoins, des spécialistes s'attellent à la tâche (Huberman et Miles ; Bru ; Stake ; Van der Maren ; etc.). Ils poursuivent l'intention de spécifier au maximum les conditions de recueil des données et de mettre au point des modèles permettant de traiter ces dernières. La difficulté réside dans le fait de trouver des moyens qui permettent d'intégrer les données issues de la vision phénoménologique tout en ayant soin de sauvegarder les qualités de rigueur que nous a apportées l'approche positiviste. On en est ici au stade du «comment faire»[16] une recherche prenant en compte les données qualitatives et ne se limitant pas à la seule intuition du chercheur.

Il existe des tentatives de recueil et de traitement de données qualitatives. Nous en signalerons trois différentes, à titre d'illustration : les techniques de réduction et de représentation graphique des données selon M. Huberman et M. Miles, le modèle d'évaluation répondante de R. Stake et l'analyse des correspondances selon Benzécri.

a) Réduction et représentation graphique

Selon M. Huberman et M. Miles[9], cinq tâches analytiques semblent particulièrement poser problème aux chercheurs qualitatifs. Il s'agit du codage des données, de l'intégration de blocs de données qualitatives et quantitatives, de la réduction des données, de la présentation graphique des données et enfin de l'établissement et de la vérification des conclusions. Deux parmi ces cinq tâches retiennent particulièrement l'attention des auteurs.

La première consiste en la réduction des données, tâche centrale pour le chercheur analyste qualitatif. Un volume considérable de notes découle le plus souvent de la récolte de données qualitatives sur le terrain. Ces données qualitatives doivent être réduites et le choix de la stratégie de réduction va déterminer le type d'analyse possible. Cette stratégie consiste en un découpage, un assemblage et une structuration des données selon des règles de décision choisies par le chercheur en fonction de ses propres conceptions. Cette phase de réduction constitue en fait «l'analyse». A ce stade, deux questions fondamentales s'imposent et restent posées aux chercheurs :

1) comment réduire les données qualitatives sans provoquer un massacre excessif ou une simplification exagérée?

2) quelles méthodes de réduction choisir qui sauvegardent d'autres possibilités d'analyse?

La représentation graphique des données (matrices, figures, graphiques, ...) constitue la deuxième tâche essentielle des chercheurs qualitatifs (rappelons que la première était la réduction des données). Contrairement au texte descriptif, elle va faciliter l'interprétation d'un grand nombre de données qui, autrement seraient dispersées à travers les notes. Elle va permettre aussi de réduire les données de façon à faciliter les comparaisons, à dégager des hypothèses et ainsi à poursuivre les analyses jusqu'à obtenir un ensemble complet et cohérent de significations. C'est ce que les auteurs vont qualifier de procédés itératifs, c'est-à-dire que les données sont récoltées et codifiées, donnant naissance à de nouvelles données qui sont à nouveau rassemblées et analysées et ainsi de suite, jusqu'à obtenir une forme finale plausible et cohérente, qui sera vérifiée par des moyens de contrôle multiples.

b) Le modèle d'évaluation répondante de R. Stake

Dans la littérature, nous trouvons d'autres démarches qui nous permettent de traiter les données subjectives tout en décrivant et expliquant les innovations et les changements. C'est ce que nous propose le modèle théorique d'évaluation répondante de R. Stake (voir Hamilton, 1977) qui se révèle particulièrement efficace dans l'évaluation d'une recherche-action. Il constitue une tentative de formalisation au sein de l'approche qualitative. Il donne la priorité à la description dans laquelle l'ambiguïté est prise en compte. Les objectifs fixés au début du programme passent après le jugement porté sur ce qu'on observe sur le terrain. Nous ne développerons pas davantage ce modèle d'évaluation car il a été présenté et illustré dans un de nos précédents ouvrages. Nous invitons donc le lecteur intéressé à s'y référer[10].

c) L'analyse factorielle des correspondances de J.-P. Benzécri

Les chercheurs qualitatifs ont aussi à leur disposition l'analyse factorielle des correspondances proposée par J.-P. Benzécri dans les années 60. Les propriétés mathématiques et la richesse des interprétations de l'analyse des correspondances en font une méthode privilégiée de description des données qualitatives. Il s'agit ici d'analyser la structure de la dépendance entre deux groupes de caractères qualitatifs et d'en faire ressortir les liaisons intéressantes. En fait, on étudie la dispersion du nuage des données par la métrique du χ^2 et on examine les proximités et les différenciations. L'analyse des correspondances est une méthode essentiellement descriptive. Elle situe les données dans un espace de faible dimension avec une perte d'information minimale.

Il est clair que l'analyse factorielle des correspondances que propose Benzécri peut être une technique efficace de traitement des données qualitatives. D'autres méthodes d'analyse des données complexes existent, méthodes qui retiennent l'attention à l'heure actuelle. L'analyse en nuées dynamiques en est un exemple. L'analyse discriminante en est un autre. Cette dernière permet de mettre en évidence les liaisons existant entre un caractère à expliquer qualitatif et un ensemble de caractères explicatifs quantitatifs. Ici aussi, comme dans le cas de l'analyse factorielle des correspondances, une visualisation sur un plan factoriel s'effectue tout en essayant de perdre le minimum d'informations possible.

2.3. L'objectivité ou la subjectivité

L'opposition entre «objectif» et «subjectif» a déjà été abordée aux points précédents (2.1 et 2.2). Nous poursuivons ci-après l'examen de ces deux concepts. C'est en effet pour faciliter leur compréhension et l'approche de leur critique que nous les présentons de façon distincte.

Nous opposerons ici aussi les méthodes positivistes traditionnelles (nomothétiques), d'une part et les techniques interprétatives (herméneutiques), d'autre part.

2.3.1. L'orientation positiviste traditionnelle

Rappelons que dans l'orientation positiviste stricte, la quantification et la mesure sont des procédures indispensables à mettre en œuvre pour que la recherche puisse être considérée comme scientifique. De plus, ces procédures doivent nécessairement répondre aux critères d'objectivité. Elles exigent de l'observateur qu'il ait toujours une position extérieure à la réalité étudiée. Cette conception de l'activité scientifique implique que le chercheur est apte à s'abstraire de la réalité et qu'il est capable de pratiquer une ascèse intellectuelle lui permettant d'atteindre un nécessaire détachement. Rappelons aussi que, dans ce cas, les faits sont considérés comme n'étant pas problématiques ou du moins comme l'étant peu. Ceci signifie que les chercheurs considèrent qu'il peut très bien n'y avoir aucune interaction entre les faits observés et l'observateur, ce qui évacue partiellement la complexité et rend plus aisée la prise des données.

Ainsi, dans la science classique, le chercheur — observateur, concepteur, expérimentateur — est toujours hors du champ. Les observations sont le reflet des choses réelles; toute subjectivité, identifiée à l'erreur, peut être éliminée par la concordance des observations et la vérification des expériences. Ces stratégies relèvent de la recherche de l'ordre et de la cohérence. Elles auront certes l'avantage d'évacuer l'incertitude et l'angoisse du chercheur mais auront pour lacune majeure de faire perdre de la signification[11]. Inclure des données subjectives dans l'analyse pour accroître la signification des résultats posera d'autres problèmes, dont celui des limites du chercheur et causera sans nul doute l'incertitude parce qu'on prend en compte les contradictions et les paradoxes. Néanmoins, la prise de conscience de la réduction qui résulte de l'observation strictement objective va faire naître la nécessité de prendre en considération le point de vue subjectif (traité néanmoins de façon objective) et introduire la critique et l'auto-réflexion du chercheur dans la construction de la connaissance [17].

2.3.2. L'orientation interprétative

L'orientation qualifiée d'«interprétative», mise à l'écart depuis des décennies, resurgit donc actuellement. Cette approche va tenter de combiner l'observation extérieure avec l'observation participante, c'est-à-dire une observation dans laquelle le chercheur est aussi acteur en ce sens qu'il participe aux événements et processus observés.

Ce courant est régi par le principe suivant : les faits ne se laissent pas appréhender pleinement par les procédés habituellement utilisés dans les sciences naturelles car il y entre toujours une composante subjective qu'on ne peut négliger.

A ce propos, prenons un exemple issu de la pédagogie. Divers auteurs notent que les études des processus mis en jeu par l'élève lorsqu'il est amené à répondre à des questions notamment de type Q.C.M., réputées objectives, montrent que la qualité des réponses peut être influencée par des variables qui n'ont aucun rapport avec le contenu sur lequel il est interrogé. Non seulement la forme du questionnaire mais aussi l'attitude de l'étudiant face à l'instrument d'investigation ainsi que les critères du jugement professoral sont ici mis en cause [18, 19].

Selon G. Devereux (1980), en sciences humaines, il faut prendre en compte l'existence de l'observateur, son activité d'observation et ses angoisses qui produisent des déformations impossibles à éliminer. La méthodologie des sciences du comportement se doit de traiter ces perturbations et d'exploiter la subjectivité inhérente à cette activité d'observation, seule voie qui conduira à une objectivité authentique plutôt que fictive (p. 16). Il convient donc que le chercheur arrête de mettre en valeur sa manipulation du sujet pour chercher à se comprendre en tant qu'observateur (p. 18) et pour étudier la réciprocité de l'observation (p. 48).

Ainsi, la ligne interprétative examine la relation entre les événements observés et la signification de ceux-ci au travers du jugement de l'observateur. Elle tente donc de rechercher une méthode qui saisisse les articulations entre, notamment objet et sujet, nature et culture, articulations qui jusqu'ici ont été «occultées» et «brisées» par les connaissances simples. «L'inconnu, l'incertain, le complexe se situent justement à ces articulations»[20].

Mais les chercheurs pourront-ils faire face à cette incertitude qu'engendre la prise en compte de la subjectivité? Seront-ils capables de mettre au point des méthodes qui puissent saisir à la fois le versant objectif et le versant subjectif? Nombreux sont les spécialistes qui aboutissent à l'idée de l'impérieuse nécessité de mettre en place des procédés prenant en compte cette articulation. Tous aussi prennent conscience de la difficulté que peut représenter une pareille tâche. Tous signalent le risque d'échec qui guette le chercheur[21].

2.3.3. Des tentatives de conciliation

a) L'élargissement de l'évaluation scolaire

Dans le cadre particulier de l'évaluation scolaire, les tentatives de concilier les deux points de vue — l'objectif et le subjectif — s'installent de plus en plus. A titre d'exemple, nous présentons ci-après quelques études récentes qui vont dans ce sens. L. Allal (1981) relève la faiblesse évidente des instruments traditionnels sur le plan technique et développe l'idée d'une diversification des stratégies d'évaluation fondée sur divers points d'articulation entre l'«intuition» et l'instrumentation. J. Cardinet (1982) dans son étude intitulée : «Quelques directions de progrès possible dans l'appréciation du travail des élèves» propose prioritairement une évaluation continue, informelle, qui porte plus sur la démarche d'apprentissage des élèves que sur leurs résultats. C'est ce qu'il appelle la «régulation interactive» qui privilégie les situations libres aux épreuves à choix multiples, et qui intègre l'évaluation de l'apprentissage. L'auteur insiste sur l'importance qu'il y a de prendre en ligne de compte la perception qu'a l'élève de son propre apprentissage et de susciter son auto-évaluation. Par ailleurs, il propose une «évaluation élargie» qui fait appel à l'opinion subjective des acteurs pour fonder le jugement pédagogique. J. Weiss partage les conceptions émises ci-avant. En 1984, il publie un article au titre évocateur : «La subjectivité blanchie?» dans lequel il reconnaît l'importance de la valeur des jugements de l'enseignant tout en ne négligeant pas l'aspect objectif de l'évaluation. Il recherche et propose un modèle de compromis qu'il juge encore insatisfaisant mais qui tente d'intégrer les ambiguïtés et les contradictions des conduites humaines.

b) La recherche participante

Une démarche scientifique suscite actuellement un intérêt croissant : la recherche participante. Elle va tenter à chaque moment de son développement d'articuler les concepts décrits tout au long de cette étude : quantitatif/qualitatif; objectif/subjectif; explication/compréhension; etc.

La recherche participante se définit au départ d'un malaise, d'un dysfonctionnement social. Son but est d'apporter une aide pour changer les conditions ressenties comme insatisfaisantes par des individus ou des groupes tout en respectant les valeurs et intentions de ceux-ci. Ainsi, par exemple, en sciences de l'éducation, le projet éducatif mis sur pied va nécessairement véhiculer une vision particulière de la société, c'est-à-dire, va promouvoir des valeurs qui résultent d'un accord social des acteurs quant aux rôles éducatifs. La question fondamentale qui se pose consiste à se demander si, à l'aide d'une approche scientifique incorporée à ce projet éducatif, on peut montrer comment s'élaborent, s'évaluent et se modifient les pratiques éducatives (Pourtois, 1981).

Les acteurs (chercheurs et participants) d'une recherche participante se placent volontairement dans une situation réactive[22]. Le but est, d'ensemble, mettre en place une méthodologie en vue de faciliter le changement souhaité. Comme la situation est réactive, les paramètres et objectifs fixés au départ vont rapidement être modifiés. Ils évoluent sans cesse. Les acteurs sont constamment obligés d'analyser ces modifications dont l'interprétation va permettre de réajuster le déroulement de la recherche. Ainsi, participants et chercheurs vont œuvrer ensemble pour construire la connaissance; des aspects qualitatifs insoupçonnés pourront être cernés qui n'auraient pu l'être si le chercheur avait gardé une position extérieure à la situation explorée. L'évaluation de l'action est constante et les résultats sont chaque fois renvoyés aux personnes. La procédure se veut à tout moment scientifique que la démarche utilisée soit quantitative ou qualitative, c'est-à-dire que la méthodologie sera dans toute circonstance absolument rigoureuse. C'est à cette condition que la recherche-action contribuera à l'édification des connaissances à travers les actions évaluées.

C'est ici que se développe un concept nouveau, caractéristique de la démarche de la recherche participante et s'intégrant parfaitement dans la ligne interprétative : l'implication (Barbier, 1977; Bataille, 1983; Boumard, 1983). Que recouvre ce terme dont un nombre croissant de chercheurs reconnaît actuellement l'importance?

2.3.4. Un concept nouveau : l'implication

Depuis quelques années, la notion d'implication émerge et s'impose de plus en plus comme un concept essentiel en sciences humaines. Les chercheurs s'accordent cependant pour affirmer qu'il doit être mieux précisé. Selon J. Ardoino[23], l'implication est « ce par quoi on tient vraiment à l'existence », ce qui nous renvoie aux notions de « racines » et d'historicité du sujet, chercheur ou acteur. Ainsi, si l'explicatif — auquel s'oppose l'implication — fait référence prioritairement à l'espace (au déploiement, à la décomposition dans l'espace) et privilégie des modèles logiques, physiques ou mécaniques, l'implication va renvoyer à une dimension plus temporelle, plus historique, prenant en compte le temps subjectif du sujet. Elle fera dès lors appel à des disciplines telles la sociologie, l'ethnologie, l'anthropologie, etc. Avec l'implication, c'est l'aspect dynamique des phénomènes observés qui est constamment considéré ou, en d'autres mots, c'est le changement ou l'« altération », pour reprendre le terme de J. Ardoino, qui est soumis à l'analyse. L'implication suggère aussi l'idée de complexité et par là-même d'opacité et d'hétérogénéité qui s'oppose à celle de transparence et d'homogénéité de la vision scientifique traditionnelle.

Pour M. Bataille[24], l'explication qui est la mise à jour de la cohérence dans la décomposition (dans l'espace) du sens est une démarche nécessaire (on ne peut en faire l'économie) mais non suffisante de la connaissance. L'implication qui prend naissance dans l'expérience subjective des sujets pour reconstruire le sens est un moment également essentiel dans la recherche de la connaissance.

Mais là gît le problème : l'orientation explicative ne coïncide pas nécessairement avec l'orientation implicative. Ainsi, notamment, l'ordre du « spatial » peut-il se conjuguer avec l'ordre du « temporel ? » Il reste encore à trouver les moyens de les articuler.

Si un nombre de plus en plus élevé de chercheurs et de praticiens tentent d'établir cette articulation, certes encore bien balbutiante et insuffisante, le débat entre les deux traditions scientifiques demeure néanmoins encore très présent et la controverse reste vive.

2.4. La persistance des controverses

Même si des tentatives d'articulation entre les deux traditions scientifiques apparaissent dans certains domaines, la compétition entre les deux points de vue n'est pas close pour autant. Elle s'observe notamment en sociologie, au niveau des paradigmes.

Qu'entendre par ce terme? Pour T. Kuhn (1962), un paradigme est un ensemble de pratiques, de méthodologies et de techniques communément acceptées et faisant en quelque sorte jurisprudence. C'est aussi, selon M. Masterman (1970)[25], un complexe de croyances et de valeurs reconnues par tous les membres, une vision du monde sur laquelle s'appuie l'activité scientifique. Ainsi, par exemple, en sociologie, deux paradigmes dominants s'affrontent à l'heure actuelle : le «paradigme des faits sociaux» d'une part, et le «paradigme de l'action sociale», d'autre part. L'un est issu de la conception de Durkheim, l'autre de celle de Weber.

Le premier soutient que les faits sociaux doivent être considérés et traités comme des choses; il s'aventure peu dans le domaine des comportements et des perceptions et est donc très proche de la conception scientifique classique. Il recherche un modèle continu et cumulatif du développement de l'activité scientifique. Il privilégie les méthodes quantitatives. Il rejette toute intuition et cherche à éliminer l'équation personnelle du chercheur. Il réfute l'utilisation des interviews et des observations libres.

Le deuxième paradigme, celui de l'action sociale, estime qu'une action n'est sociale que si elle revêt une signification subjective pour les personnes en cause. Ainsi, l'intérêt est porté sur la façon dont les acteurs définissent les situations sociales dans lesquelles ils sont placés et sur l'influence de ces représentations sur leurs comportements futurs. Dans ce cas, le sujet est le créateur de sa propre réalité sociale, elle ne lui est donc pas extérieure. L'adepte de l'action sociale introduit la notion de marge de liberté de tout être humain et s'ouvre aux actions sur le terrain ainsi qu'aux perspectives de changement que ces dernières impliquent. Il a la conviction qu'il est vain de nier l'existence d'une relation particulière entre le sociologue et l'objet de son étude. Du coup, le modèle des sciences naturelles lui paraît inapproprié. Les sciences humaines ont un statut particulier dans lequel la conceptualisation de la réalité sociale tient davantage de place que la mise en œuvre de techniques de recherche. Pour cela, les méthodes qualitatives lui paraissent plus favorables.

Il est clair qu'entre les tenants de ces deux paradigmes concurrents le dialogue est difficile car les représentations de l'objet d'étude sont très différentes et proviennent de choix de valeurs opposées[26]. L'établissement de relations de nature dialectique entre les deux conceptions s'avère encore peu évident à l'heure actuelle.

Les critiques continuent à se faire vives de part et d'autre. Pour les protagonistes de la ligne explicative, l'orientation interprétative présente le danger que le résultat de l'investigation ne se ramène à la description d'une «définition de la situation»[27]. Ainsi, la combinaison interprétative constituerait une connaissance instable qui a pour risque de se réduire au seul point de vue du participant. Quant aux chercheurs qui ont pris pour option la ligne interprétative, ils signalent que ceux qui ne recherchent que l'objectivation de l'observation s'exposent au danger de voir la validité de l'observation sacrifiée à sa fidélité et de voir la signifiance éliminée par la recherche de la cohérence. Par là, ils critiquent les raffinements méthodologiques qui impliquent une formation intense et très longue des chercheurs en ce qui concerne les méthodes d'investigation et de traitement des données. Ainsi, l'accent étant mis délibérément sur les méthodes, le contenu est, par la force des choses, largement évacué.

Nous nous proposons ci-après de présenter quelques exemples qui illustrent le perfectionnement de la méthodologie expérimentale.

2.5. Le perfectionnement de la méthodologie expérimentale : illustrations

2.5.1. La programmation dans la gestion d'une situation expérimentale

F. Duquesne et Y. Tourneur (1985) font part de l'introduction de la micro-informatique dans le laboratoire de psychopédagogie. Ils expérimentent une démarche récente qui consiste en la gestion informatisée, partielle ou complète, de la recherche. Le champ méthodologique dans lequel peut s'appliquer cette démarche se situe au sein des recherches de type nomothétique menées en laboratoire. Le développement de la gestion micro-informatisée se réalise essentiellement dans le cadre d'une expérimentation dans laquelle le chercheur construit volontairement des différences entre ses objets d'étude pour en examiner les effets.

Dans une recherche gérée par micro-ordinateur, certaines étapes de la procédure expérimentale sont exécutées par le micro-ordinateur et placées sous son contrôle (Duquesne et Tourneur, p. 5). Ces étapes peuvent être : la présentation des stimuli et des consignes, la mesure et l'enregistrement des données, le traitement et l'analyse des données, etc. Ainsi, dans une recherche expérimentale complètement gérée par ordinateur, l'expérimentateur n'a plus à intervenir que pour déclencher le programme.

2.5.2. L'étude de la généralisabilité[12]

La généralisabilité est une technique qui tente de contrôler les erreurs de mesure qui se produisent dans la démarche expérimentale. L'étude de la généralisabilié s'inscrit donc dans une problématique générale de recherche de la fidélité de la mesure. J. Cardinet et Y. Tourneur (1985) notamment, sur base des travaux de L. Cronbach, s'interrogent sur le fait de savoir si les données récoltées sont susceptibles d'être interprétées et généralisées ou si, au contraire, elle sont le résultat de fluctuations aléatoires introduites par la démarche de mesure elle-même (p. 7). La technique vise à prendre en compte la pluralité des sources de variation : celles qui tiennent à l'observé (fatigue, anxiété, etc.), celles qui tiennent à l'observateur ou au correcteur (degré de sévérité, fluctuation d'attention, etc.) et celles qui tiennent aux thèmes (item, test, etc.). Par ailleurs, elle tient compte des interactions entre ces sources d'erreurs. La méthode trouve son fondement dans les méthodes de l'analyse de variance : le coefficient de généralisabilité implique de calculer la part de variance attribuable à chacune des sources d'erreur et à leurs interactions. Ainsi, il cherche à estimer dans quelle mesure on peut, à partir de la moyenne observée dans certaines conditions (moyenne de l'échantillon), généraliser (extension à la population) à la moyenne de toutes les observations possibles. Le morcellement de la variance en composantes distinctes permet de savoir d'où proviennent les erreurs et de transformer le plan expérimental et/ou l'instrumentation de départ.

2.5.3. La mesure de la confiance

La mesure de la confiance («Confidence Marking») relève du domaine de l'évaluation en pédagogie. Selon Ebel (1965, cité par D. Leclercq, 1985, p. 967), c'est un mode particulier de réponse à des items ou des tests et un mode spécial de notation de ces réponses en ce sens qu'on demande à l'examiné non seulement d'indiquer ce qu'il croit être la réponse correcte à une question mais, de plus, de donner son degré de certitude quant à l'exactitude de sa réponse. Lors de la correction, il est accordé plus de crédit à une réponse correcte donnée avec assurance qu'à une réponse correcte donnée avec hésitation. Mais la pénalité pour une réponse incorrecte donnée avec assurance est importante, afin de décourager les affirmations de certitude sans garantie.

La théorie de la décision est sous-jacente à la démarche que constitue le choix d'un niveau de confiance.

D. Leclercq (*ibidem*, p. 968) adhère à un modèle de notation dont le barème dépend de l'estimation subjective de la probabilité d'exactitude de la réponse et de l'exactitude réelle de la réponse. Cela donne naissance à une matrice de barèmes qui prennent des valeurs positives, négatives ou nulles selon que la réponse est correcte, incorrecte ou omise et des poids différents en fonction de la zone de probabilité d'exactitude attribuée par le sujet à sa réponse (de 0 à 25 % ; de 25 à 50 % ; de 50 à 75 % ; de 75 à 100 %).

Non seulement la connaissance du sujet dans la discipline envisagée est prise en compte mais des informations sur l'habileté du sujet à s'auto-estimer sont aussi obtenues. Plusieurs spécialistes en la matière pensent que seule la probabilité subjective peut fournir une signification objective à chaque réponse et à la méthode de notation. On est ici en présence d'une quantification de la subjectivité. Cette démarche nous donne donc des renseignements quantitatifs sur le degré de certitude quant à la qualité de la réponse. Certes, ces informations sont importantes et la prise en compte de la subjectivité dans l'évaluation constitue un élément nouveau et loin d'être dénué d'intérêt. Il serait pourtant utile que la démarche se poursuive et qu'elle essaye de comprendre le «comment» du phénomène à partir du sens que lui octroie le sujet. On connaîtrait mieux dès lors la façon dont se construit l'auto-estimation de l'élève. L'aspect phénoménologique de cette approche nous permettrait d'aller plus loin dans la connaissance profonde des étudiants.

3. LA LEGITIMATION DES CONNAISSANCES

Les critiques réciproques des deux démarches précitées nous amènent à examiner le concept de scientificité d'une activité. Existe-t-il des critères universels permettant de départager la science de la pseudo-science ? K. Popper l'affirme. Il développe tout particulièrement le «critère de démarcation» ou «critère de falsifiabilité» qui est à l'origine et au cœur de son épistémologie. D'autres auteurs, au contraire, rejettent l'existence de tels critères. A ce niveau également, la controverse reste entière...

Nous nous proposons ci-après de traiter du concept de scientificité des recherches. A partir de quel moment une connaissance peut-elle être considérée comme scientifique ?

3.1. Le point de vue positiviste traditionnel

Dès le début du XXe siècle, les sciences humaines s'inscrivent dans un courant résolument expérimental : elles se doivent de rompre avec

« les idées reçues, génératrices de fausses certitudes » (Bru, 1984, p. 77).

C'est ainsi qu'apparaît la recherche nomothétique qui voit son aboutissement dans la généralisation des résultats; elle tend à déboucher sur une explication à caractère général, sur une loi. Pour atteindre ce niveau d'explication, le chercheur, dont la neutralité est assurée, va être dans l'obligation de soumettre sa recherche à des stratégies de contrôle. C'est pourquoi, il va mettre au point des schémas expérimentaux parfois très sophistiqués pour éliminer des facteurs qui pourraient interférer sur la qualité des résultats de sa recherche. Les instruments qu'il utilise seront également soumis à un examen critique. Les qualités classiques d'un instrument telles la validité, la consistance, la fidélité, la sensibilité, etc. seront recherchées. En outre, le chercheur sera en demeure d'opérer un découpage de la réalité; il va construire des variables indépendantes et des variables dépendantes pour ensuite examiner les relations qui les lient dans un contexte de causalité[13]. Il aura recours à la quantification et à la mesure et construira les instruments adéquats pour répondre à cette exigence[14]. La nécessité de neutraliser des variables non appréciées va l'amener à effectuer des échantillonnages parfois très complexes. Il évitera de prendre en considération le domaine des opinions pour se consacrer uniquement à résoudre les problèmes par la démarche expérimentale qui doit pouvoir fournir la preuve scientifique incontestable grâce à la possibilité de la soumettre à la vérification à n'importe quel moment et par quiconque[28]. C'est de cette manière, par sa rigueur expérimentale et par son attachement exclusif aux faits, que le chercheur va tenter de formuler des lois de portée générale. Mais, peut-on affirmer que la validité d'une recherche puisse uniquement être fondée sur des critères méthodologiques objectifs? Peut-on dire qu'ainsi on atteindra « la vérité »? Et que recouvre le concept de « vérité scientifique »? Là aussi des idées s'affrontent. Reprenons à K. Popper et à J. Habermas leurs conceptions de la vérité en sciences. Elles sont, pensons-nous, susceptibles d'éclairer et d'approfondir le débat engagé depuis le début de la présente étude.

3.2. Le concept de « vérité » en science

Les thèses sur la « vérité » de la science ont de tout temps été à la base de l'interrogation des philosophes et des scientifiques. Popper, dans *La logique de la découverte scientifique* (1935), consacre son dernier chapitre à ce concept. Il introduit aussi dans sa théorie la notion de *versimilitude*, c'est-à-dire l'idée d'une plus ou moins bonne correspondance d'un énoncé, d'une loi à la vérité. Ainsi, il y aurait, selon Popper, des degrés variables dans la vérité, des meilleures ou des moins bonnes approximations de la vérité. Popper ne conçoit pas la science comme un système d'énoncés certains. Ce n'est pas non plus un système qui progresse régulièrement vers un état final. Cependant, à cause de la logique de la découverte, tout énoncé scientifique n'est jamais donné qu'à «titre d'essai». Popper démythifie ainsi l'idéal d'une connaissance «vraie» et absolument démontrable. Pour lui la science est «la quête obstinée et audacieusement critique de la vérité» (p. 287). C'est ici que Popper fait intervenir sa conception falsificationniste, c'est-à-dire la thèse selon laquelle un énoncé, ou un système d'énoncés, ne devrait être considéré comme scientifique que si on peut le réfuter.

J. Habermas, représentant de l'Ecole de Francfort, critique de façon très radicale les positions de K. Popper[29]. La doctrine poppérienne fonde le rejet ou l'acceptation des énoncés scientifiques sur la base des seuls faits observés et non sur la logique, c'est-à-dire, sur la théorie. Or, estime Habermas, les faits ne sont pas indépendants des théories qui les étudient; au contraire, ils sont construits par elles; elles les déterminent véritablement. Pour Habermas, la thèse de l'indépendance des falsificateurs (c'est-à-dire les faits qui ont provoqué le rejet ou l'acceptation de l'énoncé) par rapport aux hypothèses (théories) qu'ils sont destinés à mettre à l'épreuve n'est pas défendable. Sur cette base, il considère que la méthodologie poppérienne doit être modifiée. Habermas oppose au logicisme de Popper une position praxéologique. La validité empirique des propositions de base sera mesurée «à leur valeur informative pour le contrôle et l'élargissement de l'action efficace» (Habermas, 1969, cité par J.F. Malherbe, 1976). C'est-à-dire que la décision critique quant à la validité des énoncés doit se faire en analysant de façon rationnelle (recherche rationnelle du sens) les critères qui ont fondé cette décision et en examinant la pertinence informative de ces énoncés par rapport aux pratiques des acteurs. Habermas apporte une dimension herméneutique à sa conception : «La compréhension implicite des règles du jeu qui guident la discussion des chercheurs lorsqu'ils décident de l'acceptation de propositions de base renvoie à une dimension dans laquelle l'élaboration rationnelle s'inscrit inévitablement dans une démarche herméneutique» (*ibidem*).

3.3. La critique de la méthode expérimentale

A la suite ou parallèlement à J. Habermas, de nombreux chercheurs se sont heurtés aux limites et difficultés que présentait la méthode expérimentale stricte. Ces derniers s'accordent actuellement pour affirmer son insuffisance car elle privilégie les explications données en termes de causalité, ignorant la complexité et la variabilité des facteurs qui entrent en jeu dans toute activité humaine. Nous avons déjà largement développé ce thème précédemment.

Par ailleurs, le sous-jacent de cette approche, que la conception des ethnologues objectivistes illustre bien et qui peut se résumer comme suit : *« Je sais mieux que l'indigène ce qu'il est »* pose non seulement des problèmes de validité, mais aussi des problèmes d'éthique incontestables.

Des critiques peuvent également se formuler à l'égard de l'application de la méthode expérimentale entraînant par là même une mise en garde quant à la valeur des résultats [30]. La neutralisation des variables indésirables implique le plus souvent des problèmes d'échantillonnage très compliqués car un facteur n'intervient jamais seul en sciences humaines et il devient de ce fait presqu'impossible à maîtriser complètement. De plus, la construction d'un échantillon représentatif de la population qu'on veut étudier n'est pas non plus une tâche facile : l'idéal expérimental est pratiquement impossible à atteindre car la sélection des individus se réalise selon des critères fixés (âge, milieu social, niveau intellectuel, etc.), qui entraînent, si l'on veut rester strictement rigoureux, des combinaisons infinies [15].

Dès lors, s'interrogent les critiques de cette démarche, comment un expérimentaliste peut-il se contenter d'un à-peu-près ?

Par ailleurs, les multipes formes que peut prendre la variable indépendante (lorsqu'il s'agit par exemple d'un modèle pédagogique) va impliquer un accroissement du nombre des observations de même qu'une augmentation du nombre des individus afin que chaque catégorie soit suffisamment fournie si on veut que le traitement statistique des données puisse se réaliser et conduire à des conclusions valides. D'où, une nouvelle interrogation émerge : à partir de quel moment peut-on affirmer que le nombre d'observations et le nombre des individus est suffisant pour aboutir à ces conclusions valides ? Là encore, les expérimentalistes doivent avoir recours à des approximations que leur attachement au concept d'objectivité rigoureuse devrait en principe rejeter.

Ces éléments concourent à l'affirmation que les travaux calqués sur les caractéristiques des sciences exactes n'ont en fait que l'apparence de l'objectivité. Ils reposent sur le postulat de l'isomorphisme, construit par le chercheur, entre le modèle et les objets observés. Il va de soi que le modèle, bâti uniquement sur la logique positiviste traditionnelle, va apparaître tôt ou tard comme insuffisant.

Nombreux sont les chercheurs qui aboutissent à cette conclusion de l'insuffisance de la méthode expérimentale (Cardinet, 1975; Bru, 1984; Canter Kohn, 1984; Finch, 1986). Selon eux, ce modèle ne permet pas de déterminer des lois générales : on simplifie pour mieux maîtriser, on omet le contrôle de certaines variables et finalement on en arrive à des résultats qui n'ont plus de portée pratique. Cette perspective repose sur une conception du sujet morcelé, c'est-à-dire découpé en variables isolées. Par ailleurs, les exigences d'exactitude et de constance des mesures entraînent de multiples problèmes auxquels on tente de remédier par des solutions techniques : par exemple, entraînement de plus en plus poussé des observateurs, contrôle plus rigoureux des échantillons, procédés statistiques de plus en plus élaborés. Ainsi, tous les problèmes épistémologiques fondamentaux (les rapports entre observateur et observé, la fonction de l'observateur dans la construction du savoir, etc.) sont évacués et on tente de les résoudre en «faisant toujours plus de la même chose». Seuls, comptent ici les critères d'objectivité qui masquent toute la richesse des situations examinées et qui, finalement, en font perdre le sens.

Les auteurs précités parlent à ce propos d'«illusion technique» exprimant par là leur doute quant à la valeur des conclusions obtenues selon de tels procédés. «L'épistémologie positiviste ne peut jamais produire une connaissance valide sur le monde social» (Finch, 1986, p. 8). Finch parle à ce propos «d'empirisme abstrait» qui produit des données virtuellement dénuées de sens. Cet auteur critique notamment une technique fréquemment utilisées par les chercheurs positivistes, à savoir le survey qui, selon lui, manque de flexibilité dans les méthodes de recherche, donne peu d'informations sur les processus qui produisent les résultats, est souvent utilisé seul et à un moment précis sans que soit prise en compte la dynamique des processus (pp. 158 à 162).

Quant à G. Devereux (1980, p. 17), il critique le fait que les chercheurs en sciences humaines, dans leur recherche pour réduire les déformations subjectives, interposent entre l'observateur et le sujet des écrans filtrants de plus en plus nombreux (tests et autres artifices); on tend ainsi à obtenir une sorte d'invisibilité de l'observateur. Mais, ajoute l'auteur, on néglige le fait que ces écrans filtrants produisent des perturbations qui leur sont propres et qui plus est restent la plupart du temps méconnues (p. 17). G. Devereux ne plaide pas en faveur de la suppression des filtres mais il met en garde contre l'illusion de l'objectivité qu'ils peuvent susciter. Ils ne font en fait que différer le moment où intervient le subjectif, c'est-à-dire le moment où le chercheur attribue un sens à ses observations.

Les critiques n'émanent pas des seuls chercheurs. Les praticiens aussi émettent de plus en plus de réserves quant à l'utilisation de dispositifs prétendument objectifs. La méthode des tests par exemple subit de nos jours une crise incontestable [31]. Son utilisation est en régression. Les objections à son égard sont particulièrement nombreuses. La validité des conclusions obtenues par cette technique est mise en doute : les utilisateurs signalent que la motivation, l'attention, les conditions de passation sont autant de facteurs qui influencent inévitablement les résultats. A la question «Comment éviter cette objection?», les praticiens déclarent qu'il est nécessaire, à côté des examens psychométriques, de faire appel à des approches diverses, tels les entretiens individuels, l'écoute clinique, l'analyse des attentes des sujets, de leurs motivations, de leurs méthodes de travail, etc. Notons que le phénomène de la réserve à l'égard des tests ne semble pas s'étendre à certains pays. En Allemagne et aux U.S.A., par exemple, il apparaît que les cliniciens emploient de plus en plus les instruments quantitatifs pour compléter leur démarche et éprouver leur diagnostic.

3.4. La critique de la démarche qualitative

La démarche qualitative s'oppose à l'approche quantitative dans la mesure où elle n'appréhende pas la réalité par des données numériques[16]. Au contraire, les informations recueillies, les analyses effectuées sont exprimées en mots, en phrases, en récits qui impliquent le recours à un code linguistique certes plus riche et plus souple mais par contre moins rigoureux. La recherche qualitative reste malaisée dans sa codification et sa systématisation. Dans la méthode quantitative, le travail sur des valeurs numériques et sur la systématisation de la mise en œuvre de la recherche témoigne d'un souci évident de précision et de rigueur. A côté de cela, la démarche qualitative apparaît comme plus approximative. Du coup, la valeur scientifique de la recherche peut facilement être mise en doute. Peu de chercheurs qualitatifs se hasardent dans la voie de la codification et de la systématisation de la mise en œuvre d'une recherche qualitative. Tout au plus s'engage-t-on dans le domaine des exigences fondamentales auxquelles elle doit satisfaire.

Par ailleurs, un problème d'échantillonnage surgit toujours dès qu'une étude tente de dégager des informations plus générales au départ d'informations prises sur un nombre restreint de sujets. La démarche qualitative n'échappe pas à ce problème même si le traitement des données ne relève pas d'un calcul de probabilité. La généralisation des éléments de la réalité ne peut se faire qu'après examen de la représentativité de ces éléments. A ce niveau également, le chercheur qualitatif manque encore de moyens de systématisation.

Notons aussi que les informations récoltées par une démarche qualitative même si elles ont comme caractéristiques d'être sensibles au concret et de refléter plus exactement la réalité sociale ne doivent pas faire l'objet d'une confiance absolue de la part du chercheur. Le souci des sujets d'enquête n'est pas nécessairement de contribuer à «faire éclater la vérité». Les messages doivent être interprétés en fonction des multiples influences subies et des préoccupations des personnes. Cette étape de la recherche aussi est difficile et nécessite d'importantes précautions rendant la tâche du chercheur extrêmement ardue s'il veut dépasser un stade journalistique.

Le postulat d'interprétation subjective de M. Weber qui consiste à saisir l'ordinaire et comprendre la réalité sociale à travers les significations apportées par les personnes à leurs actes est aussi soumis à la critique dans la mesure où les données à analyser et à interpréter n'étant pas accessibles à l'observation sensorielle, elles renverraient au système de valeurs particulier de l'observateur, ce qui conduirait à des conclusions incontrôlables et subjectives et non à une théorie scientifique. Selon A. Schütz (1975, pp. 70-71), c'est mal comprendre la pensée de M. Weber et ce n'est trouver comme seule alternative à l'observation objective et sensorielle que l'introspection subjective, donc invérifiable, du chercheur. Il existe d'autres alternatives. Il y a celle qui consiste à connaître la réalité sociale à travers la signification des actions humaines et qui s'appelle «compréhension». Des mises à l'épreuve se construisent à l'heure présente. Nous en envisagerons quelques-unes dans le point suivant (3.5. La scientificité des recherches). L'observation sensorielle et l'expérience de l'action extérieure excluent de l'investigation plusieurs dimensions du monde social. En revanche, en recherchant les motifs et les buts des actions humaines à travers la pensée courante, c'est-à-dire en tentant de dégager ce que l'acteur veut dire par son action, on redécouvre la dimension phénoménologique et une plus grande pertinence des connaissances. Comment arriver à une telle compréhension? Nous discuterons des méthodologies possibles au chapitre V. Nous y développerons quelques méthodes et techniques en vue de faciliter l'itinéraire de la recherche qualitative qui n'est pas encore véritablement balisé. Il revient au chercheur de découvrir d'autres voies qui lui permettront de progresser.

On peut également émettre comme critique aux approches subjectives (phénoménologique, interactionniste, ...), c'est-à-dire à celles qui élaborent une construction de la réalité au départ de la construction des perceptions du monde des agents, que chaque prise d'information se réalise au départ d'un point particulier de l'espace social. Les points de vue recueillis seront différents, voire antagonistes selon les positions de l'agent dans l'espace social. Les constructions des acteurs s'opèrent donc sous l'emprise de contraintes structurales intériorisées que les approches subjectivistes ont tendance à ignorer. En d'autres termes, les constructions ne se créent pas dans un vide social et considérer tout agent social comme un sujet universel ne peut que tronquer la réalité scientifique. Nous sommes particulièrement sensibles à cette critique de P. Bourdieu (1987) et nous suggérerons ultérieurement quelques propositions de démarche (notamment la triangulation interne ou la critique de l'identité) pour aller à l'encontre de cette lacune fondamentale. Par ailleurs, P. Bourdieu ajoute que la construction de la réalité sociale n'est pas une simple sommation mécanique des entreprises individuelles : elle peut être une entreprise collective. Et cela, l'approche subjectiviste l'oublie. Ainsi, la vision microsociologique de ce type d'approche masque certaines dimensions. L'approche objectiviste pour sa part s'intéresse aux structures, desquelles elle déduit les actions, interactions et pratiques. Elle tente de constituer des groupes unifiés au départ de l'identité de position des acteurs dans l'espace social. Comme ceux-ci ont été soumis à des conditions et des conditionnements semblables, il y a une grande probabilité pour qu'ils aient des dispositions, des intérêts et des pratiques semblables. Le danger dans ce cas est de considérer les classes comme réelles et de les traiter comme telles. Il manque dans ce cas toute la signification que les acteurs attribuent à leurs actes, interactions et pratiques.

En conclusion, chaque approche prise isolément présente des faiblesses et des insuffisances. Dès lors, on en revient à l'indispensable articulation pour pallier l'inévitable mutilation qu'engendre l'une ou l'autre méthode.

3.5. La scientificité des recherches

3.5.1. La validation : triangulation, validité de signifiance et jugement critique

Les propos relatés jusqu'à présent posent avec acuité le problème crucial de la valeur de la connaissance qui découle des recherches et des études. A cette notion de valeur sont associés divers concepts qui tentent de la définir : ce sont principalement les concepts de généralisabilité, de fidélité et de validité bien connus des sciences positivistes.

La méthode expérimentale traditionnelle fonde ses généralisations sur la répétitivité des résultats observés. Les tests statistiques vont assurer la stabilité des conclusions d'un échantillon à l'autre. Par ailleurs, les études de la fidélité vont contrôler le caractère répétable. Rappelons que la fidélité est relative à la stabilité des données observées à deux ou plusieurs moments, avec le même instrument et en utilisant la même procédure de mesure. Cette définition implique une stabilité à la fois de l'outil, du sujet et du correcteur.

Or, en sciences humaines, les situations ne sont que rarement répétables. Chaque cas est un cas unique. Cependant, affirment certains chercheurs, la compréhension de l'évolution de la situation jusqu'à l'état actuel (approche historique et compréhensive) peut permettre d'effectuer des généralisations à d'autres situations futures. La valeur des données recueillies peut être contrôlée par le recoupement des observations de divers acteurs. C'est l'intersubjectivité[32] dont nous avons déjà parlé précédemment. La recherche en sciences humaines s'ouvre donc aujourd'hui à de nouveaux moyens pour assurer la fidélité. Nous en discuterons de façon plus approfondie au chapitre V.

Il en va de même dans le contrôle de la validité. A ce propos, E. Morin (1981) parlera de «vraie rationalité» qui incite à :

– «la vigilance sur les données, c'est-à-dire sur l'information, d'où la nécessité de la vérification de l'information ;

– la réflexion sur les principes organisateurs de la théorie, notamment quand ceux-ci sont incapables de concevoir l'existence et la place du désordre ;

– la réflexion sur la cohérence logique, qui doit être sans cesse conçue comme un instrument d'application sur l'univers, non comme preuve ontologique de vérité» (p. 146).

On constate que la voie s'ouvre pour rendre la démarche qualitative de plus en plus scientifique. Car si, dans ce type de démarche, la construction scientifique se réfère à la signification subjective des actions humaines (postulat d'interprétation subjective de M. Weber), cela n'empêche pas qu'elle doit être objective en ce sens que les conclusions et interprétations doivent être soumises à une vérification contrôlée et non comme nous l'avons déjà souligné précédemment à l'expérience particulière du chercheur — expérience donc incontrôlable. En d'autres termes, ce dernier doit remplacer sa situation biographique par une situation scientifique (voir à ce propos Schütz, 1975, pp. 84-85), qui implique le contrôle et la vérification des informations et des interprétations pour que puisse se réaliser une construction scientifique valide.

Dans cette perspective de recherche de scientificité, on voit apparaître à côté de la prise en compte classique des validités interne et externe, de contenu et de construct — qu'on n'abandonnera pas pour autant — d'autres types de validité. Il y a notamment la validité de signifiance que nous expliciterons ci-après. Il y a aussi la technique qui consiste à confronter des méthodes d'investigation différentes et complémentaires : c'est ce qu'on appellera le « chevauchement des méthodes » ou plus globalement la « triangulation ». Examinons ces deux types de validité. Nous adjoindrons à cela les règles générales de critique des sources d'information fort utiles à examiner pour notre propos.

a) La triangulation

Selon L. Cohen et L. Manion (1980), la triangulation peut être définie comme l'usage de deux ou de plusieurs méthodes dans la collecte de données lors de l'étude d'un aspect du comportement humain. C'est une pratique souvent décrite mais peu utilisée. Elle est aussi appelée « approche par méthodes multiples » qui contraste avec l'approche unique, plus vulnérable. En physique, le terme « triangulation » a une signification bien précise. Par exemple, dans la stratégie militaire, elle consiste à utiliser plusieurs moyens pour localiser un objectif. Par analogie, la triangulation en sciences humaines tente d'atteindre la richesse et la complexité du comportement humain en l'étudiant sous plus d'un point de vue, en utilisant par exemple à la fois des données quantitatives et qualitatives. Les résultats d'une recherche peuvent être des artefacts de la méthode utilisée. L'avantage de la triangulation réside dans le fait que l'utilisation de méthodes contrastées réduit considérablement les chances que les découvertes soient attribuables à la méthode. Elle permet donc l'augmentation de la confiance dans les résultats.

Reprenons à L. Cohen et L. Manion l'illustration qu'ils donnent du principe de la triangulation : soit une échelle d'attitudes mesurant, par exemple, la perception par le maître de son rôle. Un seul item en lui-même donnera peu d'information sur l'attitude de l'enseignant. Mais dix items donneront déjà une image plus globale. Si à cela on ajoute des évaluations des maîtres par les élèves, les performances scolaires des élèves, des données psychométriques et sociométriques, des études de cas, des questionnaires et des méthodes d'observation alors on obtient une illustration du principe de triangulation à un niveau plus complexe.

La triangulation peut utiliser et combiner des techniques normatives et interprétatives.

L. Cohen et L. Manion distinguent plusieurs types de triangulation dans la recherche. Nous précisons ci-après, brièvement, les buts et caractéristiques des principaux types :

Triangulation temporelle : elle tente de prendre en considération les facteurs et processus de changement (ou de permanence) en utilisant des modèles longitudinaux et transversaux ; elle examine la (l') (in-)stabilité des résultats dans le temps.

Triangulation spatiale : elle recouvre les études qui sont menées parallèlement dans divers pays ou au sein de différentes subcultures en utilisant des techniques cross-culturelles ; elle implique la mise à l'épreuve d'une théorie (théorie de Piaget, par exemple) auprès de différentes cultures ou bien elle mesure les différences entre populations en utilisant divers instruments de mesure. Selon nous, elle peut également vérifier si un instrument, dans la mesure où il est sous-tendu par une théorie, est valable dans les différentes cultures. La triangulation spatiale insiste sur l'examen des divergences qui peuvent intervenir selon les lieux et les circonstances de recueil des informations.

Triangulation par combinaison de niveaux : elle utilise plus d'un niveau d'analyse tels que le niveau individuel, le niveau interactif (groupes) et le niveau des collectivités (organisationnel, culturel ou sociétal) ; l'analyse selon les niveaux de l'écosystème de U. Bronfenbrenner représente une triangulation par combinaison de niveaux.

Triangulation théorique : elle fait appel à des théories alternatives ou concurrentes.

Triangulation des observateurs : elle engage plus d'un observateur (correcteur) dans le plan de recherche ; les observateurs (correcteurs) travaillent chacun pour eux ; ils ont leur propre style d'observation (de correction) qui se reflète dans les résultats. La triangulation des observateurs correspond à la fidélité interjuges. L'utilisation de deux ou plusieurs observateurs (correcteurs) conduit aussi à plus de validité des données. L'analyse des divergences peut permettre la mise en évidence des sources de biais.

Triangulation méthodologique : elle utilise ou bien la même méthode à des occasions différentes ou bien différentes méthodes pour le même objet d'analyse. La première technique est en fait une réplication d'une étude ; elle va permettre le contrôle de la fidélité et la confirmation des résultats. La deuxième approche va vérifier la validité par le fait qu'elle envisage la convergence entre des mesures indépendantes d'un même objet.

A côté de ces divers types de triangulation, il convient d'en ajouter deux, qui sont les suivants :

Triangulation des sources : elle implique la référence à des informateurs multiples et aussi à des matériaux objectifs tels que des documents d'archives par exemple. Elle est particulièrement utilisée lors de l'élaboration des items, des propositions ou des questions dans des instruments comme les questionnaires, les Q-sorts, etc. Cette tâche n'est pas simple ; elle exige le recours à des experts divers, à d'autres outils traitant du même thème, à des théories variées, aux personnes sur le terrain, etc.

Triangulation interne : elle met en relation les informations recueillies avec des éléments tels l'anamnèse, l'origine sociale et culturelle, les états ou circonstances psychologiques afin de mieux comprendre les motivations des personnes à fournir cette information. De même, cette démarche doit être effectuée au niveau du chercheur lui-même. Bien se connaître, connaître son équation personnelle et ses préjugés s'avèrent indispensables lors de l'interprétation des données. On insiste beaucoup actuellement sur la nécessaire transparence du chercheur. P. Bourdieu (1987, p. 45) notamment s'interroge sur les difficultés particulières que le chercheur rencontre pour objectiver un espace où il est inclus et sur les conditions à remplir pour les surmonter. Il indique que pour avoir quelque chance d'être rationnel, il importe que le chercheur connaisse ses limites (et les limites de l'instrument qu'il utilise), ses pulsions personnelles inhérentes à son histoire, bref, qu'il s'attache à réaliser une critique auto-réflexive.

L. Cohen et L. Manion examinent les occasions dans lesquelles la triangulation est particulièrement appropriée en éducation. Ils relèvent notamment sa pertinence toute spéciale dans l'élucidation d'un phénomène complexe, par exemple dans l'étude comparative d'une classe traditionnelle et d'une classe active. Une approche au moyen d'une méthode simple, par la mesure du rendement des habiletés de base notamment, ne fournirait que des données de valeur très limitée sur les philosophies, objectifs et pratiques des deux classes. L'utilisation d'une approche multiméthodes donnerait une image très différente : en combinant à l'aide de plusieurs méthodes la mesure de critères de rendement scolaire et des facteurs plus subjectifs (mesure d'attitudes, interview, observation), on obtiendrait une vue plus réaliste des deux classes.

Les auteurs précités signalent aussi l'intérêt de la triangulation lors d'une approche qui habituellement donne lieu à une image limitée et fréquemment distordue. Ils rappellent à ce propos les traditionnelles dichotomies normatives versus interprétatives, nomothétiques versus idéographiques, statistiques versus cliniques et proposent qu'au premier terme de chaque paire soit associé des techniques qui font appel à des grands groupes et à des données objectives et que le deuxième terme utilise des données individuelles et subjectives. Ainsi, précisent-ils, par cette utilisation des catégories habituellement exclusives, des perspectives contrastées peuvent être intégrées.

Selon ces auteurs, la première tâche du chercheur est de décider quel type d'information il désire traiter. Ensuite, il doit choisir les méthodes les plus appropriées pour obtenir ces informations. Le tableau ci-après, repris à L. Cohen et L. Manion (p. 218), illustre cette perspective. Reprenons l'exemple hypothétique d'un chercheur qui désire comparer une classe d'enseignement traditionnel et une classe d'enseignement non traditionnel. La colonne verticale contient les types d'information que le chercheur désire obtenir dans chaque classe. La rangée horizontale fait apparaître les méthodes à utiliser pour respecter les informations souhaitées. Les quatre premières méthodes signalées (1 à 4) vont permettre la récolte des données quantifiables et les quatre suivantes (5 à 8) les données non quantifiables. Le système des simples ou doubles croix indique les méthodes qui conviennent bien ou très bien au type d'information que l'on veut recueillir.

Le chercheur peut donc combiner les différentes méthodes d'investigation et abolir les traditionnelles barrières entre les approches souvent mises en opposition.

Quant à savoir comment combiner les méthodes, il semble qu'il n'y ait pas de ligne directrice unique. Tout dépend des objectifs de l'étude, de sa situation particulière et du poids relatif que le chercheur accorde à chacune des méthodes qui lui fournit les données. Ainsi, il apparaît que le facteur crucial qui intervienne pour combiner, intégrer ou contraster les données et tirer les inférences à partir de ces dernières relève des critères que va se fixer le chercheur en fonction du contexte de la recherche.

Tableau 1. *Types d'information souhaités et méthodes pour les obtenir*
(selon Cohen et Manion, 1980, p. 218)

Méthodes à utiliser / Types d'information	Tests de rendement	Tests de personnalité	Tests d'attitudes	Tests sociométriques	Observation participante	Interview	Témoignages Récit	Jugements des Professeurs
	1	2	3	4	5	6	7	8
1 Habiletés scolaires	XX					X		XX
2 Caractéristiques de personnalité		XX			X	X		XX
3 Habiletés sociales			X		XX	X		XX
4 Relations sociales			X	XX	XX	X		XX
5 Point de vue individuel de l'élève			XX			X	XX	
6 Climat de la classe					XX			X

En ce qui concerne la qualité des données à utiliser, les auteurs mettent en évidence deux types de problème auxquels le chercheur doit faire face : d'abord les contradictions entre les mesures quantifiées, contradictions dues aux faiblesses des instruments de mesure disponibles ; ensuite, les incohérences entre les données quantifiables et qualitatives ou entre les divers ensembles de données qualitatives. Le premier problème requiert une instrumentation plus fine et plus valide, l'autre une étincelle imaginative. Le danger caché dans le cas de ce second problème réside dans le fait de présenter les ensembles contradictoires sous la forme d'un collage. Il ne faut naturellement pas espérer accomplir un consensus complet au départ des données. En effet, la très grosse difficulté de l'approche interprétative est que les divers acteurs dans une même situation apporteront chacun des significations différentes qui toutes seront également pertinentes. La recherche actuelle doit pouvoir aussi accepter de rester sur des points d'interrogation. Un effort doit cependant être fourni pour établir des relations entre les ensembles illogiques de données. Expliquer les différences constituera une voie de recherche ; les utiliser comme base pour des hypothèses futures en sera une autre.

b) Validité de signifiance

Une autre forme de validité peut encore être envisagée : il s'agit de la validité que nous pouvons qualifier de « signifiance »[17]. Nous sommes très proches ici de la position de J. Habermas que nous avons mentionnée précédemment en ce sens que nous vérifions la valeur informative des données auprès des acteurs concernés. Nous entendons par validité de signifiance la vérification du fait que les données découlant de l'utilisation d'un instrument sont bien le résultat d'une réelle compréhension de la part du sujet et d'une concordance certaine entre le sens objectif des items et la perception que ceux-ci déclenchent chez la personne. De même, il convient aussi de s'interroger sur la compréhension par le chercheur des réponses ou des dires du sujet. En d'autres termes, le langage des sujets et celui du chercheur coïncident-t-ils ? Par ailleurs, quelles connotations, quelles perceptions sont sous-jacentes aux réponses et aux propos des sujets ?

En fait, la validité de signifiance va s'effectuer sur deux plans distincts, sur celui de la dénotation et sur celui de la connotation. Dans le contexte de la dénotation, le chercheur se posera deux questions :
- le sujet a-t-il bien compris la signification des items ou des questions exprimées par le chercheur ?
- le chercheur a-t-il bien compris le sens des propos du sujet ?

Au plan de la connotation, le chercheur tentera de mettre à jour le perçu, les explications, les sentiments des acteurs à l'égard des événements narrés ou des items proposés.

Dans les deux cas, le retour à l'acteur pour expliquer, corroborer ou infirmer les faits ou les hypothèses s'impose. Si les faits ou les interprétations sont infirmés ou remis en cause, le chercheur tirera grand profit à analyser les contradictions et les effets paradoxaux. On répond ici d'une certaine manière au concept de falsifiabilité émis par K. Popper. La falsifiabilité se fait dans ce cas sur la base des commentaires et explications du sujet. Ainsi, la validité de signifiance va restituer les items, les propos, les interprétations dans le contexte de la réalité vécue par les acteurs et dans l'optique d'une compréhension améliorée et plus valide du monde social. On peut dire qu'elle est un va-et-vient entre ce que Kant appelait le jugement réfléchissant (auto-réflexivité interne de son jugement impliquant le particulier et le quotidien) et le jugement déterminant (réflexion sur le jugement d'un point de vue universel et extérieur), ce dernier caractérisant le domaine de la science.

La recherche de la validité de signifiance est particulièrement présente dans une étude de J.-P. Pourtois et J. Lhermitte (1986) à propos de l'étude des opinions des étudiants à l'égard de leurs études. Pour répondre à cette validité, les résultats obtenus au questionnaire sont communiqués aux étudiants qui interprètent les résultats et explicitent la signification que les items suscitent en eux. Dans son livre intitulé «Les enjeux de l'observation», R. Canter Kohn (1984) insiste beaucoup sur cette technique de retransmission de l'information à ceux qui ont été soumis à l'observation. Lors de l'interprétation des faits, on fait une place à leur perçu et à leurs explications des événements, perçu et explications complémentaires à celles du chercheur. De cette manière, au départ d'une interrogation basée sur la technique, on sort de la technicité réductrice pour s'engager dans une approche qui veut prendre en considération la multidimensionnalité des faits ainsi que les significations paradoxales et les contradictions.

Un autre exemple d'utilisation de cette démarche peut être fourni ici. En 1978, nous avons élaboré et mis au point un questionnaire relatif aux attitudes éducatives des parents. Cet instrument a été construit sur la base d'une technicité stricte : les qualités de validité de contenu, de validités externe et interne, de consistance, de fidélité, de sensibilité ont été scrupuleusement observées. Par ailleurs, une analyse factorielle en composantes principales a été menée afin de ne retenir que les items unidimensionnels, c'est-à-dire des items qui reflètent des univers sémantiques bien distincts : aucun item ne contribue à définir deux attitudes à la fois. Si au début de sa création ce questionnaire a été utilisé de façon absolument « technique » pour les besoins d'une recherche expérimentale, aujourd'hui son usage se modifie dans le sens d'un élargissement de l'information. Les parents continuent à compléter le questionnaire, à chaque item duquel est jointe une échelle de Likert. Mais par la suite, le plus souvent en groupe, les parents explicitent et justifient leur réponse : l'acceptation ou le rejet d'une proposition ou leur indécision face au choix à effectuer. Ainsi, on s'aperçoit que des cases cochées identiquement par plusieurs personnes recouvrent en fait des réalités et des interprétations distinctes. Les faits (ici, les items) ne sont donc pas univoques mais au contraire se situent sur deux logiques différentes : celle du modèle mathématique utilisé (l'analyse factorielle) et celle de l'acteur qui met en œuvre dans son interprétation toute la subjectivité émanant de son vécu antérieur. Peut-on dès lors attribuer une valeur absolue aux résultats recueillis de manière « technique », donc en ne faisant référence qu'au seul modèle mathématique dont J. Cardinet (1975) disait qu'il présentait parfois un tel artificialisme que tout sens en était exclu ? Nous pensons que l'exemple ci-avant montre l'intérêt qu'il y a de confronter des données de statut et de perspective différents : cohérence d'une part, sens d'autre part.

En outre, le langage utilisé par le chercheur dans la formulation des items correspond-il bien à celui des parents issus de toutes les classes sociales ? Nous nous sommes rendus compte, en utilisant la démarche interprétative, que bon nombre de termes de vocabulaire ainsi que des formulations syntaxiques n'étaient pas saisies par des parents issus de milieu socio-culturel modeste.

Ainsi, le contrôle de la compréhension des items et du sens que l'acteur donne à ces derniers s'avère indispensable pour assurer la validité des résultats d'un instrument. C'est ce que nous avons appelé la validité de signifiance. Notons encore que ce type de démarche fournit des occasions de discussion entre les parents à propos de leurs pratiques éducatives au foyer et constitue un moyen de formation multiréférentielle d'une extrême richesse.

Dans le même ordre d'idées, U. Bronfenbrenner parlera de validité écologique : une expérience est écologiquement valable lorsqu'elle est conduite dans l'habitat naturel des participants. Elle préserve au maximum l'intégrité du milieu et considère les influences réciproques (effet de A sur B, mais aussi effet de B sur A). Une recherche écologique doit tenir compte des caractéristiques du contexte social et culturel dont proviennent les participants (validité de contexte) et doit prévoir la définition de la situation par chacun des participants, c'est-à-dire la manière dont le sujet perçoit le milieu et ses éléments (validité phénoménologique).

c) Jugement critique

Dans son ouvrage *Théorie critique des faits sociaux,* R. Rezsohazy (1979) nous invite à examiner les règles générales de critiques des sources d'informations. Les diverses démarches qui seront exposées ci-après ont été codifiées par des générations d'historiens. C'est donc un héritage classique qui sera développé. Néanmoins, il est d'une aide considérable dans le cas de recueil d'un matériau qualitatif. En effet, reconstituer les faits pour connaître la réalité sociale n'est pas simple. Les sources d'informations doivent être contrôlées. Nous verrons que plusieurs démarches critiques recouvrent des techniques que nous venons de présenter (triangulation - validité de signifiance).

R. Rezsohazy propose six démarches :

la critique d'identité consiste à vérifier l'identité de l'informateur, à établir son anamnèse et ses coordonnées sociologiques, à examiner sa personnalité; elle permet de mieux comprendre les intentions, les finalités de l'informateur à fournir l'information émise. Cette démarche correspond à ce que nous avons décrit précédemment sous le terme de «triangulation interne». Nous avions déjà signalé à ce moment — et nous insistons à nouveau sur ce point — que la même approche doit se réaliser au niveau du chercheur lui-même pour que des interprétations valides et fiables s'élaborent.

La critique de restitution s'attache à examiner l'état dans lequel se trouve l'information. Est-ce la version originale ? Ou bien celle-ci a-t-elle subi des modifications ? Est-ce une information de première main ou de deuxième main ? Le chercheur a-t-il pris lui-même l'information auprès des informateurs ou bien d'autres personnes ont-elles été impliquées dans la prise des données ?

La critique d'originalité a trait au lien entre l'informateur et l'information. Trois liens peuvent être envisagés :

– l'informateur a vu ou entendu les faits; il a conçu lui-même les idées qu'il rapporte : le lien est direct;

– l'informateur n'a pas observé lui-même les faits : il relate les témoignages d'autres personnes; il emprunte à autrui les idées qu'il énonce. Si ces autres personnes restent accessibles, le lien est indirect et dépendant. Cette démarche peut être intéressante si on recherche l'influence d'une idéologie sur une population, par exemple ;

– le cas est comparable au précédent mais les témoins directs sont inaccessibles ; l'informateur est alors suppléant.

Rechercher l'origine des faits matériels et des idées exposées est important. Néanmoins, la distinction entre les trois types de lien n'est souvent pas très nette. Il convient donc d'effectuer les analyses avec nuance.

La critique d'interprétation aborde le sens de l'information. Le chercheur a-t-il bien compris le témoin ? Ne fait-il pas dire à une information ce qui ne s'y trouve pas ? Ou au contraire, n'omet-il pas ce qui s'y trouve ? Il s'agit donc ici de saisir le sens d'un récit, d'un texte, d'un acte... à l'intérieur d'une culture ou d'une situation donnée. Cette démarche coïncide avec celle que nous avons appelée « validité de signifiance » et qui a été développée ci-avant. Elle est extrêmement importante, particulièrement lors de l'analyse de contenu des documents recueillis. Nous aurons l'occasion de discuter de cette technique dans le chapitre V en gardant bien à l'esprit la nécessaire critique d'interprétation.

La critique d'autorité consiste à savoir quel crédit on peut accorder à l'informateur. Elle s'attache à trouver les preuves qui valident les informations plutôt que de chercher les arguments qui les démentent. Le concept de « vérité » est ici sous-jacent. La critique d'autorité s'adresse aux éléments volontaires, les éléments involontaires étant par définition vrais puisqu'ils surviennent malgré le sujet et donc sans intention déformatrice. Les éléments volontaires par contre résultent d'une construction intentionnelle et donc soumise à la déformation. Par ailleurs, la critique d'autorité ne s'applique qu'aux faits matériels ; en sciences sociales, en effet, ne se pose pas le problème de la « vérité » des croyances et des opinions (sinon, on tombe dans le domaine de la réflexion politique). D'autre part, il faut distinguer les constatations matérielles des raisonnements faits à leur égard. On demandera aux premières d'être vraies et aux deuxièmes d'être corrects. Bien souvent, les divers types de faits sont imbriqués et il n'est pas toujours facile de distinguer ceux qui proviennent de l'observation directe de ceux qui sont dus à des généralisations à partir de raisonnements sur des observations partielles.

Trois opérations peuvent être envisagées dans la critique d'autorité :

– la critique d'observation examine les qualités d'observation de l'informateur ainsi que les conditions dans lesquelles l'observation s'est produite : bonnes conditions matérielles, physiques et psychologiques, capacités intellectuelles suffisantes (perspicacité et nécessaire logique pour aborder la complexité des phénomènes), culture générale suffisamment étendue pour permettre les comparaisons, culture locale (langue, coutumes, pratiques, ...) bien connue pour ne pas laisser échapper des informations importantes (notons cependant qu'un étranger est souvent un meilleur observateur parce qu'il n'est pas impliqué dans le milieu ; il ne faut donc pas négliger ses témoignages), compétences particulières si on envisage un thème spécifique, présence suffisamment longue sur le terrain ;

– la critique d'exactitude considère notamment la période qui s'est écoulée entre l'observation et le moment de la relation des faits. A cette étape, les causes de déformation involontaires sont mises en évidence : durée de cette période car elle entraîne des effets d'imagination et de rationalisation, problème de formulation de la pensée (choix des termes, stéréotypes, effets oratoires, etc.) ;

– la critique de sincérité analyse les écarts par rapport à la réalité en raison des déformations volontaires (mais pas toujours conscientes). La démarche poursuivie ici est de tenter de rechercher les mobiles qui pourraient altérer les faits : idéologie, attachement à un groupe et donc ne pas vouloir lui nuire, etc.

Découvrir les altérations qui se produisent dans les témoignages est chose difficile. Dès lors, il est nécessaire de se référer aux enquêtes sur l'identité de l'informateur, de faire une analyse interne des messages et de consulter d'autres témoins (confrontation des versions, voir ci-après).

La confrontation examine et compare les mêmes faits rapportés par des témoins différents. Les versions doivent être confrontées afin de dégager une relation conforme à la réalité. Nous sommes ici en présence de la démarche que nous avions intitulée précédemment « triangulation des sources ». Lorsque les informations recueillies sont fondamentalement en désaccord, c'est-à-dire que si les éléments principaux sont présentés selon une optique différente sans être nécessairement opposée, il est indiqué de retourner aux trois démarches de la critique d'autorité et de retenir la version de l'observateur le meilleur, le plus exact et le plus sincère. Par ailleurs, l'analyse des contradictions peut s'avérer extrêmement riche en informations. Un complément d'enquête peut être indispensable si la critique d'autorité est insuffisante. R. Rezsohazy fait remarquer que si la confrontation de plusieurs versions est impossible parce que l'événement n'est signalé que par un seul témoin, le contrôle reste possible grâce à la confrontation des faits connexes. Dans ce cas, on examine la cohérence des liens entre les événements.

Au terme de cette partie consacrée au jugement critique, R. Rezsohazy (p. 137) fait à juste titre remarquer que le chercheur n'est jamais confronté à des constellations sociales simples. Une information ne sera jamais complète et sera toujours soumise à des influences multiples. Il est pratiquement impossible de la connaître d'une manière exhaustive et de toute façon, elle ne peut jamais être considérée comme acquise une fois pour toute.

Cependant, nous pensons que par la mise en œuvre de méthodes d'investigation différentes et complémentaires, par la confrontation des résultats qui en découlent, par l'analyse critique du processus de construction de la connaissance et par le passage constant d'une instrumentation «dure» à une instrumentation «souple», le chercheur va accroître considérablement la crédibilié, la transférabilité, la stabilité et la fiabilité de sa recherche.

3.5.2. L'interprétation en sciences humaines

Après avoir récolté et contrôlé son matériau avec toute la rigueur nécessaire, le chercheur va s'atteler à une nouvelle tâche qui conduira son travail au niveau de la scientificité.

Le chercheur subjectiviste, le phénoménologue aura comme centre de préoccupation la recherche de ce que Schütz a appelé la «typicalité» ou «typification», de ce qu'on qualifie aussi d'«idéaltype» et qui consiste à découvrir le régulier, c'est-à-dire les «motifs typiques d'acteurs typiques qui expliquent l'acte comme étant lui-même typique et surgissant d'une situation également typique» (Schütz, 1975, p. 99). En d'autres termes, il s'agit de détecter la conformité dans les actes et dans les motifs de catégories spécifiques de personnes (soldats, prêtres, parents, enseignants, etc.) en vue d'élaborer une construction scientifique qui accroîtra et complétera les connaissances de la science. Dans la perspective subjectiviste, l'élaboration d'idéaltypes scientifiques consiste toujours en des constructions au second degré, faites au départ des constructions premières réalisées par les acteurs eux-mêmes. Cette étape de l'interprétation est une phase essentielle lorsqu'on veut établir une théorie de l'action sociale. Rappelons que, selon la vision subjectiviste, on ne peut atteindre la compréhension des faits sociaux que si on examine les activités humaines et les motifs qui les ont déclenchées. Ces actes et motivations constituent la construction au premier degré sur laquelle va se baser la construction scientifique, ou construction au deuxième degré. Cette dernière présente, dès lors, un haut degré d'anonymat (voir à ce propos l'œuvre de A. Schütz).

L'optique objectiviste (positiviste) est bien différente. Les phénomènes, les événements observés sont considérés comme des choses et ils ne peuvent s'expliquer par la conception première de ceux qui y participent. Il s'agit ici de trouver, selon Durkheim, les «causes profondes qui échappent à la conscience». Ainsi, dans cette perspective, il y a totale rupture entre les représentations premières des acteurs et la connaissance scientifique. Cette dernière doit conduire aux causes médiates. Elle ne peut être en continuité avec la connaissance de sens commun.

Notre position, qui rejoint celle de P. Bourdieu (1987), consiste en ce qu'une relation dialectique s'instaure entre les deux approches. Le moment subjectiviste, qui produit une théorie s'originant dans la connaissance courante de la vie quotidienne et qui permet de comprendre pourquoi se conservent ou s'altèrent les structures sociales, s'articulera avec le moment objectiviste qui, s'il écarte les représentations des acteurs, met en place les structures objectives de l'espace social dans lesquelles ces représentations se bâtissent. Par ailleurs, les informations premières issues de l'un ou de l'autre moment peuvent être «lues» par une ou plusieurs théorie(s). Une lecture théorique plurielle présente l'avantage d'accroître la richesse des conclusions en fournissant des éclairages divers. Le moment de la théorisation, de l'analyse conceptuelle, c'est-à-dire de la transformation de la matière première en des connaissances scientifiquement valables est une phase importante mais délicate qui va permettre de dépasser le cadre des perceptions immédiates et des représentations idéologiques (et des acteurs et du chercheur). C'est une étape exigeante. Elle nécessite une réflexion critique intense et une attitude logique et rationnelle qui détermineront la qualité finale de l'étude.

Il faut savoir, en effet, que quand nous étudions une réalité sociale, nous introduisons un biais dans notre perception car nous prenons, au moment de la théorisation, une position extérieure. Ce biais que P. Bourdieu (1987, p. 113) qualifie de théoriciste ou d'intellectualiste est dû au fait que la théorie produite résulte du regard théorique du chercheur. Pour une connaissance plus juste de la réalité sociale, il faut élaborer une théorie, un modèle mais il faut de plus «introduire dans la théorie finale une théorie de l'écart entre la théorie et la pratique» (Bourdieu, *ibidem*). La validité de signifiance, les divers types de triangulation, le retour de l'information aux agents peuvent aider à examiner cet écart.

Le chapitre II a voulu présenter les oppositions qui se manifestaient à propos du concept, de l'appréhension et de la légitimation de la connaissance scientifique.

Il a tenté aussi de montrer que les démarches méthodologiques émanant de courants différents pouvaient s'articuler, voire se rejoindre.

Il s'est centré aussi sur la dimension de scientificité des recherches, notamment des recherches qualitatives.

Le chapitre suivant s'attache à une autre perspective : celle de l'instrumentation et de son évolution. Les techniques instrumentales constituent un domaine important au travers duquel on peut observer les tendances épistémologiques et méthodologiques ainsi que leur modification au cours des années. C'est cette perspective qui est développée ci-après.

NOTES

[1] Cette démarche est bien décrite dans l'ouvrage de R. Horth (1986), *L'approche qualitative comme méthodologie de recherche en sciences de l'éducation*, Pointe au Père, Les Editions de la Mer.
[2] Pour les chercheurs positivistes actuels, la causalité linéaire a fait place à d'autres types de causalité : circulaire, cybernétique, ... ; certains parlent aujourd'hui d'une causalité locale contextualisée (M. Huberman et M. Miles, 1985) qui les rapproche des conceptions de la phénoménologie.
[3] Notons que, pour les chercheurs positivistes, il n'y a pas d'opposition entre la compréhension et l'explication, la première étant nécessairement incluse dans la seconde : l'explication implique la compréhension. Néanmoins, il ne s'agit pas d'une compréhension émanant du sens donné par les acteurs à leurs pratiques.
[4] Remarquons que les chercheurs positivistes tiennent compte depuis des années déjà de certaines caractéristiques énoncées ici et les intègrent dans leur démarche. C'est le cas notamment de la prise en compte de l'effet d'interaction observateur - observé.

[5] A.F. Chalmers (1987) critique de façon très pertinente la démarche inductive car, dit-il, une observation n'est jamais neutre : il existe toujours une théorie qui précède l'observation et qui la sous-tend. Le chercheur qualitatif doit rester conscient de ce phénomène. R. Burgess (1985b, p. 4) précise également que la recherche qualitative est toujours menée à l'intérieur d'un cadre théorique et que le chercheur possède au départ un petit nombre de questions qui orientent l'étude même si les questions et hypothèses fondamentales surgissent plus tard, au cours de l'investigation.

[6] Ce qui n'exclut pas un traitement scientifique des données et le recours à des théories pour interpréter les résultats obtenus.

[7] Nous précisons quant à nous que même si les instruments de collecte s'adaptent au contexte, la méthodologie ne fait pas moins nécessairement l'objet d'une recherche méthodique et rigoureuse (voir les travaux de M. Huberman et M. Miles, de J.-P. Goetz et M.D. Le Compte, etc.).

[8] Pour illustrer l'importance de ces réactions, nous relatons en note [15] — nous référant à l'étude G. De Landsheere (1982) — la contestation de deux chercheurs américains éminents, à savoir D.T. Campbell et L. Cronbach.

[9] Voir à ce propos le document des auteurs *L'analyse des données qualitatives : quelques techniques de réduction et de représentation*, Neuchâtel, I.D.R.P., février 1983.

[10] POURTOIS J.-P. et coll., *Eduquer les Parents ou Comment stimuler la compétence en éducation*, Bruxelles, Labor, 1984.

[11] Notons que l'aspect «signifiance» n'est pas absent de la conception positiviste. Il se rapporte à la théorie qui sous-tend l'étude, qui la valide et qui lui permet de prédire des comportements. Il n'est pas relatif à la signification qui émane des acteurs, démarche qui définit un système beaucoup plus ouvert qui ne permet pas la prédiction (là n'est pas son but).

[12] Nous présentons ici cette technique comme exemple d'effort des chercheurs pour rendre leur étude plus fidèle et pour en contrôler la généralisation.

[13] Causalité qui est analysée de façon de plus en plus complexe... Citons à ce propos l'utilisation des plans multi-factoriels ainsi que les plans d'analyse des interactions entre facteurs.

[14] Notons que le chercheur positiviste utilise, pour les fins de sa recherche, des moyens dont les caractéristiques relèvent du qualitatif, tels par exemple, le classement par rang, les échelles nominales, les indices de certitude, etc. qui montrent que parfois les conceptions méthodologiques tendent à se rejoindre.

[15] A ce propos, les expérimentalistes font remarquer qu'ils atteignent un haut niveau de précision dans les sondages relatifs aux résultats de vote. Notons cependant que dans la situation de vote, les comportements possibles sont limités et connus au préalable. Ce qui n'est pas le cas d'une situation naturelle où la variabilité des comportements est infinie.

[16] Voir à ce propos l'article de P. Minon (1985).

[17] Cette validité, relative au sens attribué par les acteurs aux phénomènes analysés, est caractéristique de la démarche qualitative. Les quantitativistes ne prennent pas cet aspect en considération, la signification des événements ne s'élaborant qu'à la lumière de la théorie qui sous-tend l'étude.

Chapitre III
L'évolution des tendances

> *La puissance d'une recherche, c'est-à-dire sa capacité à établir avec une grande certitude la confirmation des hypothèses, va dépendre de plusieurs facteurs dont notamment la qualité des observations et des mesures ainsi que celle des instruments qui les produisent.*
>
> J.-P. BEAUGRAND, dans *Fondements et étapes de la recherche scientifique en psychologie*, 1982.

1. PRESENTATION DE L'ETUDE

Que se passe-t-il dans la recherche actuelle en matière d'instrumentation ? Cette dernière a-t-elle évolué depuis le revirement de Snow, Campbell ou Cronbach dans les années 1973-1974 ? Les tendances auxquelles nous venons de nous référer et à propos desquelles nous avons longuement débattu sont-elles observables dans les études que nous proposent les revues scientifiques ? L'étude de l'instrumentation utlilisée par les chercheurs actuels peut-elle nous donner une vue intéressante et valable sur les orientations nouvelles en sciences humaines ? Telles sont les questions auxquelles le présent chapitre va tenter de répondre. Pour ce faire, nous avons examiné quelque 575 articles extraits de trois revues différentes (deux françaises et une américaine), revues spécialisées en science de l'éducation, des années 1973-1974-1975, d'une part et des années 1982-1983-1984, d'autre part. Le choix de telles revues s'est effectué en fonction des qualités de scientificité qui leur sont reconnues. Chacun des articles a été analysé sous l'angle de l'instrumentation utilisée. Nous développons ci-après l'analyse de ces instruments : le taux d'articles avec instrument(s), le type d'instrument employé, leurs qualités métrologiques (à savoir, la fidélité, la validité, la sensibilité), leur originalité (instrument construit, adapté ou emprunté) et la théorie sous-jacente à leur construction. Par la suite, nous confrontons les résultats obtenus en fonction de la période et du lieu où ces outils ont été employés. Cette comparaison nous permettra d'examiner l'évolution de l'instrumentation en l'espace de dix ans. De même, il nous sera possible d'observer les différences entre les techniques utilisées dans les pays francophones et celles employées aux U.S.A.

2. SITUER L'ETUDE

2.1. Le niveau de l'instrumentation

Afin de situer la présente étude, nous nous référons au modèle de N. Delruelles-Vosswinkel (1980) qui distingue divers niveaux dans l'analyse et la réflexion en sciences humaines :

– *le niveau des techniques* qui comprend d'une part, les modes expérimentaux d'investigation scientifique, c'est-à-dire les composantes instrumentales et d'autre part, les procédés d'analyse des données ;

– *le niveau des méthodes* qui est constitué de l'itinéraire de la recherche et qui comprend notamment le choix des variables à étudier, la définition des hypothèses de recherche, les démarches suivies (par exemple, inductive ou hypothético-déductive) ainsi que les plans expérimentaux choisis ;

– *le niveau des théories* qui peut se scinder en théorie spécifique, c'est-à-dire celle qui impose les idées directrices à la recherche, et en théorie générale, c'est-à-dire celle qui implique un choix théorique plus global (c'est l'axiomatique du chercheur).

A chaque niveau d'analyse correspond un niveau de réflexion épistémologique. Ci-après figure ce modèle, qui, adapté à notre étude, synthétise l'articulation des divers niveaux précités.

L'opération d'analyse qui nous occupe ici est celle des techniques d'instrumentation correspondant au niveau de réflexion qui traite de l'adéquation des techniques à l'objet d'investigation et de l'examen des qualités métrologiques des instruments utilisés (épistémologie 1). A première vue, le niveau des techniques est le plus autonome car il ne contiendrait aucun autre niveau. C'est dire qu'il pourrait faire l'objet d'une étude isolée. Cependant, il faut signaler qu'une technique d'instrumentation n'est jamais épistémologiquement neutre. Par exemple, sélectionner une technique qualitative ou une technique quantitative, c'est déjà faire le choix d'une orientation théorique qui définit tout l'édifice de la recherche entreprise.

Tableau 2. *Les composantes de l'investigation*
(d'après N. Delruelles-Vosswinkel, 1980, p. 71)

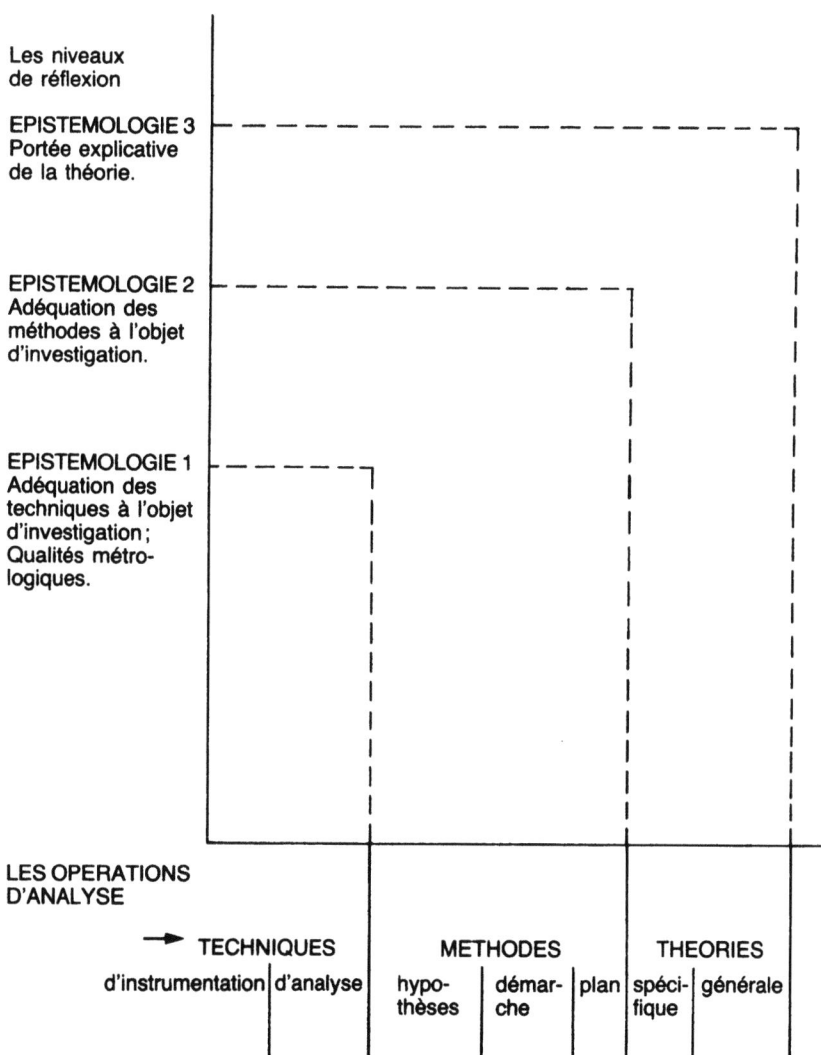

La présente étude tente de détecter les nouvelles orientations épistémologiques en sciences humaines au travers des techniques employées. Nous pensons que ses résultats peuvent refléter les valeurs scientifiques d'une époque en référence au choix des instruments utilisés.

Nous nous limitons donc dans cette étude à l'examen des techniques d'instrumentation. Nous prendrons également en compte les théories sous-jacentes à leur élaboration, ce qui nous donnera des informations de toute première importance sur les options épistémologiques actuelles. Certes, les autres opérations que le chercheur est amené à effectuer au cours d'une recherche scientifique seraient également intéressantes à analyser. Elles mériteraient qu'on s'y attache dans la mesure où elles aussi fourniraient des indications importantes sur la progression de la réflexion en sciences humaines.

2.2. La place de l'instrumentation

Comme nous venons de le préciser, l'instrumentation de recherche est une des étapes de la démarche scientifique. Elle permet de recueillir des données empiriques. Elle se fonde sur les intérêts théoriques du chercheur. Sa construction consiste à traduire en des signes concrets un concept que l'on trouve dans l'hypothèse et qui présente un caractère abstrait. Lorsqu'une recherche est entreprise, le choix d'un ou de plusieurs instruments ne se fait pas au hasard. Il est dépendant des hypothèses émises par le chercheur ou du moins de ses questions de recherche. Remarquons à ce propos que la notion d'hypothèse dans la recherche scientifique sera elle-même fortement déterminée par les positions épistémologiques du chercheur. La stratégie positiviste habituelle formulera des hypothèses qui sont des mises en relation de variables vérifiables et mesurables et utilisera la procédure de tests statistiques d'hypothèse nulle afin d'énoncer des généralisations probabilitaires. Selon le courant phénoménologique, ce type d'approche fait abstraction de la diversité et de l'imprévisible et aboutit à des combinaisons certes précises mais fragmentées. Il propose un procédé alternatif qui consiste en la réduction phénoménologique. Il s'agit en l'occurrence de suspendre ses présuppositions théoriques, convictions et façons habituelles de penser pour s'ouvrir à l'objet d'étude et prendre le point de vue du sujet. Aucune hypothèse n'est donc formulée a priori. Le chercheur, au départ des discussions recueillies, dégage les thèmes, les patterns, les noyaux de signification. C'est la phase de réduction qui va tendre vers une compréhension des relations essentielles entre les thèmes et tenter d'expliquer les significations. Ainsi, l'instrumentation se prépare sur la base de l'objet d'étude et des hypothèses plus ou moins élaborées qui découlent du questionnement du chercheur et qui viennent se greffer, s'articuler sur l'ensemble des connaissances et des théories existant déjà dans le domaine. La nature de l'objet d'étude et des hypothèses posées va donc imposer une certaine démarche méthodologique ainsi qu'une certaine instrumentation. Mais il faut aussi ajouter que l'emploi de certaines méthodes ou techniques va interférer sur l'objet d'étude, sur les hypothèses et sur la nature des connaissances auxquelles on aboutit. Il est clair qu'il existe une interaction constante entre les méthodes d'investigation et les objets d'étude (voir à ce propos J. Ladrière, cité par F.P. Gingras, p. 35, dans *Recherche sociale*, sous la direction de B. Gauthier, 1984).

Le fait est que l'articulation entre ces deux étapes de la recherche est délicate et qu'elle nécessite toute l'attention et l'imagination du chercheur. Le passage de l'abstrait au concret ne présente jamais une correspondance parfaite. On peut espérer néanmoins trouver une solution satisfaisante si on utilise une instrumentation variée reposant sur des théories différentes.

De même, les résultats d'une recherche seront étroitement dépendants des décisions qui auront été prises lors du choix des instruments. La qualité des conclusions ne pourra être affirmée que s'il y a une bonne adéquation entre ces derniers et les constructions théoriques de départ, c'est-à-dire les concepts émanant des hypothèses. Il va sans dire que le choix d'une instrumentation a des conséquences extrêmement lourdes sur la crédibilité d'une recherche.

3. CONSTRUIRE UN INSTRUMENT : DEUX CONCEPTIONS DIFFERENTES

A ce point de notre développement, nous pensons qu'il est essentiel de préciser les deux options importantes qui conduisent à l'élaboration d'un instrument : l'option statistique — de conception normative ou factorielle — et l'option rationnelle théorique. Si la première approche est bien connue et bien développée dans la littérature scientifique, la deuxième est souvent peu décrite, voire complètement négligée.

3.1. Approche statistique

3.1.1. Conception normative

La statistique classique a permis le développement des notions de tests, d'estimation et de comparaison de sujets. L'élaboration des premiers tests se fonde sur des modèles *a priori,* eux-mêmes basés sur des hypothèses souvent restrictives, limitées et pas toujours vérifiées. Cette conception étudie des caractères mesurables et quantifiables et ce, les uns après les autres (approche analytique). Elle vise la comparaison des performances d'un sujet par rapport à la moyenne des performances d'un ensemble d'individus. Cette comparaison peut se réaliser grâce à un étalonnage, basé sur la distribution normale. Les tests construits selon cette conception sont appelés «normatifs». Dans ce cas, les qualités de standardisation (des consignes, des critères de correction, etc.), d'objectivité et de cohérence constituent des valeurs essentielles. Nous discuterons plus loin des critiques que l'on peut émettre à l'égard de ces pratiques et de leur idéologie sous-jacente.

A titre d'illustration de cette catégorie d'instruments, citons les tests d'intelligence qui déterminent un âge mental ou un quotient intellectuel tels les tests d'intelligence de Terman-Merrill et de Weschler. Le test projectif de Rorschach est proche de cette conception normative : les caractéristiques de personnalité d'un sujet sont comparées à celles d'un individu «moyen».

3.1.2. Conception factorielle

Au cours du temps, une évolution se marque dans la conception des tests. L'analyse factorielle apparaît. Elle permet une étude plus globale, incluant toutes les caractéristiques recueillies auprès du groupe de sujets approchés. Elle ne doit donc modéliser que très peu au préalable puisque son but est de structurer les données récoltées sur le terrain. Elle cherche des ressemblances et des différences, établit dès lors des groupements et des dissociations qui vont permettre une structuration des phénomènes mis en évidence par le groupe de sujets concernés.

Ce type d'approche est déjà plus centré sur le sujet en ce sens que c'est au départ de ses réponses que se fixent les dimensions de l'instrument. Le P.M.A. de Thurnstone est un exemple bien connu d'une conception factorielle de l'intelligence. Nombreuses sont les épreuves d'attitudes qui se servent de cette démarche. Ainsi, la mesure des attitudes éducatives mise au point au C.E.R.I.S. (J.-P. Pourtois, 1978) fait appel à une analyse factorielle qui détermine quatre types d'attitudes bipolaires : tolérance-restriction; confiance-défiance; rejet-acceptation; engagement-détachement. Signalons aussi l'étude célèbre de J.-P. Guilford qui, au moyen de la technique de l'analyse factorielle, a construit un modèle de l'intelligence basé sur trois dimensions (l'opération mentale, le contenu et le produit).

3.2. Approche théorique rationnelle

Beaucoup d'instruments ne relèvent pas d'une conception statistique. Leur élaboration repose sur une démarche rationnelle qui se réalise au départ d'un ou de plusieurs modèle(s) théorique(s). Le plus fréquemment, la construction d'un instrument de ce type s'appuie sur un modèle unique. En outre, la plupart du temps, ce modèle n'est pas explicitement précisé. Pour assurer une validité correcte d'un instrument, les auteurs actuels insistent sur la nécessité non seulement de bien spécifier les modèles théoriques sous-jacents mais aussi de les diversifier. La richesse et la crédibilité des résultats et des interprétations ne pourront être atteintes que si le chercheur dispose d'éclairages multiples et complémentaires (accroissement de la validité par triangulation théorique).

Rappelons, par exemple, le questionnaire visant à connaître les opinions, attitudes, perceptions des étudiants de première candidature de l'Université de Mons à l'égard de leurs études secondaires et universitaires (J.-P. Pourtois et J. Lhermitte, 1986). Pour construire ce questionnaire, pour analyser et interpréter les résultats, quatre théories différentes ont été utilisées : la théorie de l'attribution, la théorie des besoins, la théorie de la dissonance cognitive et la théorie de l'analyse fonctionnelle. En outre, trois méthodes ont été utilisées : l'analyse de contenu, le différenciateur sémantique et la méthode de l'analyse de l'enseignement.

Le recours à une telle démarche a l'avantage d'entrer plus profondément dans la connaissance et la compréhension des phénomènes. Elle est un moyen de prise en compte de la complexité.

Revenons-en maintenant à notre étude relative à l'examen des techniques d'instrumentation à travers les articles de revues. Nous avons choisi d'analyser des recherches à caractère pédagogique publiées dans des revues spécialisées en sciences de l'éducation.

4. REVUES DEPOUILLEES

Comme nous l'avons déjà signalé, nous avons analysé les techniques d'instrumentation utilisées par les articles parus dans trois revues de sciences de l'éducation, deux françaises et une américaine. Il s'agit, pour les revues françaises, d'une part de la *Revue Française de Pédagogie* (Paris) et, d'autre part, de la revue intitulée *Les Sciences de l'Education pour l'Ere nouvelle* (Caën). *The Journal of Experimental Education* est la revue américaine qui a été choisie.

Ces trois revues ont été retenues parce qu'elles recueillent des articles à caractère scientifique et qu'elles sont parmi les plus rigoureuses qui existent actuellement. Par exemple, elles exigent qu'un comité de lecture examine les articles proposés et approuve leur parution. Peu de revues ont de telles exigences de scientificité et de rigueur.

Rappelons également que deux périodes ont été envisagées : une première regroupe les années 1972-1973-1974 (soit avant les déclarations de Snow, Cronbach et Campbell) et une deuxième regroupe les années 1982-1983-1984. Ainsi, au total, le nombre d'articles dépouillés s'élève à 575 et le nombre d'articles avec instruments à 337, soit 58,6 % des articles.

Quant au nombre d'instruments examinés, il est de 615, certains auteurs faisant appel à plus d'un instrument pour leur recherche.

En fonction des trois revues dépouillées et des deux périodes envisagées, les 615 instruments analysés se répartissent comme suit :

Tableau 3. *Répartition des instruments en fonction des revues examinées et des périodes envisagées*

Revue* \ Période	1972-1973-1974	1982-1983-1984	Total
J.E.E.	328	120	448
R.F.P.	18	48	66
S.E.	63	38	101
TOTAL	409	206	615

* J.E.E. : The Journal of Experimental Education.
R.F.P. : Revue Française de Pédagogie.
S.E. : Sciences de l'Education pour l'ère nouvelle.

5. ARTICLES AVEC INSTRUMENTS

Il est intéressant d'observer la fréquence d'utilisation des techniques d'instrumentation en fonction des revues envisagées et des périodes retenues. Y a-t-il une différence entre les articles américains et les articles français? Fait-on davantage appel aux instruments actuellement?

Le tableau ci-après fait apparaître les pourcentages d'utilisation d'instruments dans les compte-rendus de recherche.

Tableau 4. *Nombre d'articles avec instrument(s)*

Année Revue	1972-1973-1974 (%)				1982-1983-1984 (%)				% moyen (deux périodes)
	1972	1973	1974	% moy.	1982	1983	1984	% moy.	
J.E.E.	86,3	78,8	83,6	83	76,3	81,8	45,7	67,9	78,1
R.F.P.	22,2	29,4	31,2	27,4	56,2	42,8	57,1	51,7	40,4
S.E.	33,3	23,5	36	30	28	35,5	44,4	35,1	32,5

Commentaire

Il apparaît globalement que les articles des revues françaises utilisent moins les techniques d'instrumentation que les articles de la revue américaine. Ainsi, pour les deux périodes réunies, les auteurs américains font appel huit fois sur dix à des instruments pour étayer leurs articles contre trois à quatre fois sur dix pour les études françaises. Remarquons cependant que cette utilisation tend actuellement à régresser dans la revue américaine alors qu'elle croît de façon particulièrement sensible pour la *Revue Française de Pédagogie* (augmentation de 24,3 % soit pratiquement le double de ce qui se pratiquait en 1972-1973-1974).

La variance interne entre les années 1972, 1973 et 1974 de même que celle existant entre les années 1982, 1983 et 1984 — c'est-à-dire les variabilités intra-périodes — sont intéressantes à examiner. Il faut constater que la diminution du pourcentage moyen des années 80 en ce qui concerne le *Journal of Experimental Education* est dû à une baisse considérable d'articles avec instrument(s) pour l'année 1984 seulement. Il serait utile de contrôler si cette tendance se poursuit ultérieurement. En ce qui concerne la *Revue Française de Pédagogie*, la variabilité entre les années 1972, 1973, 1974 ainsi que celle entre les années 1982, 1983, 1984 sont plus faibles que la variation entre les deux périodes. Un taux relativement élevé d'articles avec instrument(s) semble bien s'installer. Quant à la *Revue des Sciences de l'Education*, son pourcentage d'articles avec instrument(s) est très peu variable entre les années et entre les périodes. On observe là une assez grande constance.

6. TYPES D'INSTRUMENTS UTILISES

6.1. Total général

6.1.1. Catégorisation

Quelles sont les techniques d'instrumentation qu'utilisent les chercheurs en sciences de l'éducation ? Chacun des instruments employés pour les besoins de la recherche relatée dans l'article examiné a été classé dans une grille composée de douze catégories, qui sont :

a) *Mesure de l'intelligence* : cette catégorie regroupe les épreuves standardisées (par exemple, le «Lorge - Thorndike intelligence test» ou le «Otis test for mental ability») et des épreuves non standardisées (de type piagétien, notamment).

b) *Evaluation des connaissances* : cette catégorie réunit également des épreuves standardisées et des épreuves non standardisées. Les épreuves standardisées s'intitulent «test d'acquisitions scolaires» ou «épreuves d'orthographe» ou encore «achievement test», etc. Les autres épreuves (non standardisées) découlent d'un contrôle de la compréhension ou de la maîtrise du contenu d'un cours ou d'une formation. Entrent dans cette catégorie les tests qualifiés de «critériels» qui sont élaborés au départ d'une taxonomie et ont trait aux objectifs d'un cours ou d'une formation.

c) *Mesure d'aptitudes particulières* : cette catégorie comprend des épreuves variées, de type instrumental, standardisées ou non standardisées :
- épreuves sensorielles et motrices ;
- épreuves de créativité ;
- épreuves spatiales et/ou temporelles ;
- épreuves de mémoire ;
- etc.

d) *Evaluation de la personnalité* : elle se présente le plus souvent sous la forme de questionnaires accompagnés d'une échelle de type Likert ou de type vrai/faux, comme par exemple le test de personnalité de Cattell ou le «Taylor's manifest Anxiety scale». La mesure du «locus of control» interne ou externe entre aussi dans cette catégorie.

e) *Techniques sociométriques* : les questionnaires et tests sociométriques, les questionnaires de perception sociométrique, la mesure de réputation, les tests de relations sociales constituent cette catégorie.

f) *Evaluation du milieu socio-économique et culturel* : on trouve ici l'évaluation du statut professionnel et/ou du niveau d'étude du chef de famille (par exemple, le «Hollingshead Two-factor index of social Position) ou des mesures plus globales faisant appel à l'observation de multiples variables.

g) *Questionnaires d'intérêt et de motivation* : pour le travail, les études, etc.

h) *Questionnaires d'expectation et d'attente* : à l'égard d'une formation, d'un professeur, etc.

i) *Questionnaires d'attitudes et de valeurs* : les attitudes et les valeurs sont relatives à des croyances concernant des référents sociaux, les buts de la vie, les moyens d'atteindre ces buts, etc. Elles sont des constructs à composantes cognitives, affectives et conatives (c'est-à-dire qu'elles expriment des tendances à l'action). Le différenciateur sémantique d'Osgood est une technique également utilisée pour la mesure des attitudes. Il fait partie de cette catégorie.

j) *Questionnaires d'opinions et de jugements* : ils comprennent les questionnaires d'évaluation, d'appréciation par les sujets d'une formation, d'une méthode pédagogique, d'un professeur, de l'école fréquentée, etc.

k) *Questionnaires portant sur les faits réels* : ils ne font plus appel à l'avis des sujets mais leur demandent des réponses de type descriptif. Ci-après figurent quelques questions qui caractérisent ce type de questionnaires :
– Quelles sont vos heures de lever et de coucher ?
– Quels journaux lisez-vous ?
– Combien de redoublements avez-vous vécus au cours de votre scolarité secondaire ?
– Etc.

l) *Méthodes d'observation* : cette catégorie comprend les grilles d'analyse des comportements, les analyses cliniques de cas, les analyses de contenu et les analyses formelles du discours.

6.1.2. Utilisation

Le graphique ci-après permet de visualiser l'utilisation des divers instruments dans la recherche pédagogique. Rappelons qu'il s'agit ici des résultats émanant de l'analyse des articles des trois revues réunies et des deux périodes envisagées.

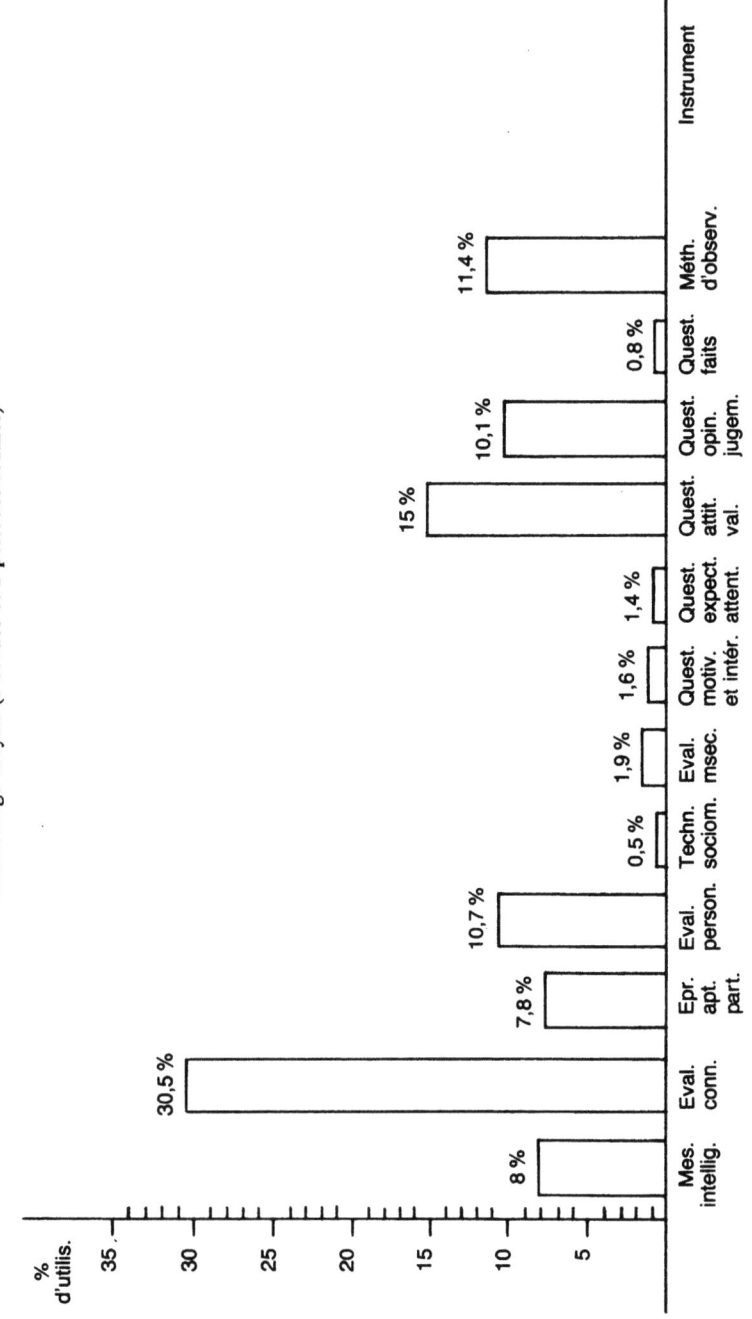

Graphique 1. *Types d'instruments utilisés dans les articles de revue*
Pourcentage moyen (3 revues et 2 périodes réunies)

Commentaires

On constate (graphique 1) que les instruments de mesure de la maîtrise des connaissances sont parmi les plus utilisés par les chercheurs en sciences de l'éducation puisque près d'un tiers des instruments sont employés dans ce but. Par ailleurs, les questionnaires sont une technique particulièrement privilégiée et notamment les questionnaires portant sur les attitudes et les valeurs (15 % des instruments) ainsi que ceux investiguant les opinions et les jugements des sujets (10,1 %). Si on regroupe ces deux dernières catégories, on observe qu'elles constituent un quart (25,1 %) des instruments employés dans la recherche. Les instruments d'évaluation de la personnalité — qui le plus souvent se présentent aussi sous la forme de questionnaires — ne sont pas non plus négligés (10,7 %), de même que les mesures de l'intelligence et des aptitudes particulières (respectivement 8 % et 7,8 %). Quant aux méthodes d'observation, elles sont bien représentées (11,4 %). Nous verrons plus loin qu'elles constituent entre autres une plaque tournante dans la progression des techniques d'instrumentation.

6.2. Totaux partiels : en fonction des périodes

L'analyse des types d'instruments utilisés dans la recherche en sciences de l'éducation s'est également réalisée en tenant compte des deux périodes envisagées : 1972-1973-1974 d'une part, 1982-1983-1984, d'autre part. Les résultats de cette analyse nous révélera si réellement on peut observer une évolution dans les tendances à l'utilisation des techniques d'instrumentation en l'espace de dix années. La grille de classification des instruments est la même que celle présentée précédemment. Le graphique ci-après permet une visualisation des résultats obtenus.

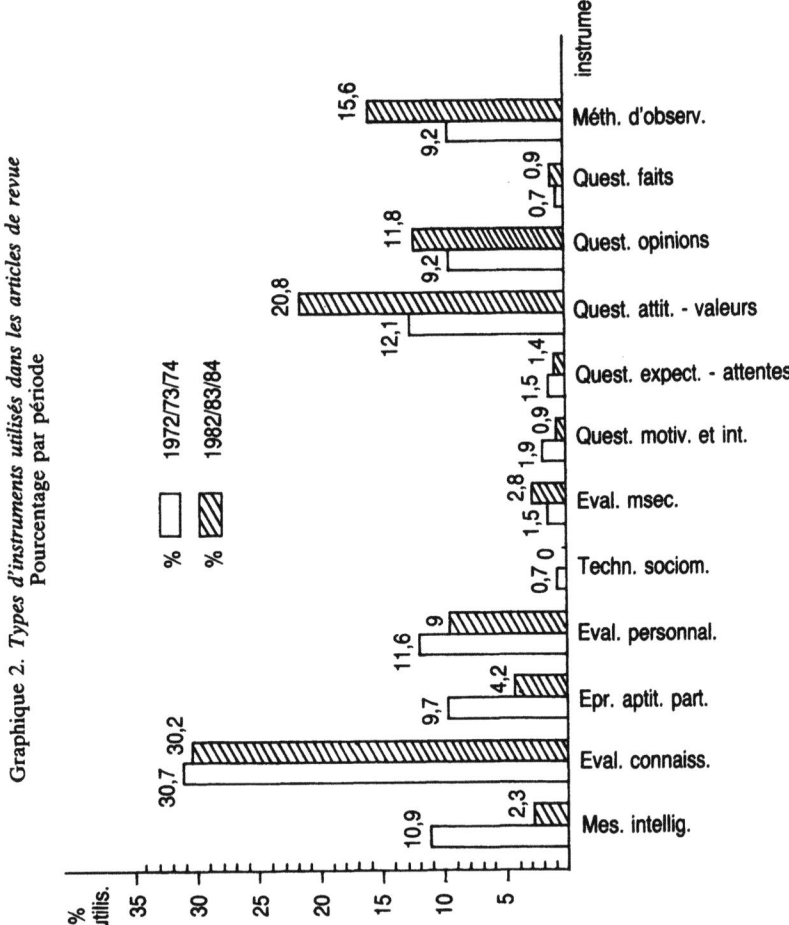

Commentaires

Quelle que soit la période (1972-1973-1974 ou 1982-1983-1984), les connaisances sont toujours les variables les plus fréquemment contrôlées. Le pourcentage d'utilisation des instruments relatifs à cette évaluation dépasse les 30 %, soit plus de trois instruments sur dix. L'évaluation de la personnalité perd un peu de son importance ($-2,6$ %). La mesure de l'intelligence et les épreuves d'aptitudes particulières (instrumentales) sont quant à elles nettement en régression : respectivement $-8,6$ % et $-5,5$ %, soit une diminution de 78,9 % pour l'un et de 56,7 % pour l'autre, contrairement aux questionnaires d'opinions et de jugements ainsi qu'aux questionnaires d'attitudes et de valeurs qui eux croissent, de façon très manifeste pour les seconds ($+8,7$ %, soit une augmentation de 71,9 %). Si on regroupe ces deux derniers types de questionnaires, le taux d'utilisation atteint 32,6 % (20,8 % + 11,8 %). Par ailleurs, les méthodes d'observation sont aussi en nette augmentation ($+6,4$ %, soit une hausse de 69,6 %). Si on analyse plus précisément cette catégorie, on s'aperçoit que, principalement dans les revues françaises et pour la période 1982-1983-1984, la technique de l'analyse de contenu prend de plus en plus d'importance. Elle constitue à elle seule 18 % des instruments utilisés dans la *Revue Française de Pédagogie* et 21,4 % de ceux utilisés dans *Les Sciences de l'Education*.

Ainsi, ces différentes observations tendent à montrer une augmentation du nombre des questionnaires relatifs aux avis et croyances des sujets ainsi que de la fréquence d'utilisation des techniques d'analyse de contenu qui portent sur les témoignages et productions des acteurs. Par contre, les épreuves d'intelligence et d'aptitudes instrumentales accusent une baisse manifeste. Nous observons donc qu'une poussée vers le recueil d'un matériau qualitatif semble se manifester. Cependant, nous notons aussi que cette information est toujours traitée par des techniques quantitatives (dénombrement, analyse statistique, ...).

En ce qui concerne le type d'instrumentation, une différence très significative ($\chi^2 = 34,9$; d.l. : 9; S. à P.001) se manifeste en l'espace de dix années. Le changement s'opère en faveur du recueil d'un matériau à caractère davantage qualitatif et il semblerait que les chercheurs en sciences de l'éducation tentent d'articuler quantitatif et qualitatif.

6.3. Totaux partiels : en fonction des revues et des périodes

Le tableau ci-après montre les types d'instruments les plus employés (supérieurs à 10 %) dans la recherche pédagogique et cela en fonction de deux critères : d'une part, les revues examinées et d'autre part, les périodes retenues pour l'analyse des revues.

Tableau 5. *Types d'instruments les plus utilisés (>10 %)*

J.E.E.		R.F.P.		S.E.	
Instrument	%	Instrument	%	Instrument	%
1972-1973-1974		1972-1973-1974		1972-1973-1974	
1. Evaluation des connaissances	31,3	1. Mesure de l'intelligence	33,4	1. Evaluation des connaissances	34,9
2. Evaluation de la personnalité	13,9	2. Méthode d'observation	22,2	2. Epreuves d'aptitudes particulières	23,8
3. Questionnaire d'attitudes, valeurs	13,3	3. Questionnaire d'expectation, attente	16,6	3. Questionnaire d'attitudes, valeurs	11,1
4. Questionnaire d'opinions	10,2	4. Questionnaire d'opinions	11,1		
1982-1983-1984		1982-1983-1984		1982-1983-1984	
1. Evaluation des connaissances	35	1. Evaluation des connaissances	34	1. Méthode d'observation	38,1
2. Questionnaire d'attitudes, valeurs	25,8	2. Méthode d'observation	26	2. Questionnaire d'opinions	16,7
3. Evaluation de la personnalité	15	3. Questionnaire d'attitudes, valeurs	14	3. Questionnaire d'attitudes, valeurs	14,3
4. Questionnaire d'opinions	12,8			4. Evaluation des connaissances	11,9

Commentaires

On observe que l'évaluation des connaissances constitue pour la plupart des revues et quelle que soit l'année, le type de mesure le plus fréquemment utilisé. Il est présent pratiquement partout avec des pourcentages d'utilisation supérieurs à 30. Dans la *Revue Française de Pédagogie*, pour la période 1972-1973-1974, cette évaluation semble pourtant avoir laissé la place à la mesure de l'intelligence. On constate également que les connaissances sont nettement moins contrôlées dans *Les Sciences de l'Education* pour la période 1982-1983-1984 (seulement 11,9 %). Il apparaît que les auteurs des articles de cette revue sont particulièrement sensibles au recueil d'un matériau qualitatif : méthodes d'observation contenant surtout des analyses de témoignages des acteurs (38,1 % d'utilisation), les questionnaires d'opinions ainsi que les questionnaires d'attitudes et de valeurs (respectivement 16,7 % et 14,3 % soit, si on regroupe ces deux dernières catégories, 31 % des instruments utilisés). Si on s'aperçoit que le matériau récolté ici est prioritairement de type qualitatif, il faut néanmoins remarquer que les techniques de traitement des données restent du ressort de l'approche quantitative.

Quoique moins nettes, des tendances identiques s'observent au sein des deux autres revues.

Dans la *Revue Française de Pédagogie*, les méthodes d'observation, déjà bien placées dans les années 70, gardent la deuxième place mais accroissent légèrement leur fréquence (de 22,2 % à 26 % d'utilisation). Signalons — comme nous l'avons déjà fait remarquer auparavant — que ce sont les analyses de contenu qui composent majoritairement cette catégorie dans les années 80 alors que c'étaient les grilles d'analyse des comportements qui étaient surtout utilisées dans les années 70. Quant aux questionnaires d'attitudes et de valeurs, absents en 1972-1973-1974 (0 %), ils supplantent actuellement les questionnaires portant sur les attentes des sujets ainsi que sur leurs opinions et jugements. Ces deux derniers types d'instruments persistent encore dans les années 80 mais avec un pourcentage moindre.

En ce qui concerne *The Journal of Experimental Education*, on constate surtout une forte augmentation des questionnaires portant sur les attitudes et les valeurs des sujets, alors que les méthodes d'observation et particulièrement les analyses de contenu ne font guère leur apparition dans cette revue.

7. QUALITES METROLOGIQUES DES INSTRUMENTS

Qu'en est-il de la prise en compte de la fidélité, de la validité, de la sensibilité et de la discrimination des items ? Les auteurs des articles dépouillés y accordent-ils toute l'attention voulue ? Chaque instrument créé par l'auteur de l'article a été examiné sous l'angle de ses qualités métrologiques. Aussi, lorsque l'auteur a composé lui-même l'instrument que nécessite son étude, ces dernières ont-elles été contrôlées ? Nous n'avons examiné ici que les outils qui ont été élaborés ou adaptés par l'auteur. En effet, nous avons pensé que les instruments empruntés et publiés sont pour beaucoup tellement connus (et reconnus) qu'il est logique de ne plus faire mention de leurs qualités métrologiques.

7.1. Ensemble des trois revues

Examinons d'abord les résultats obtenus pour les trois revues réunies ; nous comparerons par la suite les revues entre elles pour ce qui concerne la prise en compte des qualités métrologiques des instruments construits ou adaptés par l'auteur pour les besoins de sa recherche.

Le tableau ci-après nous livre les résultats suivants :

Tableau 6. *Qualités métrologiques*
(trois revues réunies)

Qualité métrolog. \ Année	% moyen 1972-1973-1974 + 1982-1983-1984 %	1972-1973-1974 %	1982-1983-1984 %
Fidélité split-half interne test/retest interjuges	20,8	26,5	13,3
Validité interne externe de contenu de construct concourante prédictive cross-validity	15,4	16,5	14,1
Sensibilité/ Discrimination des items	1,3	1,2	1,6

Commentaires

La fidélité d'un instrument est la qualité la plus mentionnée par les chercheurs. Toutefois, elle apparaît seulement pour un instrument (construit ou adapté) sur cinq (20,8 %).

Parfois, le type de fidélité employé est précisé : fidélités split-half, interne, test/retest, interjuges. Cependant, très souvent, seul le terme de «fidélité» figure dans les articles, sans que cette dernière soit davantage caractérisée. C'est la fidélité «interjuges» qui est la plus fréquemment citée ; elle ne concerne néanmoins que 3 % des instruments et est essentiellement mentionnée dans la revue américaine.

Le contrôle de la validité est encore moins souvent précisé ; il est signalé pour moins d'un instrument sur six (15,4 %). Différentes formes apparaissent : validités interne, externe, de contenu, de construct, concourante, prédictive, cross-validity. Leur fréquence d'apparition est néanmoins extrêmement faible.

Quant à la vérification des qualités de sensibilité et de discrimination des items, elle n'est quasiment jamais signalée (1,3 % des cas).

A propos des résultats obtenus en 1972-1973-1974, pour ce qui concerne la fidélité et la validité, ils sont à considérer avec prudence. En effet, les pourcentages relativement élevés indiqués à cet endroit sont dus au fait qu'un auteur signale globalement que chacun des instruments qu'il a utilisé (il en a élaboré neuf), a été contrôlé sous l'angle de la fidélité et de la validité. Aucune autre précision n'est apportée.

7.2. Comparaison entre les trois revues

Dans le tableau ci-après, figurent les résultats relatifs aux qualités métrologiques des instruments utilisés, cela en fonction des trois revues examinées ainsi que des deux périodes envisagées.

Les résultats placés entre crochets sont à considérer avec prudence en fonction de la remarque émise ci-avant, à savoir que les pourcentages élevés sont dus à un auteur qui précise que pour tous les instruments qu'il utilise, la fidélité et la validité ont été vérifiées. Il n'ajoute cependant aucune information.

Tableau 7. *Qualités métrologiques*
Comparaison des trois revues

Qualité métrolog. \ Revue Année	J.E.E. %		R.F.P. %		S.E. %	
	1972-73-74	1982-83-84	1972-73-74	1982-83-84	1972-73-74	1982-83-84
Fidélité split-half interne test/retest interjuges	28,3	22	8,3	5,3	[26,3]	6,4
Validité interne externe de contenu de construct concourante prédictive cross-validity	13,3	20,3	0	5,3	[31,6]	12,9
Sensibilité/ Discrimination des items	0,8	0	0	0	2,6	6,4

Commentaires

On observe une différence entre la revue américaine et les revues françaises. Les qualités de fidélité et de validité d'un instrument sont plus présentes dans *The Journal of Experimental Education*. Mis à part les résultats placés entre crochets, à propos desquels nous émettons des réserves quant à leur signification, on s'aperçoit que les revues françaises sont peu attentives aux aspects métrologiques. Dans la revue *Les Sciences de l'Education*, pour les années 80, la validité est contrôlée pour un instrument sur huit (12,9 %). Ce résultat atteint celui de la revue américaine des années 70 (13,3 %) alors que cette dernière voit son pourcentage de contrôle de la validité s'accroître légèrement pour atteindre un instrument sur cinq (20,3 %) dans les années 80. La fidélité reste dans cette revue la qualité la plus vérifiée. Dans les années 70, près de trois instruments sur dix (28,3 %) étaient analysés sous cet angle.

Néanmoins, ces pourcentages restent faibles eu égard à la valeur scientifique des conclusions des recherches considérées. En d'autres termes, quel crédit peut-on accorder à une étude dont la fidélité et la validité des instruments utilisés — pour ne citer que ces deux qualités — n'ont pas été contrôlées? Il nous apparaît qu'une grave lacune existe à ce niveau, lacune à laquelle les auteurs des études parues dans les revues examinées ne semblent guère prêter attention.

8. ORIGINALITE DES INSTRUMENTS

Les auteurs des articles utilisent-ils tels quels des instruments existant sur le marché ou bien adaptent-ils ces instruments, ou bien encore construisent-ils les outils que leur recherche exige ? Telle est la question que nous nous proposons de traiter ci-après.

Remarquons que le terme «originalité» que nous employons ici s'adresse à l'instrument proprement dit et non à la méthodologie qui le sous-tend. Il faut signaler en effet qu'en l'espace de dix ans peu de méthodes ou techniques instrumentales nouvelles ont fait leur apparition. L'originalité réside dans la construction des items ou des catégories qui constituent l'instrument. Dans les tableaux suivants figurent les résultats relatifs aux trois plans d'analyse suivants : pourcentages d'instruments construits par l'auteur, adaptés ou empruntés.

8.1. Ensemble des trois revues

Tableau 8. *Originalité des instruments*
(trois revues réunies)

Originalité \ Année	% moyen 1972-1973-1974 + 1982-1983-1984	1972-1973-1974 %	1982-1983-1984 %
Construit	46,5	39,6	60,2
Adapté	3,3	1,7	6,3
Emprunté	47,6	55,7	31,6
Absence d'indication	2,6	2,9	1,9
Total	100	100	100

Commentaires

Globalement, on constate que les instruments construits et les instruments empruntés se partagent de façon égale l'ensemble des instruments (46,5 % et 47,6 %). Il y a peu d'outils qui fassent l'objet d'une adaptation (3,3 %).

Il est intéressant d'observer une évolution dans l'originalité des instruments. Si, dans les années 70, quatre instruments sur dix (39,6 %) étaient construits par le chercheur, en 1980, six sur dix (60,2 %) le sont. A l'inverse, la fréquence d'outils empruntés chute considérablement dans les années 80 : trois instruments sur dix (31,6 %) seulement sont utilisés sans modification. Une légère orientation vers une adaptation des outils apparaît (6,3 %).

Ainsi, la tendance actuelle consiste à construire des instruments spécifiquement adaptés à la recherche. Les deux tiers des outils répondent à cette caractéristique (60,2 % + 6,3 %). Il est clair qu'à l'heure présente on abandonne de plus en plus les tests, épreuves ou questionnaires susceptibles, tels quels, de répondre aux exigences de diverses recherches. Le chercheur éprouve davantage le besoin de mettre au point lui-même ses outils afin que ceux-ci soient exactement adaptés à l'étude qu'il veut mener. Par la même occasion, l'intérêt pour les mesures standardisées, les références à des normes établies par des étalonnages portant sur de vastes échantillons décroissent.

8.2. Comparaison des trois revues

Tableaux 9, 10, 11. *Originalité des instruments*
comparaison des trois revues

Journal of Experimental Education

Originalité \ Année	1972 %	1973 %	1974 %	% moy.	1982 %	1983 %	1984 %	% moy.
Construit	30,7	43,3	31,5	34,4	51	32,8	73,9	48,3
Adapté	3,1	2,2	0,9	2,1	3,9	13	4,3	7,5
Emprunté	63,8	50	63,1	59,7	41,2	54,2	13	40,8
Absence d'indication	2,4	4,4	4,5	3,7	3,9	0	8,7	3,3
Total	100	100	100	100	100	100	100	100

Revue Française de Pédagogie

Originalité \ Année	1972 %	1973 %	1974 %	% moy.	1982 %	1983 %	1984 %	% moy.
Construit	50	50	83,3	61,1	91,7	93,3	61,9	79,2
Adapté	0	0	0	0	0	0	0	0
Emprunté	50	50	16,7	38,9	8,3	6,7	38,1	20,8
Absence d'indication	0	0	0	0	0	0	0	0
Total	100	100	100	100	100	100	100	100

Sciences de l'Education pour l'Ere Nouvelle

Année Origi- nalité	1972 %	1973 %	1974 %	% moy.	1982 %	1983 %	1984 %	% moy.
Construit	45,4	85,7	48,4	60,3	63,6	100	53,8	73,7
Adapté	0	0	0	0	18,2	0	15,4	10,5
Emprunté	54,6	14,3	51,6	39,7	18,2	0	30,8	15,8
Absence d'indication	0	0	0	0	0	0	0	0
Total	100	100	100	100	100	100	100	100

Commentaires

La tendance précédemment décrite, qui se caractérise par une augmentation de la construction d'outils originaux, s'observe au sein des trois revues considérées.

Le phénomène était déjà présent dans les années 70 pour les revues françaises mais il s'amplifie dans les années 80, notamment dans la *Revue Française de Pédagogie* où, actuellement, huit instruments sur dix (79,2 %) sont construits aux fins de l'étude entreprise. Le même résultat est atteint et même dépassé dans la revue *Les Sciences de l'Education* si l'on tient compte des instruments adaptés (73,7 % + 10,5 %).

Les auteurs de la revue américaine utilisent davantage des instruments édités que leurs collègues français. Les gains en faveur des instruments construits et les pertes au détriment des outils empruntés sont pratiquement équivalents à ceux et celles des revues françaises mais le taux de construction d'outils dans les années 70 n'atteignait que 34,4 % pour la revue américaine au lieu des 61,1 % et 60,3 % des revues françaises. A l'heure présente, les auteurs des articles du *Journal of Experimental Education* élaborent leur propre outil dans près de la moitié des cas (48,3 %). Ils les adaptent parfois (7,5 %). Quatre instruments sur dix (40,8 %) sont néanmoins encore empruntés, soit le double — et davantage — de ce qui se produit dans les articles français (20,8 % et 15,8 %).

Remarquons que la variabilité des pourcentages entre les années 1972, 1973 et 1974 de même que celle qui apparaît entre les années 1982, 1983 et 1984 (variabilités intra-périodes) sont particulièrement importantes pour chacune des revues considérées. Il serait utile de poursuivre l'étude pour voir si les tendances moyennes que nous obtenons ici se confirment.

9. THEORIES SOUS-JACENTES AUX INSTRUMENTS

9.1. Instruments avec théorie

Il nous a également paru intéressant d'examiner les théories qui sous-tendent la construction des outils élaborés pour les besoins de l'étude rapportée (il s'agit donc des outils construits ou adaptés).

Tableau 12. *Présence d'une théorie sous-jacente à l'instrument*
Comparaison des trois revues et des deux périodes

Revue / Année	1972-1973-1974 %	1982-1983-1984 %	% moyen
J.E.E.	13,4	10,8	12,7
R.F.P.	61,1	37,5	43,9
S.E.	23,8	18,4	21,8
% moyen	42,6	27,7	35,9

Commentaires

Le taux d'instruments dont l'auteur spécifie la théorie sous-jacente à leur élaboration ne s'élève qu'à 35,9 % pour l'ensemble des articles analysés. La *Revue Française de Pédagogie* précise davantage que les autres revues la théorie sous-tendant l'instrument. Il semble cependant que la référence aux théories explicites décroît actuellement. Ainsi, il apparaît que nombre d'instruments construits ou adaptés le sont sans que le chercheur ait cru bon de spécifier la théorie qui lui a servi de fondement car, en effet, à la base de toute élaboration d'outil, il existe toujours une théorie implicite qui transparaît à travers l'énoncé des objectifs, questions et/ou hypothèses de recherche. On sait que la construction de tout instrument repose inévitablement sur un univers de connaissances, univers qui peut n'être que peu structuré, connaissances qui peuvent être peu explicites, voire implicites. Mais toujours, lors de la construction et de l'emploi d'un outil, il est fait appel à un référent qui en détermine les contenus. En l'absence de référence explicite, il est difficile au lecteur de se rendre compte de la scientificité de la recherche.

9.2. Théories les plus citées

Certaines théories servent plus souvent que d'autres de base à l'élaboration des instruments. Ce sont, par ordre décroissant de fréquence, en fonction des deux périodes retenues et pour les trois revues réunies, les théories suivantes :

1972-1973-1974 (ordre décroissant)

- Taxonomie cognitive - Bloom.
- Théorie du développement - Piaget.
- Objectifs cognitifs.
- Théorie de la créativité - Torrance.
- Théorie des besoins - Murray.
- Théorie comportementale - Bandura.

1982-1983-1984 (ordre décroissant)

- Théorie du développement - Piaget.
- Approche systémique.
- Epistémologie populaire.
- Théorie du «locus of control».
- Théorie des structurants préalables - Ausubel.

Commentaires

Si on fait abstraction de la théorie du développement de Piaget, qui obtient une place privilégiée aux deux périodes envisagées par l'étude, on constate une grande mobilité dans l'utilisation des théories en l'espace de dix ans. Les théories les plus utilisées dans les années 70, ne le sont plus dans les années 80. De nouveaux modèles apparaissent qui retiennent davantage l'attention et éliminent les précédents. Notons qu'en 1982-1983-1984 apparaît au travers des différents articles analysés un nouveau concept, totalement absent dans les années 70. C'est le concept de la recherche-action. Ne constituant pas en soi une théorie explicite, il n'a pas été repris dans la liste ci-avant, mais sa fréquence élevée nous incite à mentionner ce fait significatif.

9.3. Types de théories

Nous pensons qu'il est également utile de s'interroger sur le type de théorie utilisée par les chercheurs en sciences de l'éducation. Font-ils appel à des paradigmes seulement issus de la pédagogie et de la psychologie ou puisent-ils également dans d'autres disciplines telles que la sociologie, la linguistique ou les sciences économiques? Le tableau ci-après nous livre les résultats suivants :

Tableau 13. *Types de théories*

Type de théories / Année	% moyen (2 périodes)	1972-1973-1974 %	1982-1983-1984 %
– psychologiques	42,7	48,6	31,6
– pédagogiques	41	38,9	44,7
– sociologiques	10	8,3	13,2
– linguistiques	4,5	2,8	7,9
– économiques	1,8	1,4	2,6
Total	100	100	100

Commentaires

Si on examine les pourcentages totaux (les trois revues et les deux périodes réunies), on constate que la grande majorité des théories (83,7 %) émane des sciences psychologiques et pédagogiques. Une théorie sur dix néanmoins est issue de la sociologie. Les emprunts à d'autres disciplines sont faibles ou inexistants.

Dans les années 1972-1973-1974, les sciences psychologiques fournissaient aux chercheurs près de la moitié (48,6 %) des théories dont ils avaient besoin. Dans les années 80, ce pourcentage s'estompe (diminution de 17 %) au profit notamment de théories pédagogiques (+5,8 %) mais aussi sociologiques (+4,9 %), linguistiques (+5,1 %) et économiques (+1,2 %). Ainsi, il semblerait que l'évolution en sciences de l'éducation soit marquée à la fois par une spécificité plus grande (augmentation du pourcentage des théories pédagogiques) et une tendance vers un élargissement de la conception théorique (emprunts accrus à d'autres disciplines).

10. SYNTHESE : LES TENDANCES EVOLUTIVES

La recherche dont les résultats et constatations viennent d'être donnés constitue une analyse des techniques d'instrumentation pratiquées dans les études et recherches pédagogiques. Elle tente de découvrir si un changement a eu lieu au sein de ces dernières en l'espace de dix ans et si cette évolution s'est développée parallèlement à celle décrite dans la littérature scientifique actuelle.

Pour ce faire, deux revues françaises et une américaine ont été dépouillées à deux périodes différentes espacées de dix ans. 575 articles ont été examinés et 615 instruments analysés.

En moyenne, trois articles sur cinq font appel à au moins un instrument. Néanmoins, on observe que le taux d'utilisation dans la revue américaine, bien qu'il soit en baisse actuellement, reste dans l'ensemble plus élevé que celui des revues françaises, qui lui semble pourtant croître à l'heure présente.

Le type d'instrument le plus utilisé (à la fois dans les années 70 et 80) est sans conteste les épreuves qui évaluent la maîtrise des connaissances. En moyenne, trois instruments sur dix servent à ce but. La technique des questionnaires est également très présente et porte sur les attitudes et valeurs, les opinions et jugements ainsi que sur la personnalité.

L'évolution de l'instrumentation entre les années 70 et 80 se marque par une régression sensible des épreuves de mesures des capacités intellectuelles et des aptitudes instrumentales et une poussée nette des techniques susceptibles de recueillir un matériau qualitatif (tels que les questionnaires relatifs aux avis et croyances des sujets ainsi que l'analyse de contenu des témoignages des personnes). Ces tendances évolutives s'observent au sein des revues françaises et de la revue américaine. Remarquons néanmoins que ce matériau qualitatif reste traité par des méthodes quantitatives.

Les qualités de fidélité, de validité, de sensibilité des items ont été également examinées pour les instruments construits ou adaptés par l'auteur. C'est la fidélité qui est la qualité métrologique la plus souvent vérifiée bien qu'elle n'affecte qu'un instrument sur cinq. La validité quant à elle est à peine précisée pour un instrument sur six, ce qui est peu vu l'importance accordée à ce concept dans tout ouvrage traitant de la légitimation des connaissances. Il est à remarquer que l'aspect métrologique est davantage pris en compte dans la revue américaine que dans les revues françaises. Les auteurs de ces dernières sont très peu attentifs à ce problème. Les autres qualités métrologiques sont en tout lieu et de tout temps pratiquement ignorées des chercheurs.

Les auteurs des articles construisent-ils leurs instruments ou empruntent-ils ceux qui existent déjà sur le marché ? Si on n'observe pas de nouveauté dans le domaine de la méthodologie instrumentale, on constate néanmoins une nette évolution depuis les années 70 allant dans le sens d'une adaptation de l'instrument à la recherche. Sur la base de techniques classiques, les chercheurs élaborent de nouveaux contenus. Ils abandonnent de plus en plus la référence aux normes et étalonnages. Si cette tendance s'observe au travers des trois revues examinées, elle se manifeste cependant bien plus dans les revues françaises où actuellement près de huit instruments sur les dix utilisés sont des instruments construits pour l'étude engagée. Les auteurs de la revue américaine élaborent leurs outils dans près de la moitié des cas.

Quant aux théories sous-tendant l'instrument construit ou adapté aux besoins de la recherche, on peut dire qu'elles sont peu souvent spécifiées et ce phénomène tend à s'accentuer encore à l'heure présente. En effet, actuellement, un quart des instruments seulement présente une référence à une théorie alors que dix ans auparavant plus de quarante pour cent des auteurs précisaient le sous-jacent théorique de l'instrument qu'ils utilisaient. Cette situation est inquiétante car elle accroît le problème relatif à la validité d'un outil et a fortiori d'une étude ne reposant sur aucun fondement théorique explicite, c'est-à-dire ne se référant pas à un corps de connaissances rationnellement et scientifiquement établi. En fait, lors de la construction de son outil, l'auteur fait appel de façon implicite à un univers de contenu. Ce dernier existe toujours. Néanmoins, est-il suffisamment élaboré et scientifiquement éprouvé? Le manque d'information à cet égard dans les trois quarts des études publiées dans les revues, qu'elles soient françaises ou américaine, doit nécessairement nous interpeller.

En ce qui concerne le choix des théories, on constate une grande mobilité en l'espace de dix ans. Seule, la théorie du développement établie par Piaget recueille l'attention des auteurs à la fois dans les années 70 et dans les années 80. On voit actuellement apparaître des modèles et des concepts prenant davantage en compte l'acteur, ses avis, ses croyances, ses besoins, ses attentes, etc. : ainsi, sont de plus en plus mentionnées la recherche participante et l'épistémologie populaire, c'est-à-dire la recherche du sens commun. L'analyse systémique constitue également une référence fréquemment utilisée à l'heure actuelle. Par contre, le recours aux taxonomies et aux objectifs cognitifs est pratiquement totalement abandonné.

De quelle discipline les théories retenues par les conceptions d'instruments en sciences pédagogiques sont-elles issues? Dans les années 70, les emprunts aux sciences psychologiques étaient très importants : ils constituaient la moitié des théories utilisées, l'autre moitié étant des théories propres à la pédagogie. Les autres disciplines ne se révélaient pas susceptibles de fournir des théories utiles. Actuellement, une évolution tend à se faire, évolution allant dans le sens d'une part, d'une plus grande spécificité des sciences de l'éducation (davantage de théories spécifiquement pédagogiques) et d'autre part, d'une plus grande ouverture aux conceptions théoriques issues d'autres disciplines (sociologie, linguistique, économie).

Telles sont, synthétiquement présentées, les grandes tendances actuelles en matière de techniques d'instrumentation. Quelques changements manifestes s'installent à ce niveau traduisant une modification dans les valeurs des chercheurs et plus largement d'une époque. Ainsi, il apparaît que certaines idées et conceptions de la science actuelle atteignent bien le côté concret et réel de la recherche. Certes, le changement n'est pas des plus spectaculaires. On ne voit pas apparaître de nouvelles techniques instrumentales, la rigueur scientifique n'est pas une valeur en hausse et le traitement des données reste traditionnel. Néanmoins, on remarque un recueil de données plus qualitatives, une plus fine adaptation de l'instrument à l'objet de l'étude, une tendance à l'ouverture des sciences de l'éducation à d'autres disciplines ainsi qu'à des théories qui examinent davantage la façon dont l'acteur construit sa réalité.

Chapitre IV
Vers une conception élargie des sciences humaines

> *Un homme qui se contente de connaître sans penser n'est pas un homme véritable : il n'est que l'imitation de l'humain, il n'est que le masque d'un homme vivant.*
>
> E. KANT, *Critique du jugement.*

INTRODUCTION

A ce stade du travail, nous voudrions extrapoler les résultats observés au travers de l'analyse des articles publiés dans les trois revues scientifiques précitées, résultats présentés au ch. III. Nous insistons fortement sur le fait qu'il s'agit bien dans ce présent chapitre d'extrapolation car si nous prenons appui sur les résultats et changements constatés au ch. III, nous dépassons largement cette observation pour nous engager dans une voie plus hypothétique qui, nous le souhaitons, pourrait être celle de l'épistémologie et de la méthodologie nouvelles, à savoir celle qui privilégierait l'analyse des interrelations entre les individus, l'examen de la subjectivité de l'acteur et de l'observateur, la recherche du particulier et du sens, la prise en compte de la dynamique des événements, de l'histoire des individus et de la complexité de phénomènes.

Le tableau suivant présente en synthèse les éléments qui opposent deux conceptions, l'une toujours actuelle mais qui voit certaines de ses caractéristiques remises en cause, l'autre non encore installée mais qui introduit certaines de ses caractéristiques dans les études actuelles. Ce sont ces remises en cause et ces récents changements qui vont être à la base de la discussion qui va être présentée ci-après.

Ainsi, le tableau suivant met en opposition huit critères qui, selon nous, différencient la conception traditionnelle en sciences humaines de la conception nouvelle dont certaines caractéristiques commencent à s'intégrer dans les recherches actuelles.

Tableau 14. *Vers une conception élargie des sciences humaines*

CONCEPTION TRADITIONNELLE	CONCEPTION NOUVELLE A INTEGRER
1. Instrumentation centrée sur l'individu isolé.	1. Instrumentation centrée sur le sujet en interaction.
2. Mesures standardisées de l'intelligence, des connaissances et des aptitudes instrumentales : objectivité.	2. Evaluation de la construction de la réalité par l'acteur : subjectivité/affectivité.
3. Neutralité de l'observateur.	3. Prise en compte de l'existence de l'observateur.
4. Recherche de traits normatifs (grands groupes).	4. Recherche de traits particuliers (multiplicité des groupes).
5. Théorie du handicap.	5. Théorie de la différence.
6. Recherche de la cohérence.	6. Recherche du sens.
7. Temps objectif.	7. Temps subjectif.
8. Causalité linéaire.	8. Paradigme de la complexité.

Nous nous proposons dans les pages qui suivent de développer chacun des points cités dans ce tableau 14.

1. SUJET ISOLE OU SUJET EN INTERACTION

S'il fut une époque où l'instrumentation se centrait surtout sur l'individu isolé, on observe dans les années 80 une tendance plus grande à examiner le sujet en interaction avec son environnement. Ainsi, par exemple, les théories psychologiques centrées sur l'individu étaient davantage utilisées il y a dix ans dans l'élaboration des outils pédagogiques. A l'heure actuelle, on observe une spécificité plus grande des théories pédagogiques ainsi qu'une ouverture certaine vers la sociologie, ne fût-ce que par l'apparition dans de nombreuses études actuelles de la notion de recherche-action.

Il semblerait qu'on s'attache davantage maintenant à analyser les interrelations entre les individus en fonction de la situation de communication dans laquelle ils sont placés. Par exemple, le langage des sujets (enseignants, parents, enfants, etc.) tend à être analysé en fonction du type d'interlocuteur. A ce propos, signalons une étude récente menée dans notre service (étude en cours de publication) qui compare le langage des mères lorsqu'elles s'adressent à leur enfant de 5 ans et le langage que ces dernières adoptent face à un interlocuteur adulte. Cette comparaison permet d'examiner la modulation syntaxique des mères lors de leurs interactions verbales avec un jeune enfant. Ce type de recherche relève d'une conception qui semble prendre de l'ampleur aujourd'hui : c'est le courant interactionniste.

Par ailleurs, l'examen des théories les plus utilisées qui sous-tendent la construction des outils montre l'apparition dans les années 80 d'un modèle qui envisage l'individu par rapport au système dans lequel il se trouve intégré : c'est l'analyse systémique qui émane des travaux de G. Bateson à Palo Alto, travaux relatifs à la communication.

Cette approche met l'accent sur l'interdépendance foncière des hommes entre eux et avec le milieu environnant. La théorie de Bateson est fondée sur des principes de la cybernétique, principes qu'on peut résumer de la sorte : dans un système, les éléments ne peuvent pas ne pas communiquer ; les communications sont circulaires avec des feed-back ou des rétro-actions multiples ; les inputs ou les apports dans le réseau communicationnel produisent des effets tantôt cumulatifs, tantôt différenciés selon la structure du réseau ; la communication entre deux personnes peut se faire à plusieurs niveaux simultanément (verbal et non verbal par exemple) avec des effets contradictoires ; il existe des communications paradoxales génératrices d'impasses (communication des schizophrènes dans leur famille, par exemple) ; etc. Ce courant a été appelé « systémique » car il fait appel notamment à la théorie générale des systèmes. Il est un exemple frappant d'une perspective qui prend en compte la complexité dans les relations humaines. Se refusant à considérer l'individu détaché de son milieu, elle nie la pratique morcelée qui a jusqu'ici tenu la scène en sciences humaines (théories psychologiques classiques) pour s'ouvrir à une vision écologique (voir notamment à ce propos U. Bronfenbrenner, 1977).

Remarquons que ce courant de l'analyse systémique a donné naissance aux thérapies familiales structurales (Minuchin, 1983) qui se développent aujourd'hui dans la plupart des pays occidentaux. Cette approche se base sur le fait que l'homme n'est pas un isolat. L'expérience de ce dernier est déterminée par son interaction avec son environnement. Les techniques thérapeutiques se fondent sur ce concept. Elles s'opposent en cela aux techniques thérapeutiques traditionnelles (pensée psychanalytique) qui se centrent sur la psychopathologie individuelle et donc sur l'exploration de l'intrapsychique. Dans ce cas, une frontière artificielle a été tracée entre le sujet et son environnement ; l'homme est considéré en tant que héros qui reste lui-même en toute circonstance.

Ainsi, il semble bien que quelques éléments de changement se manifestent dans les conceptions actuelles de l'individu, changement allant dans le sens du refus de la dichotomie artificielle entre l'individu et son contexte social, dichotomie qui a considérablement marqué les sciences humaines (psychologie, pédagogie) jusqu'à nos jours. Signalons cependant que si l'approche systémique semble marquer de plus en plus le courant de pensée actuel, elle reste une méthode d'interprétation thérapeutique. Elle n'apparaît pas (ou apparaît peu) en tant que méthode de recherche. Les chercheurs doivent être attentifs à trouver les moyens d'utiliser cette approche extrêmement intéressante dans leurs recherches. Tout un travail reste à entreprendre à ce niveau.

2. OBJECTIVITE OU SUBJECTIVITE

Il est net que dans les années 70 on privilégiait les mesures standardisées de l'intelligence, des connaissances et des aptitudes instrumentales (voir à ce propos le graphique 2, p. 80). La caractéristique essentielle de telles épreuves est sans conteste la recherche de l'objectivité.

La mesure et la quantification des données constituent les procédures qui vont permettre d'atteindre cette objectivité. Le recueil et la correction de ces données quantifiées sont strictement standardisés, ce qui implique la neutralité du chercheur. Nous aurons l'occasion de discuter de ce concept dans le point suivant. En bref, objectivité, standardisation, neutralité sont des notions très en vigueur dans les années 70.

Dans les années 80, même si l'évaluation des connaissances est toujours fréquemment effectuée, on observe une chute importante des mesures standardisées de l'intelligence et des épreuves d'aptitudes instrumentales. Cette régression dans le recueil d'un matériau quantitatif se fait au profit de la récolte d'un matériau plus qualitatif. Ainsi, on voit augmenter le nombre d'études qui examinent les attitudes, les valeurs, les opinions, les perçus, les croyances, les préférences des sujets. Par ailleurs, on voit une poussée nette de l'analyse de contenu des témoignages des acteurs. Plusieurs études recherchent le sens qu'attribuent communément les sujets à des concepts, par exemple, des concepts scientifiques; on prend ici en considération l'épistémologie populaire. Apparaissent aussi, quoiqu'encore timidement, les techniques historiques et ethnobiographiques. Ces méthodes qui semblent promises à un avenir certain marquent un véritable tournant dans l'orientation des sciences humaines. C'est pourquoi nous leur consacrerons dans la partie suivante (ch. V) de l'ouvrage une place importante.

Ainsi, à l'heure actuelle, on observe un élargissement dans la nature des données étudiées. Certes, on n'abandonne pas l'évaluation de type quantitatif — les tests de connaissance restent notamment une technique bien installée — mais les chercheurs s'ouvrent au monde du subjectif et de l'affectif des sujets, s'intéressent particulièrement à la façon dont les acteurs décrivent et ressentent les événements, recherchent les différentes manières qu'ils ont d'appréhender la réalité. Par ailleurs, on constate que le matériau qualitatif obtenu est la plupart du temps recueilli par des techniques empruntées au courant de l'empirisme positiviste et traité par des techniques mathématiques classiques. Ceci illustre bien nous semble-t-il la tendance actuelle des chercheurs à ne plus opposer méthodologie qualitative et méthodologie quantitative et à se montrer beaucoup plus flexibles et éclectiques dans leurs procédures de recherche.

3. NEUTRALITE OU PARTICIPATION DE L'OBSERVATEUR

Les concepts de neutralité ou de participation du chercheur dans l'acte d'observer sont indissociables des concepts d'objectivité et de subjectivité. Ainsi, les épreuves standardisées — de l'intelligence, des connaissances, des aptitudes instrumentales — nécessitent de la part de l'observateur de garder une position extérieure au champ étudié. Cette conception postule la capacité pour l'observateur de s'abstraire de la réalité et donc la non-intervention d'une quelconque composante affective dans la relation qui s'établit entre cet observateur et la personne qu'il observe. Ce type d'approche nie également les perturbations provenant du contexte dans lequel le sujet est placé durant l'investigation.

La position inverse, l'orientation interprétative, affirme qu'il faut prendre en considération l'existence de l'observateur, exploiter la subjectivité inhérente à l'acte d'observation et étudier la réciprocité de cette activité. Ce n'est qu'à ce prix, précisent les tenants de cette orientation, qu'on atteindra une objectivité pertinente, c'est-à-dire qu'on obtiendra des données présentant un haut degré de crédibilité. Les recherches examinées à travers les revues ne font encore guère mention de ce type d'analyse. Elle est pourtant présente, quoique très peu encore, dans les études relatant une recherche-action — qui fait son apparition, rappelons-le, dans les textes des années 80 — au travers du concept d'observation participante.

C'est dans la même orientation que s'inscrit la recherche de la validité de signifiance, qui tente de vérifier si le contenu d'un instrument présente bien pour le sujet à qui il est soumis une réelle signification. Pour cela, les résultats de l'investigation sont communiqués aux répondants qui sont invités à expliciter leurs sentiments à l'égard de ces résultats et à les interpréter. Une grande place est laissée au perçu des événements. Cette technique de retransmission des informations permet l'analyse des significations paradoxales et des contradictions. Elle est d'une pratique courante dans les recherches participantes et peut prendre alors l'appellation de «diagnostic renforçant».

4. TRAITS NORMATIFS OU TRAITS PARTICULIERS

Dans la lignée de la recherche de l'objectivité et de la quantification des données, on en est arrivé à établir des étalonnages qui s'effectuent au départ d'un grand nombre de sujets. Ainsi, apparaissent les tests normatifs qui permettent de situer un individu par rapport aux performances étalonnées d'un groupe de référence. C'est le cas des instruments standardisés dont nous avons fait mention précédemment et qui mesurent l'intelligence ou les connaissances ou les aptitudes instrumentales et qui apparaissent nettement plus massivement dans les années 70 que dans les années 80. Remarquons cependant que déjà dans les années 70, pour ce qui concerne l'évaluation de la maîtrise des connaissances, les chercheurs faisaient appel à des tests non plus normatifs mais «critériels», c'est-à-dire que les performances du sujet n'étaient plus comparées à une norme établie une fois pour toute et servant de référence mais par rapport à la distance qui le séparait d'un objectif fixé préalablement en fonction d'une norme calculée sur un groupe beaucoup plus restreint et donc plus particulier — en l'occurrence la classe — ou même en fonction des possibilités individuelles.

Ainsi, déjà dans les années 70, un tournant s'est amorcé. Il se poursuit dans les années 80 où la diminution des tests normatifs est manifeste, particulièrement en France. La publication de travaux mettant en cause ce type d'instrumentation s'intensifie. A ce propos, prenons un exemple de critique couramment avancée à l'heure présente. Les chercheurs du début du siècle se sont attachés à mesurer l'intelligence. Pour cela, ils ont substitué à une réalité existante — en l'occurrence l'intelligence — une autre réalité, celle-là construite selon des normes en vigueur dans la société où évoluaient ces chercheurs. Certains paramètres, certaines variables ont donc été sélectionnés et ont constitué la base d'une théorie de l'intelligence. L'avantage de cette méthode réside dans le fait que la réalité devient quantifiable et manipulable : le quotient intellectuel devient la mesure de l'intelligence. Mais selon les critiques, le Q.I. étant une construction artificielle où s'incarnent les diverses valeurs de la société industrialisée, il ne peut être objectif : il définit un type d'homme idéal pour un type de société déterminé. Le Q.I. traduit les traits que notre société souhaite trouver chez ses citoyens «normaux» et ne prend pas en compte d'autres facettes qui, dans un autre type d'environnement, auraient pu être retenues. Nombreux sont les auteurs actuels qui soulignent le rôle que le quotient intellectuel a de la sorte joué dans les discours sur les supériorités et infériorités raciales. Ainsi, en analysant et décomposant les objets d'étude en fonction de normes choisies, des spécialistes ont imposé aux citoyens une certaine «vision du monde», c'est-à-dire une manière de voir simplifiée et tronquée. En rendant intelligible un phénomène complexe, ils l'ont certes appauvri mais de plus ils en ont fait un instrument de domination. Telle est une critique fondamentale adressée à l'égard de la psychométrie. A l'heure actuelle, à l'instar des perspectives de I. Prigogine et I. Stengers, la nouvelle science tend-elle à s'intégrer dans «un champ culturel plus vaste»? Une tendance semblerait de plus en plus s'imposer : les chercheurs s'attachent maintenant à examiner la particularité des petits groupes et à multiplier le nombre de groupes étudiés[1]. Depuis quelque temps donc, la tendance des chercheurs est d'éviter d'établir des lois de portée générale, de mettre au contraire en évidence la singularité des sujets, d'intégrer leur culture, leur historicité et leur subjectivité dans l'analyse et de faire place à l'étude de leur changement. Cette tendance est marquée par la recherche plus intensive actuellement d'un matériau qualitatif. Néanmoins, il existe aujourd'hui très peu d'instruments spécifiques qui permettent le recueil et le traitement de telles données. Au chercheur d'en construire tout en ne négligeant pas les ressources émanant de l'orientation positiviste.

Un autre phénomène s'amplifie dans les années 80. Il s'agit de l'originalité dans le contenu des instruments. Les chercheurs actuels sont de plus en plus nombreux à élaborer eux-mêmes le contenu des outils qui serviront à leur recherche et à abandonner les tests et questionnaires construits une fois pour toute. Ainsi, l'amplification de la particularité des outils est aussi un indice de la plus grande prise en compte de la spécificité des groupes sur lesquels porte l'étude.

On ne peut s'empêcher de mettre en parallèle l'apparition de cette tendance méthodologique et instrumentale avec le changement de l'idéologie de notre société. Par exemple, A. Toffler dans son célèbre ouvrage *La troisième vague* (1980, p. 514) a mis en évidence un changement caractéristique de notre époque : le passage de la démocratie majoritaire à une démocratie mini-majoritaire. Le phénomène présente une grande proximité avec celui qui a été décrit ci-dessus : la démocratie majoritaire correspondant à l'étude des grands groupes, la démocratie mini-majoritaire pouvant être associée aux études multiples des petits groupes. Les valeurs d'une époque sembleraient donc se concrétiser au travers du choix des instruments que les chercheurs utilisent. Cette similitude des phénomènes confirme l'importance qu'il y a à accorder au domaine instrumental : il paraît en effet refléter les tendances idéologiques d'une époque et d'une société.

5. HANDICAP OU DIFFERENCE

Dès le début des années 60, la théorie du handicap socio-culturel des enfants issus de milieu modeste fait son apparition. Celle-ci met l'accent sur les déficits des sujets dont les performances s'avèrent inférieures à celles de la «norme», cette dernière étant révélée le plus souvent par les tests standardisés.

Ainsi, cette théorie privilégie les concepts d'«anormalité», de «déficience», de «troubles» (notamment instrumentaux), de «faiblesse», de «manque», etc. Elle met aussi en valeur les notions de «remédiation», de «rééducation», de «compensation», etc. qui interviennent automatiquement après que soit posé le diagnostic de déficit par rapport à la norme. Elle est à la base du vaste courant de la pédagogie de compensation dont le but est de remédier aux manques des enfants issus de la classe populaire : pauvreté langagière du milieu, faiblesse des stimulations intellectuelles, insuffisance de l'environnement matériel et culturel, etc. Bref, il s'agit de proposer des programmes d'enrichissement éducatif visant à pallier ces «effets de limitation» et donc à contrer les déficits qui en résultent.

La théorie du handicap va aussi favoriser l'apparition du concept de «troubles instrumentaux» et de son corollaire : «les prérequis à l'apprentissage» pour lesquels l'engouement fut extrêmement fort dans les années 60 et même ultérieurement. Dans cette perspective, on a vu se développer la création d'une quantité impressionnante de tests standardisés portant sur les aptitudes instrumentales. Dans les années 70, on retrouve ce type d'épreuves.

A l'heure actuelle, les approches d'éducation compensatoire sont encore bien vivaces. Cependant, par rapport aux programmes initiaux, ceux qui sont proposés à l'heure actuelle prennent davantage en compte les variables écologiques intégrant la famille et l'environnement (Bronfenbrenner, 1977). Quant aux «troubles instrumentaux» et aux «prérequis à l'apprentissage», ce sont des concepts qui, depuis plusieurs années, font l'objet de fortes critiques et qui sont en nette perte de vitesse. Parallèlement à leur déclin, on voit diminuer l'utilisation des tests standardisés d'aptitudes instrumentales.

A la thèse du handicap, on oppose celle de la différence à laquelle sont attachées les études de Labov qui rejoignent sur plusieurs points les travaux de Bourdieu et de Passeron, de Baudelot et d'Establet. Ces auteurs réfutent intégralement la thèse du déficit. Ils considèrent, pour ce qui concerne le langage notamment, qu'il est certes différent en milieu populaire et dans les classes bourgeoises mais qu'il est autant susceptible d'exprimer des sensations, de formuler des argumentations logiques et de transmettre des informations. L'accent est donc mis sur la différence plutôt que sur le déficit. La seule opposition fondamentale entre les deux types de langage repose sur un critère social et sur un facteur de domination d'une classe sur l'autre. Le seul langage reconnu, «normé» est celui qui se pratique au sein du groupe dominant.

Le même raisonnement peut se tenir pour ce qui a trait à l'intelligence des enfants issus d'un milieu pauvre. La théorie de la différence expliquera les faibles résultats intellectuels de ces enfants aux tests classiques non par un déficit mais par la prégnance dans les outils d'investigation de la culture de la classe dominante.

Et on en revient ainsi aux recherches actuelles qui de plus en plus tentent d'étudier de petits groupes, de prendre en compte la diversité des cultures et des histoires, de créer leurs propres outils, sans plus s'en référer à des tests standardisés et étalonnés qui n'ont finalement que peu de proximité et d'adéquation avec les populations observées.

6. COHERENCE OU SIGNIFIANCE

Rappelons que la recherche de la «cohérence» est issue des sciences traditionnelles et consiste en une démarche qui privilégie l'analyse, la décomposition rationnelle des événements et des phénomènes en vue de les expliquer. Le but est la recherche de la causalité. A l'inverse, la recherche du «sens» prend naissance dans l'expérience subjective et affective des sujets pour découvrir la signification attribuée par ces derniers aux situations et événements qu'ils vivent. Dans ce cas, c'est la compréhension — et non l'explication causale — des phénomènes qui est recherchée. Pour réaliser cela, il faut prendre en compte la complexité : c'est ce qu'on commence à trouver dans les travaux actuels. L'observation de l'individu en interaction et dans son contexte de vie, plutôt que l'examen souvent en laboratoire du sujet isolé constitue un premier pas vers la prise en compte de la complexité et de la signifiance[2]. Considérer l'affectivité, la subjectivité et la singularité des acteurs est un autre moyen. Quant à la pratique de l'observation participante, elle est aussi une démarche qui favorise la compréhension des phénomènes. Ainsi, pour les chercheurs actuels, il semble que, de plus en plus, la recherche de l'explication causale doive s'allier à la recherche de la compréhension, c'est-à-dire se combiner avec une approche plus herméneutique, plus interprétative, qui exploite aussi les événements paradoxaux, les effets pervers ainsi que les perturbations induites par la présence du chercheur, bref une démarche qui analyse les contradictions, le désordre et la mouvance.

En ce qui concerne le concept de mouvance, précisons que la recherche de la cohérence a contribué à développer des études qui tentaient de mettre en exergue les éléments permanents chez l'individu. C'est le cas notamment des tests de personnalité dont le but est de découvrir chez le sujet ses traits de personnalité stables. De même, au début de la psychométrie, on considérait le Q.I. comme la mesure d'une capacité intellectuelle congénitale et immuable. Actuellement, les choses ont changé. Le Q.I. est reconnu comme étant une mesure ponctuelle, c'est-à-dire prise à un moment bien précis de la trajectoire de croissance d'un individu. Si certains présentent une trajectoire plus rapide ou plus lente que d'autres nul ne peut préjuger cependant du but final. Ce sont les études cliniques et longitudinales qui ont permis de montrer cette variabilité chez un même individu. Ainsi, petit à petit, les chercheurs se préoccupent d'étudier la maturité des sujets qu'ils examinent, leur trajectoire, les changements qui s'opèrent en eux, bref, leur évolution. Cette nouvelle perspective constitue, selon nous, un tournant d'une extrême importance car il implique la prise en compte de la dynamique plutôt que de la statique des phénomènes. Dans la pratique, il ouvre la voie aux interventions sociales et éducatives et à leur évaluation.

Dans l'optique actuelle de l'analyse des contradictions, notons que la littérature scientifique d'aujourd'hui préconise de plus en plus souvent l'emploi de la méthode de la triangulation qui est, rappelons-le, l'utilisation simultanée de différentes sources, théories ou techniques pour mesurer un même objet ou pour interpréter les données recueillies. Remarquons que la triangulation n'est pas seulement faite pour mettre à jour les permanences; elle vise aussi à identifier les contradictions. L'examen des convergences ou au contraire l'analyse des états instables et des éléments paradoxaux sont d'une extrême richesse pour la compréhension des phénomènes. La triangulation, coûteuse en temps et en énergie, n'apparaît cependant guère dans les articles de recherche.

7. TEMPS OBJECTIF OU TEMPS SUBJECTIF

La temporalité est un élément essentiel dans toute étude. Son importance ne peut nous échapper. Elle est présente dans la notion de changement et dans la notion d'historicité. Il faut pouvoir situer les transformations dans le temps. On ne peut évaluer un changement que par rapport à un point de référence bien déterminé dans le passé (Rivière, 1978). En d'autres termes, la notion de temps est une donnée importante dans toute évaluation

La distinction entre temps objectif et temps subjectif découle naturellement de l'opposition des concepts que nous avons présentés tout au long de ce chapitre.

Quand, dans l'approche expérimentale classique, on introduit la mesure du temps, il s'agit d'un temps standardisé, d'un temps chronologique. C'est une mesure objective du temps qui s'écoule. C'est elle qu'on retrouve fréquemment dans les tests standardisés (évaluation du Q.I., des aptitudes, des connaissances). La neutralité de l'observateur est sauvegardée. Le vécu du sujet, son histoire sont évacués.

Mais, prendre en compte le seul temps objectif n'apparaît plus comme suffisant pour comprendre les phénomènes (recherche du sens). Une autre dimension vient s'ajouter à la première. Elle implique la prise en considération du temps subjectif du sujet ou temps phénoménologique. C'est le temps du vécu, indissociable de l'approche clinique. Par exemple, l'analyse de contenu des témoignages des sujets sont susceptibles de saisir les moments remarquables — ou moments dramatiques — de l'existence.

Les significations sont donc temporelles. «Il n'est de sens que dans et par l'histoire» dira à ce propos Castoriadis (cité par J. Ardoino, 1983). Et P. Bourdieu affirmera (1987, p. 24) que l'espace social est le produit de luttes historiques, que l'analyse objective des structures sociales est inséparable de l'analyse de la genèse des individus et de la genèse de ces structures sociales elles-mêmes.

Rien n'empêche néanmoins de combiner les données phénoménologiques avec les données quantitatives. On peut effectuer une recherche objective du temps vécu. Cette démarche peut se réaliser grâce à certaines méthodes de traitement de données, telles l'analyse des correspondances de J.-P. Benzécri ou encore par l'analyse de contenu, etc. On retrouve ici la possibilité d'articuler l'approche qualitative et l'approche quantitative.

8. CAUSALITE LINEAIRE OU PARADIGME DE LA COMPLEXITE

L'approche expérimentale classique privilégie l'explication causale au détriment de la compréhension des phénomènes observés. Actuellement cependant, elle élargit la notion de causalité linéaire qu'elle avait envisagée précédemment et qui provenait des schémas expérimentaux fischériens pour s'attacher à mettre en évidence des réseaux de relations. Ainsi, la notion de causalité linéaire éclate et s'ouvre à la complexité. La vision causale suppose la transparence de l'objet de connaissance. On entend par transparence, le fait que l'objet d'étude peut être analysé, décomposé puis reconstruit de façon identique après la décomposition. A l'inverse, l'approche herméneutique reconnaît une opacité à ses objets d'étude. Il n'y a pas dans ce cas de reconstruction identique possible et c'est ce qui caractérise l'ordre de l'humain et du social. Ici, les phénomènes de rétro-action prennent toute leur importance. Les notions d'irréversibilité et d'«altération» des situations sont prégnantes. La temporalité et l'historicité dont on a discuté préalablement sont automatiquement associées à ces notions. Le concept d'opacité renvoie aussi aux concepts de particularité et de singularité [33].

La psychométrie est basée sur le principe de la transparence, sur un modèle d'intelligibilité cohérent mais nécessairement réducteur de la réalité. On confronte le réel à une construction élaborée a priori, construction ne prenant en compte qu'un nombre limité de variables.

Par contre, le paradigme systémique qui apparaît de plus en plus dans la littérature scientifique invite à l'étude de l'ensemble des dimensions de l'objet d'étude. Il aborde la réalité de manière plus globale. Il se différencie de la démarche précédente dans la mesure où il ne privilégie pas en premier lieu la recherche d'un lien fonctionnel ou statistique entre un nombre limité de variables mais estime qu'il importe d'abord de construire un modèle systémique, c'est-à-dire un modèle complexe et représentatif de la réalité considérée comme une système. Dans ce cas, la diversité des composantes est prise en considération ainsi que leurs interactions. En d'autres termes, l'approche systémique tente de découvrir la causalité mutuelle des processus; elle examine le rôle des éléments de régulation les uns par rapport aux autres; elle envisage la dynamique globale du système. Elle suscite ainsi le passage de modes de pensée linéaires et causalistes vers des formes de participation multidimensionnelle, ce qui implique d'autres formes de logique, d'autres formes d'observation et de réflexion qui prennent en compte les relations entre les éléments dans de multiples dimensions.

Ainsi, ce type de démarche s'inscrit dans une approche davantage interprétative où le chercheur dégage de la multiplicité des observations et des expériences enregistrées la structure complexe qui rend compte de la réalité dans ses diverses dimensions. L'interprétation intervient dans une dynamique relationnelle dont la structure ne peut être élaborée a priori. Elle tente d'établir des schèmes de compréhension, c'est-à-dire des systèmes formés de phénomènes solidaires où chaque élément dépend des autres et n'est ce qu'il est que dans et par la relation avec eux [34].

Quant à la recherche participante qu'on voit de plus en plus apparaître dans les articles des revues examinées, elle va tenter d'articuler, de conjuguer l'explication causale et l'interprétation afin d'atteindre une intelligibilité moins réduite. Elle ne rejette pas une modélisation qu'elle estime nécessaire quoique mutilante. Elle insiste surtout sur une démarche d'intelligibilité multiréférentielle, qui renvoie à la prise en compte de la multiplicité des significations et de leurs interactions.

Remarquons que, déjà en 1952, Clarapède signalait qu'à côté de l'explication causale, il fallait faire place à l'« explication téléologique » (ou compréhension), c'est-à-dire à un processus qui cherche à découvrir quel intérêt il tend à satisfaire. Si l'explication causale examine les processus de l'extérieur, la compréhension tend au contraire à les analyser du dedans. La prise en compte des avis, croyances, intérêt des acteurs, l'étude clinique des cas, l'observation participante sont toutes des techniques instrumentales visant à approfondir la compréhension des processus et des changements.

Le passage de la causalité linéaire voire multi-linéaire au paradigme prenant en considération la diversité des dimensions et des relations qui les unissent nous renvoient aux concepts déjà envisagés précédemment, concepts qui voient leur développement s'amplifier dans les années 80, à savoir : la complexité, l'opacité, la recherche du sens, la singularité des acteurs, l'implication du chercheur et la temporalité.

9. CONCLUSION ET APPORT DE J. HABERMAS A NOTRE REFLEXION

Nous avons donc tenté ici d'expliciter huit critères qui, selon nous, sont susceptibles de différencier deux options épistémologiques et méthodologiques, à savoir la conception traditionnelle et la conception nouvelle dont quelques caractéristiques imprègnent déjà les études actuelles. Nous pensons que cette dernière approche se développera encore dans les années qui viennent. Nous espérons aussi que les chercheurs deviendront davantage flexibles dans le choix de leurs techniques et qu'ils sauront combiner les méthodes issues des deux orientations afin de favoriser une conception moins dogmatique de l'épistémologie et de la méthodologie en sciences humaines.

Ajoutons qu'un danger de malentendu existe au sein des sciences humaines en pleine mutation. G. De Landsheere (1986) le souligne avec raison. Certains voient dans la nouvelle optique avancée la pénétration de l'irrationnel dans la démarche scientifique. Avec G. De Landsheere, nous voulons insister sur le fait que si on examine le particulier et si on analyse l'irrationnel des comportements des acteurs, la connaissance et la démarche scientifiques restent rationnelles. Il est clair que les études qualitatives visant la recherche de la compréhension n'excluent en aucune façon la rigueur scientifique de la méthodologie. Nous insistons fortement sur cette option. En effet, nous estimons qu'aucun chercheur ne peut s'en écarter sous peine d'aboutir à «une catastrophe intellectuelle» (Touraine, 1984). Notre attachement à la science, c'est-à-dire à l'objectivation scientifique, reste donc entier. Nous évitons toutefois de tomber dans le piège du rigorisme technologique et du réductionnisme drastique qui font perdre tout sens au phénomène étudié.

Notre point de vue pourrait s'éclairer de l'apport de J. Habermas (1968) lorsqu'il traite de l'intérêt de connaissance. L'auteur distingue trois types d'intérêt :
- l'intérêt technique de connaissance ;
- l'intérêt pratique de connaissance ;
- l'intérêt d'émancipation de connaissance.

L'intérêt technique de connaissance

L'intérêt technique de connaissance est basé sur une rationalité instrumentale. C'est un intérêt non subjectif. Il fournit des connaissances sur la nature extérieure en vue de la maîtriser. Il est caractéristique de l'approche positiviste dans laquelle l'intentionalité et la motivation des acteurs ne sont pas prises en compte. En fait, celles-ci sont intégrées dans la relation qui s'établit entre le sujet (objet de l'étude) et le chercheur. Le sujet est considérée comme objet : c'est un rapport de «je» à «il». Il implique la domination, la manipulation du chercheur sur le sujet. Si J. Habermas critique cette démarche, il lui reconnaît néanmoins une légitimité. Le problème est qu'elle a excédé son champ et empêché l'émergence d'un autre plan de connaissance, notamment celui des relations de communication (relations inter-humaines) que nous décrivons ci-après.

L'intérêt pratique de connaissance

L'intérêt pratique de connaissance est fondé sur une rationalité communicationnelle. Les notions de compréhension et d'intersubjectivité y sont pleinement présentes. On y examine le sujet en tant que sujet avec ses demandes, ses fins, son langage et sa culture propres. C'est un rapport de «je» à «tu» dans lequel on tente de comprendre le corps de valeurs véhiculées, valeurs que chercheur et sujet doivent partager pour atteindre la compréhension. Nous parlons quant à nous, à ce propos, de validité de signifiance. L'intérêt pratique de connaissance est développée par l'approche herméneutique dans laquelle l'enracinement culturel et la particularité sont les éléments centraux. Le jugement de valeur n'existe pas.

L'intérêt d'émancipation

L'intérêt d'émancipation, comme l'intérêt pratique de connaissance, est basée sur l'idée de communication. Il constitue un rapport de réflexivité du sujet sur lui-même (rapport «je» à «je»). Selon Habermas, le travail psychanalytique est caractéristique de ce type d'activité. Si le sujet parle, l'analyste ne lui répond pas ; il ponctue seulement les discours en mettant en évidence des noyaux de signification qui se répètent et qui suscitent la mise en cause du sujet ainsi que tout un travail sur soi. L'analyste ne domine donc pas le sujet : c'est ce dernier qui, par lui-même, arrive à une émancipation grâce à un déconditionnement du surmoi. C'est, en d'autres termes, une communication sans domination qui conduit à l'autonomie.

J. Habermas, après la présentation de ces trois intérêts de connaissance, en arrive à proposer de les articuler. Très souvent, cette tripartition se ramène à une bipartition : activité instrumentale d'une part (niveau 1) et activité communicationnelle, d'autre part (niveaux 2 et 3). Malgré toutes les critiques adressées à la rationalité instrumentale (sujet considéré comme objet; sujet dominé, manipulé), J. Habermas affirme que cette activité reste essentielle car elle permet une maîtrise de la nature et un développement des technologies grâce aux savoirs accumulés. Mais, ajoute-t-il, elle présente une conception trop étroite pour permettre l'émancipation de l'humanité. Et comme elle a fait tâche d'huile, elle a englobé dans son activité le champ des relations interhumaines freinant par là même le développement de la dimension de la communication et de l'intersubjectivité. Ainsi, la pensée d'Habermas s'oppose à la fois au romantisme et au débordement techniciste.

Lorsque nous examinons les articles des revues et l'analyse qui en a été faite, nous constatons que la majorité des études relèvent du niveau 1 (rationalité instrumentale) en ce sens qu'on y considère le plus souvent le sujet en tant qu'objet. Dans les années 80, on peut observer que la plupart des instruments, même s'ils s'ouvrent à l'examen des motivations, croyances et finalités des acteurs, ne prennent pas en compte ces derniers en tant que sujets. C'est ce qui se produit par exemple lorsqu'on soumet un questionnaire d'opinions, d'intérêt ou de motivation qui utilise des questions fermées ou une forme «cafeteria» sans retour à l'acteur, sans tentative de compréhension profonde des valeurs sous-jacentes aux réponses recueillies. En fait, les individus n'apparaissent comme sujets, avec leurs demandes, leurs fins que sur le fond d'une communauté de langage et de valeurs. Or, cette démarche se rencontre extrêmement peu dans les recherches publiées actuellement. De même, on n'y trouve pas de recherche à caractère scientifique centrée sur l'intérêt d'émancipation. En d'autres termes, à l'instar des sciences naturelles, il y a, en sciences humaines, «rabattement» du sujet sur l'objet physique. Le dépassement de ce mode de pensée n'est pas aisé. Il se manifeste peu dans les écrits scientifiques actuels.

Nous adhérons, quant à nous, à la perspective d'Habermas qui consiste à prendre en compte la subjectivité des acteurs et les significations qu'ils donnent à leurs actes tout en les combinant à une rationalité instrumentale. C'est dans cette optique qu'a été réalisé le chapitre qui suit. Il est consacré à la présentation et au développement de techniques de recueil et d'analyse d'un matériau essentiellement qualitatif, fondé en grande partie sur une rationalité communicationnelle. C'est principalement, si on reprend la catégorisation de J. Habermas, l'intérêt pratique de connaissance qui sera sollicité sans que soient écartés l'intérêt technique et l'intérêt d'émancipation. Par exemple, lorsque le chercheur analyse sa propre subjectivité et ses préjugés personnels en vue d'accroître la fiabilité de ses conclusions, c'est bien un rapport de réflexion sur lui-même qu'il effectue. Ou lorsqu'on propose aux acteurs d'expliciter leurs réponses, on favorise un rapport «je - tu» mais on suscite aussi chez eux une auto-réflexion et on encourage un rapport «je - je» qui peut s'avérer émancipateur. D'autre part, quand on soumet les personnes à un questionnaire relatif à des faits ou à un questionnaire d'opinions de type «cafeteria», on se situe dans le champ de la rationalité instrumentale. On est avec le sujet dans un rapport «je - il» et la démarche fournit sans conteste des informations extrêmement intéressantes extraites du registre rationnel de la personne interrogée. Mais si le chercheur tente de comprendre le corps de valeurs véhiculé par cette personne en lui demandant d'expliciter ses réponses, il entre alors dans le domaine de l'intersubjectivité et dans un rapport de «je à tu», voire de «je à je». On voit combien l'articulation des différents niveaux de connaissance peut amener d'enrichissement et accroître la validité des résultats et interprétations.

Dès lors, il nous paraissait intéressant de mettre en relation ces trois niveaux de connaissance avec les procédures de validation développées précédemment, notamment avec les différentes triangulations et avec la validité de signifiance. Plusieurs de ces procédures permettent, en effet, non seulement de contrôler la scientificité des informations récoltées, mais aussi d'accéder à de nouvelles informations. Par exemple, la triangulation des sources peut viser à vérifier si les informations fournies par un informateur sont confirmées par d'autres informateurs. En outre, cette investigation auprès d'acteurs multiples produit des données nouvelles qui viennent s'ajouter, compléter, nuancer ou enrichir les données initiales et les interprétations qui en avaient résulté. Quelles procédures permettent cette extension ? Quel intérêt de connaissance développent-elles ? Et les autres techniques de validation, à quel niveau de connaissance font-elles appel ? Le tableau et les commentaires figurant ci-après tentent de répondre à ces interrogations.

Tableau 15. *Niveau(x) de connaissance atteint(s) par les procédures de validation*

Procédures \ Niveau de connaissance	Intérêt technique je - il	Intérêt pratique je - tu	Intérêt d'émancipation je - je
Triangulation			
des sources	X	X	X
des observateurs	X		
méthodologique	X	X	X
théorique	X		
interne - acteurs	X		
- chercheurs			X
temporelle	X		
spatiale	X		
Validité de signifiance		X	X

Légende : les croix tracées dans le tableau indiquent à quel(s) niveau(x) de connaissance la procédure de validation fait appel.

Commentaires

La triangulation des sources, comme nous venons de le signaler, est susceptible d'amener des informations nouvelles à la recherche. Elle fait appel à un intérêt technique qui implique un rapport «je - il» lorsqu'elle a recours à des matériaux objectifs. En sciences humaines, la triangulation des sources a cependant le plus souvent comme fondement une rationalité communicationnelle dans la mesure où elle fait référence à des informateurs multiples pour mieux comprendre les intentionalités des acteurs mis en scène et le sens que ceux-ci confèrent aux actes et aux interactions (intérêt pratique de connaissance — rapport «je - tu») et dans la mesure où on favorise aussi par cette démarche une prise de conscience et un travail sur soi qui s'avèrent émancipateurs pour les personnes sollicitées (intérêt d'émancipation — rapport «je - je»).

La triangulation des observateurs engage plusieurs observateurs (ou correcteurs) dans le plan de recherche. Elle apporte peu d'informations nouvelles à l'étude bien que l'analyse des divergences entre les juges peut mettre en évidence des biais ou des lacunes dans la démarche utilisée. C'est un intérêt strictement technique, basé sur une rationalité instrumentale. La subjectivité du sujet n'est pas impliquée.

Quant à la triangulation méthodologique, elle valide ses informations par le fait qu'elle approche l'objet d'étude au moyen de méthodes, d'instruments différents. Elle permet d'apporter des informations supplémentaires à la recherche en ce sens que cette démarche peut utiliser des instruments aux visées variées. Par exemple, une méthode peut avoir pour but un intérêt exclusivement technique (un test, un questionnaire fermé, etc.), méthode dans laquelle le sujet est considéré comme objet. Concomitamment, on peut se servir d'une méthode dont la visée est la prise en compte de la subjectivité du sujet, de son intentionalité (intérêt pratique de connaissance) tout en suscitant son auto-réflexion (intérêt d'émancipation). Plus les méthodes sont variées dans leur conception, plus riches seront les informations recueillies.

La triangulation théorique, par le fait qu'elle utilise des théories alternatives ou concurrentes pour lire les données récoltées, éclaire ces dernières sous des aspects divers voire contradictoires. Elle enrichit considérablement les interprétations. Remarquons que le chercheur présente ici une extériorité par rapport à l'objet d'étude et fait preuve d'une rationalité purement instrumentale. Le rapport chercheur - sujet est un rapport technique de « je à il ».

La triangulation interne met en relation les informations avec l'identité du sujet auprès duquel celles-ci ont été recueillies : origine sociale et culturelle, personnalité circonstancielle ou profonde, anamnèse. L'intérêt de connaissance mis en jeu est fondamentalement technique : c'est un rapport de « je à il ». Lorsque la triangulation interne se fait au niveau du chercheur lui-même, c'est-à-dire lorsque ce dernier s'interroge sur ses préjugés, ses limites, ses intérêts personnels, son histoire, il effectue un travail autoréflexif (rapport de « je à je ») qui favorise son émancipation.

La triangulation temporelle examine la (l'in)stabilité des résultats dans le temps ; elle apporte donc des éléments nouveaux à propos de leur changement ou leur permanence et vise un intérêt technique de connaissance, dans lequel aucune subjectivité ou intentionalité du sujet n'intervient.

La triangulation spatiale observe si des différences dans la recherche apparaissent en fonction des cultures, des lieux ou des circonstances. Ici aussi, la démarche vise un intérêt technique de connaissance, les sujets étant considérés comme des objets d'étude.

En ce qui concerne la validité de signifiance, dont l'objectif est de rechercher le sens profond des réponses et des actes des sujets, on se situe pleinement dans la rationalité communicationnelle. Le sujet est considéré en tant que tel et on essaie de comprendre ses motivations, ses intentions, sa culture dans un rapport de «je à tu». Par cette démarche, on peut stimuler aussi une réflexion sur soi-même et viser par là même un intérêt d'émancipation.

Nous constatons, en observant le tableau 15, que les procédures de validation mettent fortement en œuvre un intérêt technique de connaissance nous rattachant manifestement à l'approche positiviste. Par ailleurs, nous ne négligeons pas les intérêts pratique et d'émancipation qui nous ramènent à une conception plus phénoménologique. Mais notre démarche globale indique bien que nous nous efforçons de constamment garder une attitude de rigueur scientifique. Même si nous nous attachons à saisir les significations subjectives émanant des acteurs, nous tenterons toujours de le faire par un système de connaissances strictement scientifique, c'est-à-dire objectif et vérifiable. Le chapitre suivant est consacré au développement de techniques de recueil et d'analyse d'un matériau essentiellement qualitatif. Il est présenté dans l'optique qui vient d'être décrite.

NOTES

[1] Il est à remarquer que les chercheurs positivistes signalent que les tests normatifs vont permettre d'effectuer un diagnostic individuel et peuvent de la sorte servir à la clinique. Selon ceux-ci, il n'est donc pas adéquat de faire de différence entre les instruments de recherche.
[2] Remarquons que les psychologues du développement intègrent de plus en plus dans leurs recherches cette démarche qui conduit à la signifiance.

Chapitre V
La collecte et l'analyse de l'information

> *L'Etre est ce qui exige de nous création pour que nous en ayons l'expérience.*
>
> MERLEAU-PONTY.

1. LE CHOIX DES METHODES PRESENTEES

Jusqu'ici nous avons tenté de cerner les concepts d'épistémologie et de méthodologie en sciences humaines et de mettre en évidence la complexité de leur approche. Nous nous sommes également attachés à examiner les tendances actuelles en matière d'instrumentation. Nous nous proposons ci-après de développer quelques techniques de recueil et d'analyse de l'information. Neuf méthodes seront présentées. Elles ont pour caractéristique commune de privilégier la collecte et le traitement d'un corpus qualitatif, basé sur une rationalité communicationnelle (Habermas, 1968). Nous avons sélectionné ces méthodes sur la base des constatations effectuées au chapitre précédent, c'est-à-dire en tentant de suivre le sens des tendances actuelles. Ce n'est pas une voie facile si l'on veut sauvegarder la rigueur scientifique nécessaire. Chaque méthode doit présenter un degré satisfaisant de validité dans les opérations de prise d'information et d'extraction de la signification du corpus recueilli. Si cette perspective n'est pas aisée, elle est néanmoins très prometteuse dans la mesure où elle permet une compréhension plus large, plus complète, plus globale et plus riche de l'univers.

Notre démarche n'implique pas le rejet des méthodes quantitatives. Au contraire. Comme chaque instrument possède ses limites, le chercheur a intérêt à utiliser la plus grande variété de techniques possible. Il se servira des méthodes quantitatives avec des avantages certains.

Mais il se fait que de nouveaux moyens, de type qualitatif, apparaissent ou réapparaissent, après une éclipse de plusieurs décennies, dans la littérature scientifique. Nous pensons qu'ils sont particulièrement susceptibles de saisir les intentions des acteurs ainsi que les aspects complexes, dynamiques et changeants de la réalité sociale. Nous les privilégions donc dans le présent ouvrage, tout en spécifiant, à côté de leurs qualités indéniables, leurs imperfections et leurs limites.

Neuf techniques seront donc développées : l'observation participante, l'entretien non directif, les histoires de vie, le dessin d'une situation de vie, l'enquête par questionnaire, la technique du jeu de rôle, la technique des événements critiques, la technique du Q-Sort et l'analyse de contenu.

La technique la plus ancienne et certainement la plus utilisée est l'observation directe. Elle englobe de plus de plus à l'heure actuelle un mode d'approche qui nous intéresse particulièrement : l'observation participante dans laquelle le chercheur est intégré à la vie des acteurs dont les comportements et pratiques constituent l'objet d'étude.

L'entretien non directif est un moyen fréquemment utilisé pour récolter des informations dans une consultation clinique. Il peut être une méthode intéressante de recherche lorsque celle-ci vise une compréhension approfondie des comportements humains.

Les histoires de vie se réalisent sur un nombre restreint de cas mais elles recueillent le plus d'informations possible à propos du vécu social et des pratiques quotidiennes des acteurs afin d'en extraire une signification psycho-sociologique.

Nous présenterons aussi une épreuve originale qui entre dans la catégorie des méthodes projectives, à savoir le dessin d'une situation de vie. Cette technique tente de capter, au moyen du dessin, l'image mentale que se fait un sujet d'une situation particulière qui lui est proposée.

L'enquête par questionnaire a été utilisée de tout temps et reste très employée malgré ses imperfections. De nombreuses précautions doivent être prises pour garantir la validité des informations. Nous en discuterons plus loin.

La technique du jeu de rôle peut être valablement utilisée comme instrument de recherche. Nous nous proposons d'examiner ce mode d'approche qui apparaît actuellement comme un moyen d'investigation intéressant.

La technique des événements critiques est un moyen de connaissance des significations que les participants donnent à la réalité qu'ils vivent. Elle se rattache au courant de l'épistémologie populaire dont le but est de mieux comprendre la réalité sociale quotidienne.

La méthode du Q-Sort est bien connue. Elle est une technique qui approche la subjectivité des personnes tout en utilisant, dans la majorité des cas, un traitement statistique.

L'analyse de contenu est un type d'observation indirecte en ce sens qu'elle tente d'effectuer une «lecture seconde» du document à étudier. Son champ d'application est extrêmement vaste.

Les techniques qui recueillent et analysent les données qualitatives se trouvent confrontées au problème de la validation. Pour les neuf méthodes que nous développerons, nous discuterons, lors de leur présentation, des difficultés spécifiques qu'elles rencontrent à cet égard. Mais nous examinerons d'abord de façon générale ce problème de la validation qui ne se pose pas seulement pour la collecte des données mais aussi pour leur interprétation.

2. LA VALIDATION DES DONNEES QUALITATIVES

Comment assurer la scientificité d'une approche qualitative ? Quelles stratégies adopter ? La littérature scientifique est encore peu abondante en ce domaine. Nous reprendrons à J.-M. Van der Maren (1985) sa codification particulièrement précieuse des procédures de validation en recherche qualitative [35]. Le texte qui suit s'inspire largement des concepts et des stratégies décrits par cet auteur.

Cette présentation des critères et procédures de validation est indispensable à tout chercheur qualitatif qui veut s'assurer de la scientificité de son approche. Par ailleurs, ils serviront de référence pour analyser les limites, lacunes et imperfections de chacune des neuf méthodes présentées plus loin.

J.-M. Van der Maren emprunte à Guba (1981) le parallélisme entre les exigences habituelles de la recherche quantitative et les pratiques de la recherche qualitative. Ainsi, les équivalences suivantes sont proposées : aux validités internes et externes correspondent respectivement la crédibilité et la transférabilité ; à la fidélité correspond la constance interne et à l'objectivité, la fiabilité. Que recouvrent ces termes de crédibilité, transférabilité, constance interne et fiabilité ? Quelles stratégies peuvent être utilisées pour les atteindre ?

2.1. La crédibilité

Quelle garantie le chercheur fournit-il quant à la qualité et à la quantité des observations effectuées ainsi qu'à l'exactitude des relations qu'il établit entre les observations lors de l'interprétation?

En ce qui concerne l'observation, le chercheur doit prouver une présence suffisamment longue sur le terrain; il importe qu'il recueille des données nombreuses, émanant de perspectives multiples et qu'il fasse référence à des matériaux objectifs (documents d'archive, par exemple); il se servira au maximum de la technique de triangulation des sources et des méthodes; il vérifiera s'il y a bien accord entre son langage et ses propres valeurs d'une part, et le langage, les valeurs de l'acteur, d'autre part (validité de signifiance de l'observation). L'enquête critique concernant les sources d'information telle que R. Rezsohazy (1979) l'a décrite et que nous avons présentée précédemment (p. 60) prend tout son sens ici : les critiques d'identité (triangulation interne), de restitution, d'autorité, d'originalité, d'interprétation (validité de signifiance) ainsi que la confrontation (triangulation des sources) sont extrêmement utiles pour garantir la qualité des informations recueillies.

Lors de l'interprétation, le chercheur procédera non seulement à la consultation de plusieurs spécialistes mais il soumettra aussi les résultats de son analyse aux acteurs qui ont participé aux événements en vue d'une corroboration (validité phénoménologique ou validité de signifiance des interprétations). Il sera vigilant quant à la cohérence interne de ses déductions et il confrontera son interprétation avec le matériel référentiel de base, c'est-à-dire aux études et recherches proches qui ont permis l'élaboration des premières hypothèses ainsi qu'à des théories reconnues et bien définies (validité référentielle).

2.2. La transférabilité

Les conclusions auxquelles le chercheur aboutit peuvent-elles s'étendre à d'autres contextes que celui étudié?

L'échantillonnage théorique (ou raisonné) est un élément important qui peut garantir une transmissibilité raisonnable même si elle est limitée. Il s'agit de choisir les sujets en fonction de la pertinence de leurs caractéristiques par rapport aux objectifs de la recherche. Ce type d'échantillonnage doit inclure aussi bien des cas typiques qu'atypiques, des observateurs et des acteurs, des informateurs centraux et périphériques, des partisans et des opposants à l'objet investigué. On s'attache ici à la pertinence théorique par rapport à la situation d'étude.

Une notion importante pour estimer à quel moment on peut arrêter l'échantillonnage des groupes pertinents est la saturation théorique. Ce concept est atteint lorsqu'aucune donnée suffisamment nouvelle ne ressort des derniers entretiens ou observations pour justifier une augmentation du matériel empirique. On dira dans ce cas que l'échantillon est représentatif en ce qui concerne les rapports sociaux.

L'échantillonnage devra tenir compte aussi des structures sociales dans lesquelles les informateurs sont insérés. La critique d'identité (triangulation interne) aura toute son utilité dans ce cas.

Par ailleurs, la description détaillée du site étudié est indispensable. Elle va permettre d'estimer le degré et le type de similitude entre le site observé et d'autres sites sur lesquels on voudrait transférer les conclusions.

La triangulation spatiale prend toute son importance ici dans la mesure où elle implique la vérification de la pertinence d'une théorie auprès de cultures différentes et dans la mesure où elle analyse les divergences qui peuvent intervenir en fonction des lieux et des circonstances de recueil des informations.

2.3. La constance interne

Il y a constance interne — notion proche de la stabilité dans la tradition positiviste — s'il existe une indépendance des observations et des interprétations par rapport à des variations accidentelles ou systématiques telles que le temps, l'expérience et la personnalité du chercheur, les instruments utilisés, les conditions de collecte des données, etc.

La méthode de la triangulation va permettre d'augmenter la constance interne ; c'est le cas, par exemple, de la triangulation des observateurs qui engage plus d'un observateur pour valider l'information. La description précise et détaillée des procédures employées par le chercheur pour récolter et interpréter les données, voire la rédaction par ce dernier d'un lexique des termes utilisés sont également susceptibles d'accroître la constance interne.

Par ailleurs, le contrôle en double insu et la reproduction indépendante sont deux procédures qui permettent d'apprécier la constance interne. Dans le premier cas, deux chercheurs analysent indépendamment les données sans avoir participé à la collecte ; une confrontation des conclusions auxquelles ils ont abouti s'effectue ensuite. Dans le second cas, un chercheur qui n'a pas travaillé sur le terrain double les analyses du chercheur qui est allé sur le terrain; les résultats sont ensuite comparés.

L'examen des facteurs et processus de changement ou de permanence des résultats dans le temps en prenant des informations à des moments différents (triangulation temporelle correspondant à la fidélité dans le temps) est également une procédure à envisager.

2.4. La fiabilité

La fiabilité consiste en l'indépendance des analyses par rapport à l'idéologie du chercheur. A la base de la fiabilité se trouve la lucidité du chercheur à l'égard de ses jugements et la reconnaissance de ceux-ci en tant qu'éléments influençant ses analyses et interprétations. On parlera dans ce cas de «triangulation interne» du chercheur.

La transparence du chercheur, c'est-à-dire l'énonciation par ce dernier de ses présupposés et orientations épistémologiques, ainsi que l'estimation de l'influence que ceux-ci peuvent avoir sur le choix des instruments, des observations et des interprétations est un moyen d'assurer une plus grande fiabilité des conclusions.

La triangulation théorique dans laquelle l'analyse s'effectue sur base d'options théoriques alternatives ou concurrentes est également une technique efficace qui donne la mesure de la fiabilité d'une recherche.

Nous nous proposons de développer dans les pages qui suivent les neuf méthodes de récolte et d'analyse de données qualitatives dont nous avons fait mention. L'analyse de l'instrument, l'examen de ses limites et des procédures spécifiques de validation qu'il convient de lui appliquer sont chaque fois présentés afin d'aider l'utilisateur éventuel à assurer la scientificité de sa recherche. Pour réaliser une recherche qualitative à caractère scientifique, le chercheur se doit d'avoir toujours à l'esprit les stratégies qui viennent d'être décrites.

3. L'OBSERVATION PARTICIPANTE
(méthode d'observation directe)

3.1. Historique

La méthode de l'observation directe s'est d'abord développée au sein des sciences anthropologiques pour appréhender, de façon systématique, la culture des communautés qu'on ne connaissait pas. Vu la complexité de l'objet d'étude et des données recueillies à l'aide de cette technique, cette dernière ne donna pas lieu à beaucoup de réflexion méthodologique de la part des chercheurs positivistes. Cependant, l'Ecole de Chicago, dans les années 20, reprit la méthode et l'appliqua à l'analyse des modes de vie et des organisations sociales dans la société industrialisée des Etats-Unis.

L'essor de la pensée positiviste, les efforts pour atteindre l'objectivité en sciences humaines, les critiques virulentes adressées à la validité des approches qualitatives provoquèrent la mise à l'écart de la méthodologie par l'observation directe pour plusieurs décennies.

Les chercheurs en sciences de l'éducation notamment ressentent actuellement le besoin de réfléchir sur des modes d'appréhension du réel moins fragmentaires, c'est-à-dire permettant des interprétations plus globales afin de dégager les significations profondes des situations analysées.

3.2. Définitions et buts

Les définitions récentes de l'observation directe sont assez vagues. On trouve dans la littérature diverses définitions telles que «l'enregistrement des actions perceptibles dans leur contexte naturel» ou bien «la description d'une culture du point de vue de ses participants»[36].

En fait, deux types d'approches, complémentaires, émanent de ces définitions. La première, plus objective, vise à décrire les composantes de la situation analysée : lieux, acteurs, comportements, etc., afin d'élaborer des typologies. Dans ce cas, une certaine distanciation du chercheur par rapport à l'objet de sa recherche est indispensable. L'autre approche peut être qualifiée d'observation participante. Elle dépasse l'aspect descriptif de la première approche pour s'attacher à découvrir le sens, la dynamique et les processus des actes et des événements. Ici, le chercheur est intégré à la vie des acteurs concernés par l'étude. Il recherche le plus d'informations possibles sur cette situation particulière. L'observation participante privilégie l'intersubjectivité, c'est-à-dire la prise en considération des significations que les acteurs (y compris les chercheurs) engagés attribuent à leurs actes. L'interdépendance entre observateur et observé est prise en compte, analysée et exploitée. Pour cela, les chercheurs engagés dans l'observation participante tiennent un cahier de bord dans lequel ils inscrivent leurs perceptions, sentiments, attentes, etc. — c'est-à-dire leurs impressions subjectives — relatifs aux événements qu'ils vivent au cours de la recherche. Nous nous proposons d'examiner ce mode d'approche dans le point suivant (3.3).

Ainsi, l'observation directe tente d'articuler les données résultant d'une analyse objective et celles issues d'une appréhension intersubjective afin de fournir une vue la plus complète possible de la «réalité». Par la confrontation de plusieurs sources de données, elle veut effectuer une analyse intensive (plutôt qu'extensive) de situations particulières et prendre en compte leur complexité. Notons que l'approche par l'observation directe est le plus souvent complétée par le questionnement des acteurs afin de mieux connaître le sens qu'ils donnent à leurs actes et pratiques et par une recherche documentaire fouillée (histoire, trajectoire des acteurs, contexte social et organisationnel dans lequel s'inscrit la recherche, etc.). Signalons que les propos et commentaires qui suivent vont concerner spécifiquement l'observation participante.

3.3. Enregistrement des observations

Dans une observation participante, les données du terrain émanent de diverses sources. D'abord, le chercheur décrit les différents éléments concrets de la situation. Il rapporte aussi textuellement les propos des acteurs observés. Ces comptes rendus descriptifs vont apporter une information sur le site dans lequel évoluent les acteurs ainsi que sur leur perception de la situation qu'ils vivent, sur leurs attentes et leurs besoins. Tels quels, ces documents sont une source de renseignements objectifs à la base de l'interprétation et de la compréhension de la réalité.

Ensuite, le chercheur va s'astreindre à tenir un journal de bord dans lequel il note le déroulement quotidien de la recherche. Il mentionne ses réflexions personnelles et son vécu de la situation : ses perceptions, ses attentes, ses peurs, ses satisfactions, ses hésitations, ses «bonnes» et «mauvaises» relations avec les acteurs ou autres personnes, ses sentiments face aux valeurs développées dans le groupe, etc. Ces notes sont extrêmement importantes car elles vont permettre, grâce à une ou plusieurs analyses théoriques poussées, de rendre compte tant des faiblesses, lacunes et déformations de l'observation que de ses richesses et de ses points forts.

3.4. Traitement des protocoles recueillis

Après le recueil des données, le chercheur est amené à effectuer une réflexion théorique fondée sur les éléments observés. Il tente d'établir des liens entre les diverses composantes, note les régularités ou les changements éventuels, détermine les nouvelles voies d'observation, émet des hypothèses et des interprétations possibles, compare la situation à d'autres situations déjà analysées (similaires ou opposées).

Bref, comme le signale G. Le Boterf (1981, pp. 13-14), il s'agit à cette étape de passer d'une connaissance quotidienne immédiate à une connaissance scientifique et critique. Cette dernière va transformer la réalité. Le chercheur décrit les relations, recherche les constantes et les structures essentielles des phénomènes au moyen d'une théorisation. Il va tenter de réaliser une compréhension critique de la réalité par un travail de conceptualisation et d'analyse historique. Cette analyse conceptuelle constitue un travail de transformation sur la «matière première» récoltée, à savoir les phénomènes observés et ressentis. Le chercheur utilisera divers outils conceptuels (par exemple, l'analyse de contenu) et des modèles théoriques pour «lire» ses données. Il aboutira ainsi à une connaissance scientifique qui dépasse la perception immédiate de la réalité et les représentations idéologiques que s'en font les différents acteurs et le chercheur.

3.5. Avantages et limites

L'une des critiques essentielles émises à l'égard de l'observation participante est qu'elle est une méthode qui ne présente pas de critère absolu de scientificité. Ses critères, dit-on, sont relatifs car ils tiennent compte de la subjectivité du chercheur, ce qui va biaiser les analyses. Bref, c'est la fiabilité des résultats de la recherche qui est mise en cause. Rappelons ici que des auteurs, de plus en plus nombreux, dont G. Devereux (1980) notamment, affirment que le fait de ne pas prendre en considération l'existence de l'observateur dans une situation d'observation introduit des déformations plus importantes encore. Par contre, l'analyse des impressions subjectives des chercheurs peut conduire à des résultats plus pertinents. Cela implique pour le chercheur une connaissance approfondie du site dans lequel se déroule l'étude, la tenue systématique du cahier de bord, l'élaboration et l'étulisation de théories permettant une lecture plus distancée des événements, le renvoi des résultats de l'observation aux acteurs ainsi que l'utilisation de techniques diverses (triangulation) portant sur le même objet d'étude (le questionnement, notamment).

D'autres avantages peuvent être portés à l'actif de la méthode d'observation participante. Notamment, elle est particulièrement susceptible de garantir une bonne crédibilité grâce à la proximité des sources. Une observation de «première main» est toujours plus favorable qu'une observation de «seconde main» qui nécessite l'analyse des intérêts, attentes, valeurs de la personne qui prend l'information et qui implique dès lors une critique de restitution.

Un élément favorable à la constance interne est l'importance accordée dans cette méthode à l'intersubjectivité, c'est-à-dire que lorsque plusieurs personnes décrivent de façon similaire une même situation, on augmente les chances de validité des résultats (triangulation des sources ou confrontation).

Ainsi, la méthode de l'observation participante présente, comme tout autre méthode, des limites. Au chercheur de tenter de minimiser les biais inhérents à la technique et de bien en informer les lecteurs. Par contre, la méthodologie décrite ci-avant est susceptible de mettre en évidence toute la richesse et la complexité d'une situation d'étude.

3.6. Assurer la scientificité de la méthode

Le problème crucial inhérent à la technique de l'observation participante est sans conteste celui de la fiabilité puisque la méthode implique inévitablement la subjectivité du chercheur. L'existence d'une telle difficulté nécessite donc une grande lucidité lors de l'interprétation des données recueillies (triangulation interne du chercheur). La méthode exige la transparence du chercheur, transparence qui se réalise au travers d'une tenue systématique et la plus complète possible du cahier de bord. Celui-ci peut alors être soumis à des modèles théoriques multiples (triangulation théorique) ainsi qu'à la technique de la reproduction indépendante (un chercheur qui n'est pas allé sur le terrain analyse et interprète les données indépendamment du chercheur principal). Cette dernière procédure permet de vérifier la constance interne des conclusions (triangulation des observateurs).

Par ailleurs, le renvoi, pour corroboration, aux acteurs concernés des hypothèses émises par le chercheur est un excellent moyen de contrôler la fiabilité des résultats et augmente aussi leur crédibilité (validité de signifiance).

D'autre part, la description très précise du site est particulièrement indiquée ici afin de voir s'il peut y avoir transfert des conclusions à d'autres sites présentant un caractère de similitude (transférabilité).

Remarquons encore qu'une observation participante nécessite de passer un temps long sur le terrain pour recueillir des données en quantité suffisante et élaborer des interprétations valides (voir la critique d'observation dans la démarche de la critique d'autorité).

3.7. Illustrations

3.7.1. *Une observation participante avec des enfants*

S.T. Ball (1985, pp. 23-25) relate ses réflexions à propos de son expérience d'une observation participante avec des enfants au sein d'une classe. L'auteur signale que grossièrement on peut distinguer deux formes dans l'observation participante : la position dure et la position douce. La première exige de partager complètement les activités des participants, c'est-à-dire de faire ce qu'ils font ; l'autre position implique la présence de l'observateur mais ne spécifie pas le besoin de faire ce que font les participants. Certains chercheurs s'intègrent dans un groupe en tant que membre participant et réalisent ce qu'ils appellent une «observation participante intensive» (c'est la position dure). Mais choisir une position dure pour effectuer une observation participante avec les enfants est, sauf circonstances exceptionnelles, extrêmement difficile. La démarche choisie par S.T. Ball est celle de la position douce à savoir que l'observateur participant suit ce que les enfants étudient en classe, à travers leurs habitudes quotidiennes de vie, examine ce qu'ils font, à quel moment, avec qui, dans quelles circonstances et les questionne sur la signification de leurs actes. La prise d'information s'est faite à l'école et la plupart des observations ont été effectuées en classe. L'interaction avec les enfants s'est de plus établie à l'occasion des récréations, dans les corridors, autour des bâtiments scolaires, à la recherche d'endroits où les rôles sont différents, où les règles de comportements instituées par l'école sont enfreintes. Mais le principal travail de recherche était de connaître les réalités de la vie quotidienne de l'élève à l'école et même, plus étroitement, au sein de la classe. Dans cette étude, l'observateur a régulièrement succédé au maître. Une série de questions méthodologiques émerge quand on aborde les diverses formes d'observation participante. Le chercheur doit-il enseigner ou non ? En prenant le rôle d'enseignant, inhibe-t-il ou empêche-t-il le développement d'autres types de relations avec les élèves ? Un chercheur peut-il faire preuve d'autorité et au même moment être un ami de l'élève ? Ball signale qu'il a soigneusement séparé le rôle d'enseignant et le rôle de chercheur. Cependant, il relate que, dans certaines classes où il a enseigné, les élèves manifestaient plus d'intérêt pour sa recherche et s'ouvraient plus aisément à la discussion et à l'interview.

Ball pose aussi le problème de l'éthique dans l'observation participante. Il met en garde contre les révélations qui pourraient avoir des conséquences malheureuses à long terme pour les enfants. Il préconise donc l'anonymat. Par ailleurs, il met en évidence l'existence d'une inégalité de pouvoir considérable entre l'adulte-chercheur et l'enfant et il fait observer que les interactions sont souvent marquées par un jeu de coercitions et de résistances.

Selon cet auteur, il est difficile de comprendre le monde social de l'enfance et d'arriver à en élaborer une interprétation authentique. L'analyse doit refléter la complexité et les aspects contradictoires de la construction de la réalité par les enfants. Il apparaît cependant que les stratégies de l'observation participante sont un puissant moyen de recherche dans ce domaine.

3.7.2. Une observation participante avec des enseignants

P. Perrenoud (1984) rapporte également les résultats d'une observation participante en classe mais avec des enseignants cette fois. Avec l'aide d'une équipe pédagogique, il a passé un à deux jours par semaine en classe, durant cinq années consécutives. Il a utilisé diverses formules allant de l'observation informelle à la participation directe à l'animation des activités et à l'enseignement. Ce type de démarche permet, selon l'auteur, de vivre de près les conditions de la pratique pédagogique et tout particulièrement de l'évaluation. Cette observation participante s'inscrit dans un cadre plus large d'une recherche-action portant sur l'échec scolaire et la différenciation de l'enseignement à l'école primaire. Dans ce projet, intitulé «RAPSODIE», les chercheurs réunissent aussi des équipes d'enseignants afin de recueillir leurs représentations et leurs pratiques en matière d'évaluation scolaire.

Cette approche qualitative tente de mettre en évidence des procédures et des normes qui, à l'école primaire, fabriquent des «hiérarchies d'excellence» notamment celles qui décident de l'échec ou de la réussite scolaire et de leurs conséquences. L'analyse de la fabrication de hiérarchies d'excellence implique non seulement la mise en évidence de la construction d'une représentation des inégalités mais aussi une description et une explication de la part d'arbitraire qui caractérise cette construction (Perrenoud, 1984, p. 1). En examinant l'école telle qu'elle est, dans sa pratique quotidienne et dans ses jugements ordinaires, l'auteur tente de mieux comprendre les mécanismes de son fonctionnement. Il contribue à approfondir la théorie sociologique du système d'enseignement et de l'action pédagogique à travers notamment l'analyse du curriculum réel, c'est-à-dire de la conversion par le maître du plan d'étude officiel (curriculum formel) en exercices, activités, situations d'apprentissage, etc. En fait, l'auteur examine ce qui a été effectivement enseigné ou étudié en classe et qui constitue la culture scolaire telle qu'elle est concrétisée dans la pratique scolaire quotidienne.

3.7.3. Une observation participante avec des apprentis

C. Page (1985)[1] a mené durant une année une expérience, de type recherche participante, qui a consisté à faire créer et interpréter une pièce de théâtre à de jeunes apprentis (de 16 à 20 ans) en difficultés scolaires et sociales extrêmement graves. Les jeunes acteurs jouaient soit leur propre rôle, soit un rôle imaginaire. Le contexte choisi par les jeunes était totalement fictif (la guerre nucléaire). Il s'agissait en fait d'une technique appelée « dramatisation » qui visait à amener les sujets à une prise de conscience de leurs rôles habituels (cette technique sera développée plus loin, sous la rubrique « jeu de rôle »).

Afin d'analyser l'itinéraire de la recherche et toute son implication, l'auteur — chercheur et acteur tout à la fois — a, durant toute l'année de l'expérience, tenu un cahier de bord. Ce dernier a ensuite été soumis à une grille de lecture qui fut dans ce cas l'analyse transactionnelle : analyse de la directivité, des conflits, des retraits, des contrats, de la communication symbolique, des prises de parole, de l'identification et des rejets.

Pour concrétiser l'analyse que l'on peut effectuer au départ d'un journal de bord, nous présentons ci-après un extrait du travail qu'a réalisé C. Page au moyen des concepts que nous fournit l'analyse transactionnelle. Il est relatif au rejet par le groupe d'un des acteurs, Serge.

« A travers tout le journal de bord, on assiste à l'exclusion totale de Serge. Bien que j'aie eu également des difficultés à l'accepter, j'avais la conviction qu'il était primordial pour lui de jouer, car jouer, ne serait-ce qu'une fois, signifiait être intégré dans la société. J'ai donc essayé par de multiples moyens de jouer avec lui. L'analyse montre que les transactions ne sont que des JEUX dont Serge sortira vainqueur :

a) Je rejette Serge (p. 109, dernier al.) :

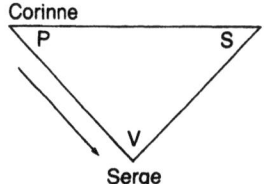

Serge joue le grand-père et moi sa femme Julie. Dans ce jeu de rôle, je le rejette violemment. Je suis le PERSÉCUTEUR, Serge est la VICTIME (transaction parallèle; Parent Critique Négatif / Enfant Adapté Soumis).

b) Correction 1 *(p. 111)* :

Dans tout ce que j'écris dans cette page, il est manifeste que je rejette Serge dans ses goûts (je parle de scouts dégénérés lorsqu'il m'en parle), dans ses valeurs et jusqu'à son amie Chouchou dont je dis qu'elle est «plantée» devant les chaises et ne sait pas où s'asseoir.

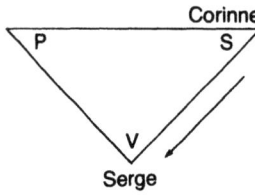

Culpabilisée par le rôle de PERSECUTEUR que j'ai joué dans la phase a), je choisis, en croyant mieux faire, la stratégie de la tendresse du grand-père pour sa petite-fille. Je joue le SAUVEUR, Serge reste la VICTIME (transaction parallèle; Parent Nourricier Négatif / Enfant Adapté Soumis).

c) Correction 2 *(p. 113, 4ᵉ al.)* :

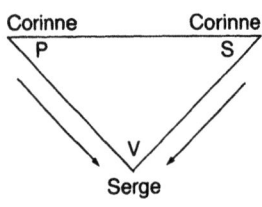

Dans la grotte, lorsqu'il me parle de mort, je le secoue en imaginant son enterrement, avec l'idée de créer un «choc salutaire» (2ᵉ al.). J'ai trouvé un subtil mélange de PERSECUTEUR-SAUVEUR pour continuer à traiter Serge de VICTIME (transaction parallèle; Parent Critique Négatif — Parent Nourricier Négatif / Enfant Adapté Soumis).

d) Serge me rejette (p. 115, 3ᵉ al.) :

Il ne veut plus jouer avec moi, sous prétexte que je suis trop vieille, ce qui me neutralise. En effet, que puis-je faire contre mon âge? De cette manière, il renverse la vapeur. On appelle cela COUP DE THEATRE dans le TRIANGLE DRAMATIQUE.

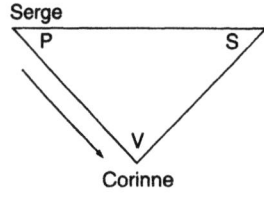

Serge a bien joué car on peut lire tout de suite ma vexation au 4ᵉ al. Je refuse de jouer avec Brigitte et j'ajoute même : «Je n'ai pas envie que l'on piétine mes plates-bandes». Ainsi, Serge devient le PERSECUTEUR et je suis la VICTIME (transaction croisée; Parent Critique Négatif / Enfant Rebelle)».

Par ailleurs, cette analyse du journal de bord s'est accompagnée d'un questionnaire (triangulation méthodologique) qui a permis d'enrichir ou de corroborer ou d'infirmer les informations. L'exploitation du questionnaire s'est réalisée au moyen de divers modèles théoriques : théorie des besoins, de l'attribution, de la dissonance cognitive et de l'analyse fonctionnelle (triangulation théorique).

4. L'ENTRETIEN NON DIRECTIF OU L'APPROCHE CLINIQUE

4.1. Son usage comme méthode de recherche

L'entretien non directif peut-il être une méthode de recherche efficace?

Utiliser l'entretien, c'est choisir d'établir un contact direct avec une ou plusieurs personnes pour récolter des données de recherche. Dans ce cas, c'est le phénomène d'interaction qui est privilégié, comme dans une consultation clinique. Que peut apporter une telle technique à la recherche? Dans quel cas l'utilisera-t-on de façon préférentielle?

Un chercheur se servira primordialement de l'entrevue dans les cas où il voudra clarifier des comportements, des phases critiques, etc. de la vie des gens. Comment comprendre, comment expliquer les problèmes, le ressenti des personnes face à certaines situations critiques sans interroger ces personnes elles-mêmes? L'observation des comportements est insuffisante pour élucider un tel champ de recherche. En fait, les chercheurs auront recours à l'entretien quand les autres techniques d'investigation (observation, tests, questionnaires, etc.) ne peuvent fournir les informations nécessaires et adéquates pour la recherche. Dans ce cas, l'entretien devient un mode d'investigation irremplaçable.

Par ailleurs, la méthode de l'entretien non directif est un moyen unique permettant l'exploration d'un champ d'étude nouveau. C'est une démarche préalable qui s'avère indispensable lorsque le chercheur est placé devant une situation à «débroussailler». Elle va permettre de repérer et de classifier les problèmes, les systèmes de valeurs, les comportements, les états émotionnels, etc. des personnes; elle va permettre aussi d'élaborer les premières questions de travail et les hypothèses qu'une démarche plus systématique peut ensuite vérifier. Notons aussi que les informations apportées par l'entretien non directif constituent la ressource essentielle permettant la construction d'un instrument d'investigation plus systématique (le questionnaire, notamment).

4.2. Théorie sous-jacente

L'entretien non directif repose sur la technique de la psychothérapie non directive, centrée sur le client, technique élaborée par C. Rogers. La non-directivité signifie ici que le chercheur laisse au sujet la libre expression de sa communication, n'intervient pas par des interrogations ou des suggestions de contenu, ne privilégie pas un mode d'approche personnel. L'interviewé joue donc un rôle actif. Le chercheur lui reconnaît des compétences valables tant au niveau de son expression qu'au niveau du problème qui est traité. La confiance dans la personne interviewée est totale. Même plus : le chercheur considère cette dernière comme la plus apte à fournir les informations utiles à la recherche. Le rôle de l'intervieweur consiste à stimuler l'expression de la personne dans le propre cadre de référence de celle-ci. Il aura à développer prioritairement de grandes facultés d'écoute. « La disponibilité à l'autre » est essentielle pour assurer le succès de la technique.

4.3. Définitions et buts

L'entretien non directif est la « méthode de l'examen clinique » (Rogers) en ce sens qu'il repose sur un comportement d'écoute du sujet dans le but de le comprendre le plus complètement possible dans son contexte propre, c'est-à-dire dans sa singularité et dans son historicité. C'est une démarche de conversation libre du sujet qui s'accompagne d'une écoute réceptive du chercheur afin de recueillir des données personnelles. En écoutant attentivement la personne interviewée, le chercheur devra aussi faciliter son expression, devra la motiver à poursuivre son récit et devra la guider vers les voies les plus susceptibles de fournir des informations sur les objectifs de la recherche. Ainsi, le chercheur sert de guide en donnant la possibilité au sujet de compléter, nuancer, corriger, développer sa propre réponse. Il ne formule aucun conseil ou suggestion.

Bref, il s'agit ici d'une approche fondée sur un processus interactionnel qui privilégie, d'une part, l'expression libre de l'interviewé et, d'autre part, l'écoute active de l'intervieweur.

4.4. Technique d'enregistrement des données

Les habiletés requises chez un chercheur qui utilise l'entretien non directif ont trait à l'écoute verbale et non verbale. Il ne suffit pas pour le chercheur de motiver le sujet par des soutiens vocaux mais aussi par des attitudes corporelles, tels le regard, les gestes, l'attitude du corps, la mimique, etc.

Une autre habileté réside dans l'usage opportun des interventions et du questionnement. Par exemple, il est souvent indiqué de débuter un entretien par une question ouverte qui stimule la spontanéité de l'interviewé et de laisser les questions fermées (âge, profession, etc.) pour la phase terminale de l'entretien. La reformulation, qui consiste en une simple reprise du discours par l'intervieweur, est aussi une technique à maîtriser. Certains types de relations sont inappropriés : l'entretien n'est ni une relation d'aide, ni une relation d'autorité. Le chercheur aura aussi à accepter le silence de l'autre. Mais la difficulté essentielle réside sans nul doute dans le fait de recueillir les données appropriées à l'objet de recherche. Durant l'entretien, le chercheur doit sans cesse rester vigilant à cet égard.

Ainsi, l'entretien non directif nécessite la maîtrise d'une série d'habiletés. Cependant, on ne peut réduire ce mode d'investigation à une simple technique. C'est une approche qui repose certes sur le désir de recueillir des données signifiantes pour la recherche mais aussi sur le souci constant du respect de l'autre.

Par ailleurs, il est toujours utile, à l'issue de l'entretien, d'obtenir des renseignements sur la façon dont l'interviewé a vécu cette entrevue. A côté de l'aspect humain que revêt cette démarche, elle peut être aussi d'un grand intérêt pour l'analyse des données recueillies.

Nous voudrions signaler ici une technique proche de l'entretien non directif : l'entrevue clinique qui est également susceptible de fournir des informations utiles dans le domaine de la recherche. Dans l'entrevue clinique, on se fixe dès le départ une hypothèse. Plaçant l'interviewé dans la situation qui correspond à cette hypothèse, le chercheur suscite chez celui-ci la révélation d'indices et d'informations visant à élucider le problème posé. Guidé par les informations progressives fournies par l'interviewé, l'intervieweur teste sans cesse des hypothèses successives. Il s'agit donc d'un jeu constant d'actions et de réactions qui, si l'entretien est bien mené, conduit à l'élucidation du problème et à la confirmation ou non de l'hypothèse. Dans l'entretien clinique, une analyse systématique synchrone avec l'entrevue est donc indispensable. Elle exige une grande compétence de l'intervieweur[37].

4.5. Traitement du protocole

Le protocole recueilli par la méthode de l'entretien non directif va être soumis à l'analyse critique et conceptuelle telle qu'elle a été décrite précédemment, dans le traitement du protocole obtenu par la technique de l'observation participante, à savoir la transformation de la matière première récoltée au moyen d'outils conceptuels, telle l'analyse de contenu, et de modèles théoriques, si possible multiples, pour effectuer une lecture scientifique de ces informations premières.

4.6. Avantages et limites

L'entretien non directif est un mode d'approche complexe, non exempt de difficulté. Citons, en premier lieu, la difficulté pour le chercheur de toujours bien poursuivre les objectifs de la recherche. Il n'est pas toujours évident de recueillir des informations sur le secteur privilégié de la recherche. L'intérêt de l'interviewé est peut-être ailleurs. Il est parfois utile dès lors de recourir à une non-directivité plus mitigée où le chercheur présente à l'interviewé chacun des sous-thèmes qui composent le thème central et demande de les expliciter. Il peut aussi utiliser un style d'entrevue dirigée. Dans ce cas, il dirige l'entretien en posant au sujet un ensemble de questions bien précises et ce dernier se soumet au jeu des questions-réponses. Bref, lorsqu'il utilise l'entretien comme méthode de recherche, le chercheur a la possibilité de se situer entre deux pôles opposés : de l'entrevue dirigée à l'entrevue non directive. Il choisira le style d'entretien en fonction des conditions matérielles de la recherche (temps, budget, nombre de sujets, ...), de la nature des informations qu'il désire recueillir et aussi du type de relation qu'il souhaite engager avec les personnes, c'est-à-dire qu'il s'interrogera sur le fait de savoir à qui il va attribuer la plus grande part de responsabilité : à lui-même ou aux interviewés ?

Une autre difficulté est relative aux nombreux biais qu'une telle technique peut introduire dans l'information recueillie. En effet, le chercheur est ici confronté aux biais provoqués par la présence de facteurs émotionnels qui émaillent le discours de la personne interviewée et par le souci de cette dernière de donner une image positive d'elle-même.

Par ailleurs, le chercheur doit aussi affronter des problèmes méthodologiques importants : l'abondance des données récoltées et leur réduction, le choix de l'analyse des contenus, etc.

Cependant, la technique de l'entretien non directif est d'un apport considérable dans la recherche des systèmes de valeurs, des modes de représentations, des perceptions spécifiques à un groupe ou une culture. La richesse des informations ainsi recueillies fait de l'entrevue non directive une méthode d'un intérêt indéniable.

La souplesse de l'entretien non directif est une autre qualité de ce mode d'approche. Grâce au contact direct avec la personne interviewée, le chercheur peut se rendre compte immédiatement de la baisse du niveau de motivation du sujet, des écarts par rapport aux objectifs annoncés, des réactions affectives spontanées, des nuances dans les comportements notamment non verbaux, etc., ce qui permet d'enregistrer des informations supplémentaires et au besoin de corriger ou d'orienter différemment l'entretien. Cette possibilité qu'offre la méthode va accroître la validité des renseignements obtenus.

L'entretien non directif est le mode d'approche privilégié d'une étude en profondeur. Il s'effectue sur un nombre limité de personnes. Son but est d'étudier les sujets dans leurs singularités et de découvrir les significations profondes des phénomènes. En cela, il est un moyen d'investigation qui rencontre les tendances actuelles de la recherche en sciences humaines.

4.7. Assurer la scientificité de la méthode

Le problème que pose spécifiquement la méthode de l'entretien non directif est celui de la crédibilité des données. Quelle garantie a-t-on quant à la qualité des informations ainsi recueillies sachant qu'elles sont soumises à l'émotion, aux ambiguïtés et à la désirabilité sociale de l'acteur? La stratégie à appliquer dans ce cas est une présence longue sur le terrain associée à une grande compétence du chercheur qui doit sans cesse et immédiatement effectuer une analyse du discours, déceler les éventuelles contradictions et, si besoin est, orienter différemment l'entretien pour amener le sujet à corriger ou nuancer ses propos et pour favoriser l'émergence d'indices révélateurs. Cette souplesse que permet l'entrevue non directive est un garant de la crédibilité de l'information. La triangulation interne (ou critique d'identité) est importante à envisager ici au niveau des informateurs et va servir à la critique d'autorité. En d'autres termes, bien connaître les sujets dans leurs composantes affectives, personnelles, sociologiques, etc. va nous donner des indications essentielles quant à leurs caractéristiques et qualités d'observateurs. De même, il peut être intéressant de connaître le lien entre l'informateur et l'information (critique d'originalité). Le sujet exprime-t-il des idées originales ou empruntées? A-t-il observé, vécu les faits dont il parle ou au contraire rapporte-t-il des témoignages entendus?

Par ailleurs, une source d'erreur possible dans l'interprétation est liée à la signification différente que narrateur et narrataire peuvent attribuer aux mots. Il importe de déceler la signification véhiculée par l'acteur. L'intervieweur doit donc ajuster sa compréhension notamment en provoquant chez le sujet des réactions de confirmation de ses hypothèses (validité de signifiance).

La triangulation théorique s'avérera aussi fort utile dans ce cas pour une lecture plurielle des informations fournies qui favorisera la crédibilité des interprétations.

4.8. Illustrations

4.8.1. Les enfants face à leur éducation : exemple de démarche de validation

Dans le cadre des recherches[2] menées dans le service, M. Houx analyse des témoignages d'enfants d'école primaire qui discutent de l'éducation reçue à la maison. Ces témoignages sont recueillis au cours d'entretiens non directifs effectués par J. Duez, professeur de morale laïque, auprès de petits groupes d'enfants. La relation de confiance qui s'est établie entre le professeur et les enfants est totale. L'enregistrement magnétoscopé ne pose pas de problème en ce sens que cette technique est utilisée durant toute l'année scolaire à des fins de transmission des débats d'un groupe d'enfants à l'autre.

La « lecture » que font les enfants de l'éducation que leur dispense leurs parents est étonnante. L'analyse des discours est en train de se réaliser ; elle s'avère d'une grande richesse informative.

Nous relaterons succinctement ci-après un exemple extrait d'une discussion entre Samuël et Adrien.

Samuël est issu d'une famille ouvrière et migrante. Il affirme que par respect pour son père et pour garder son amour il ne peut opter pour n'importe quelle profession. Il doit choisir un métier « qui reste dans notre catégorie (sociale) »... un « petit métier de crasse » tel que maçon, ébéniste, mécanicien. Il ne peut envisager de devenir ingénieur ou docteur comme cela se passe dans d'autres milieux que le sien.

Adrien annonce quant à lui qu'il a le droit d'émettre son avis en toute circonstance et qu'il pourra librement choisir sa profession. Chez lui, « on respecte ses idées ».

Cet exemple confirme particulièrement bien la théorie de la reproduction sociale. Mais quelle valeur accorder à ces propos d'enfants ? Dès lors, la recherche s'oriente vers des moyens de validation scientifique des discours :

— la triangulation des sources consiste à vérifier la concordance des données recueillies avec les conceptions des acteurs mis en cause dans le récit des enfants : le père, le frère, etc. ; cette démarche enrichira les données initiales par des données supplémentaires ;

– la triangulation méthodologique utilisera à côté des entretiens non directifs d'autres méthodes d'investigation : par exemple, dans le cas qui nous occupe, le test des professions[3];

– la triangulation interne s'attachera à connaître l'anamnèse des sujets et, notamment, elle se penchera sur la trajectoire sociale de la famille des enfants; remarquons que lors du décodage et de l'interprétation du corpus, le chercheur s'appesantira également sur sa propre trajectoire ainsi que sur celle de l'intervieweur car le vécu, les valeurs, les préjugés des chercheurs peuvent influencer les interprétations;

– la triangulation théorique servira lors de l'exploitation des données : les théories fonctionnalistes (Parsons, ...), les théories conflictualistes (Bourdieu, Passeron, Baudelot et Establet, ...), théories concurrentes, pourront les unes et les autres éclairer — et éclairer différemment — les informations recueillies; la psychologie sociocognitiviste (Gilly, Perret, ...) peut aussi aider à «lire» les données et fournir encore un autre éclairage;

– la triangulation spatiale permettra de vérifier si les propos tenus à la maison seraient les mêmes que ceux tenus à l'école; les circonstances ne peuvent-elles influencer les opinions? Par ailleurs, les théories utilisées pour éclairer et expliquer les témoignages sont-elles encore valables si on a affaire, par exemple, à des acteurs de culture islamique? Le rôle du père présente en effet une valeur toute particulière dans cette religion et dans cette culture;

– la triangulation temporelle va se pencher sur l'évolution dans le temps des trajectoires des familles et examiner les éléments (de conscience, d'attitude, de comportements) susceptibles d'assurer la permanence ou au contraire le changement au sein de celles-ci; une étude longitudinale s'avérera particulièrement utile dans ce cas;

– la triangulation par combinaison de niveaux peut être intéressante également : si Samuël et Adrien ont situé leurs attentes à l'égard de leurs parents (micro-système), qu'en est-il de celles-ci face à l'école (méso-système) et face à la société (macro-système)?;

– en outre, la validité de signifiance est indispensable ici à la fois pour s'assurer que chercheur et informateur parlent le même langage, pour vérifier si les connotations attribuées aux concepts par les informateurs sont bien comprises par le chercheur et pour sonder et approfondir le sous-jacent phénoménologique des informateurs.

Certes, il n'est peut-être pas nécessaire de prendre en compte chacun de ces modes de validation. La démarche est particulièrement lourde et coûteuse en temps. Pourtant, ce n'est qu'à ce prix que le chercheur récoltera des informations de haute qualité scientifique et qu'il pourra annoncer une bonne généralisation de ses résultats.

4.8.2. *Exemple d'analyse de contenu d'entretiens*

L. Bardin (1977, pp. 63-70) rapporte une analyse d'entretiens relative à la manière dont les gens vivent leur relation aux objets quotidiens. L'hypothèse posée est la suivante : «il y a une correspondance entre le type de production des objets et l'attitude psychologique à l'égard de ceux-ci». Trente entretiens non directifs ont été réalisés. Ils ont été effectués sur un échantillon représentatif de la population française. La consigne de départ était celle-ci : «J'aimerais que vous choisissiez, parmi les objets qui vous entourent et dont vous vous servez tous les jours dans cette maison, ceux que vous préférez et ceux que vous aimez le moins. Pouvez-vous parler de ces objets?».

Le traitement des informations récoltées s'est effectué par la méthode de l'analyse de contenu qui est ici essentiellement thématique (cf. plus loin la présentation de la méthode de l'analyse de contenu). Ensuite, une analyse fréquentielle et quantitative est entreprise. L'unité d'enregistrement est l'objet usuel mentionné par le locuteur. 272 objets ont été cités. Quatre dimensions sont retenues :

1) l'origine de l'objet ; douze catégories thématiques couvrent les diverses possibilités d'acquisition de l'objet.

Ex. :
– objets achetés neufs par la personne interrogée (39 % des 272 objets) ;
– objets achetés neufs par le parent ou le conjoint (6 % des 272 objets) ;
– etc.

2) l'implication vis-à-vis de l'objet ; celle-ci est mesurée par des indices formels :

– l'usage de la première personne du singulier dans la description de l'objet et la relation de son histoire ;

Ex. : «Je l'ai acheté dans une petite boutique» ou «cela vient d'un Prisunic» ;

– la citation personnelle du donateur ;

Ex. : « Je l'ai reçu de ma mère » ou « on me l'a offert ».

3) la description de l'objet ; trois critères sont retenus, envisagés de manière bipolaire :

- l'esthétique (positive/négative) ;
- la fonctionnalité (positive/négative) ;
- la valeur marchande (positive/négative).

4) le sentiment à l'égard de l'objet ; une question complémentaire après l'entretien renseigne sur l'attitude globale à l'égard de l'objet ; trois types de relations sont considérés :

- maîtrise/non-maîtrise (rapport de domination et de soumission) ;
- créativité/stérilité (incitation à l'évocation de souvenirs) ;
- personnalisation/non-personnalisation (se reconnaître dans l'objet ou le ressentir comme étranger).

Ces dimensions du système catégoriel sont empiriques ; elles émanent des données du texte. Si on veut examiner le degré d'étrangeté et le conflit (variables construites) à l'égard des objets, il est nécessaire de travailler sur les résultats bruts émanant du décodage et du décompte. Par exemple, si on croise l'origine et l'implication ou l'origine et l'acceptation/rejet, on obtiendra une variable construite qui sera l'indice d'étrangeté en fonction de l'origine des objets. Pour atteindre la notion de conflit, on peut notamment mettre au point un coefficient d'ambivalence (en fonction des choix et/ou des rejets émis par le sujet à l'égard de l'objet choisi) et observer la variation de ce coefficient selon l'origine des objets et leur degré d'étrangeté.

Ainsi, il s'agit d'établir une correspondance entre niveau empirique et niveau théorique (construction de nouvelles variables) pour vérifier les hypothèses émises au départ.

5. LES RECITS DE VIE

5.1. Historique

La méthode des récits de vie est née, comme l'observation participante, au sein des sciences anthroposociales, dans les années 20. Dès cette époque, l'Ecole de Chicago, s'inspirant des travaux anthropologiques, considère que les documents biographiques constituent un matériau sociologique de haute qualité. Les chercheurs issus de cette Ecole de pensée mettent au point une codification sociologique de la méthode.

Cependant, dans les années qui suivent, l'approche quantitative devenant progressivement dominante, la méthode des récits de vie est pratiquement abandonnée. Seul, O. Lewis poursuit la tradition ancienne. Son but est d'appréhender le vécu social et les pratiques des personnes et de leur famille dans leur contexte de vie particulier.

A l'heure présente, les préoccupations de la recherche se centrent à nouveau sur l'étude des pratiques sociales quotidiennes des sujets afin d'en déterminer le sens. La méthode des histoires de vie est désormais reconnue au sein du champ épistémologique actuel.

5.2. Définitions et buts

L'histoire de vie est le récit de l'expérience de vie d'une personne. C'est un document autobiographique suscité par un chercheur qui fait appel aux souvenirs du sujet. Le récit de vie présente un caractère global (et non analytique). A travers lui, le chercheur vise à réaliser une lecture de la société.

En effet, dans un contexte historique donné, des convergences de thèmes émergent des histoires de vie singulières. Ici, c'est la mémoire collective de la quotidienneté qui est recherchée. Ce n'est plus une conception de l'histoire qui relate les grands événements vus au travers de la perception et des valeurs de l'élite (des sommités politiques) mais bien une conception locale de l'histoire effectuée par des personnes destinées à rester inconnues et silencieuses et qui pourtant sont susceptibles de rendre plus riche et plus significative la connaissance de la réalité sociale (voir à ce propos l'ouvrage de F. Ferraroti : *Histoire et Histoires de Vie*, 1981). Ainsi, comme dans les méthodes décrites précédemment, la connaissance est construite avec les acteurs sociaux. Ceci relève de l'ordre de la recherche participante.

On appelle généralement «autobiographies», les biographies directes, c'est-à-dire celles effectuées par la personne elle-même sans intermédiaire. Le récit est libre. C'est un auto-témoignage de personnages habituellement silencieux qui reçoivent simplement une stimulation extérieure du chercheur puis qui assument eux-mêmes leur dire. Les autobiographies peuvent également être davantage provoquées. Dans ce cas, elles s'appuient sur l'utilisation d'un aide-mémoire, c'est-à-dire d'un guide thématique, proposé par le chercheur. Toujours, cependant, ces matériaux biographiques sont recueillis dans une situation qui engage la parité entre chercheur et narrateur.

Dans la méthode des récits de vie, le chercheur a donc à s'interroger sur la portée de la relation spécifique entre questionneur et narrateur. La production d'un récit ne se fait qu'à travers une série d'écrans dont celui du rapport entre locuteur et interlocuteur. Il est essentiel que le chercheur reste conscient des déformations que cela induit.

Par ailleurs, le chercheur peut également travailler sur des matériaux biographiques secondaires, c'est-à-dire qui n'ont pas été récoltés par relation directe avec le narrateur : c'est le cas de la correspondance, des photos, des récits écrits, des documents officiels, des coupures de presse, etc. Ces types de documents ont longtemps été privilégiés car, selon F. Ferraroti (1981, p. 33), ils ne remettaient pas en cause la notion traditionnelle de pouvoir du chercheur sur l'objet de la recherche.

5.3. Technique de l'approche par les histoires de vie

5.3.1. Enregistrement des récits

Dans les récits de vie directs, on demande au sujet de «se raconter», c'est-à-dire de relater sa vie personnelle. C'est la singularité du sujet qui est prise en compte comme révélateur d'un certain vécu social. Comment le chercheur doit-il se comporter ? Doit-il se faire oublier complètement ou au contraire doit-il collaborer au récit ? Les deux comportements ont leurs défenseurs. Néanmoins, c'est la position intermédiaire qui est la plus souvent retenue : elle permet la spontanéité maximale de l'expression du narrateur tout en octroyant à ce dernier une aide pour trouver sa propre vérité. La formule souvent proposée est proche de l'interrogation socratique (Poirier, Clapier-Valladon, Raybaut, 1983, p. 42). Il s'agit, au moyen de questions, de faire jaillir les informations hors de la mémoire de la personne. Le questionneur est conscient qu'il ne sait rien d'avance et que la production des informations ne peut venir que du narrateur lui-même. Celui-ci s'exprime cependant grâce aux incitations du chercheur. Dans ce cas, un rapport dialectique s'installe entre narrateur et narrataire.

Dans la démarche ethnobiographique, le récit de vie recueilli ne constitue pas un produit fini mais doit être considéré comme une matière première qu'il faut soumettre à une série de traitements et d'analyse complémentaires. Le récit de vie est une première version de la réalité. Mais le chercheur doit tenir compte de l'écart, plus ou moins profond mais toujours existant, entre la réalité objective et la représentation subjective du locuteur. Les rationalisations, les enjolivements, les écrans posés par la mémoire sélective tels sont les obstacles majeurs auxquels sont confrontés les chercheurs.

Pour pallier ces occultations et déformations, la démarche ethnobiographique devrait comporter, dans l'idéal, les étapes suivantes (Poirier, Clapier-Valladon et Raybaut, 1983) :

a) *Production du récit brut* (écrit, enregistré ou obtenu par entretien). — Ce récit doit être mis en situation socio-culturelle, c'est-à-dire qu'il doit être inséré dans son contexte : le narrateur n'est pas un être isolé, il fait partie d'un groupe et le chercheur fera appel à son témoignage subjectif sur le groupe pour en dégager le modèle culturel.

b) *Relecture du document obtenu*. — Cette séance de relecture se réalise avec le narrateur qui corrige, complète, interprète son récit sous l'impulsion du chercheur. C'est un premier moyen de recoupement qui permet de vérifier la fiabilité de l'informateur. Lors de cette discussion, ce dernier est invité à se remettre en cause et à effectuer une autocritique de son récit de vie. En fait, on lui demande de porter un regard objectif sur sa propre subjectivité. Ce dialogue s'effectue toujours en prenant en compte la perspective socio-culturelle.

c) *Entretiens et discussions de groupe*. — Par la suite, le chercheur peut confronter le témoignage du narrateur à celui d'une série d'acteurs cités dans le récit produit. C'est une manière de compléter l'information. Cela constitue aussi un deuxième moyen de recoupement. Il s'agit en fait d'une biographie à plusieurs voix. On cherche à cerner l'informateur non plus à travers l'image qu'il donne de lui mais à travers la vision que les autres en ont. Les données recueillies à cette occasion sont enrichissantes. Elles peuvent donner lieu à de nouveaux approfondissements.

d) *Recherche historique et documentaire*. — Cette recherche va compléter le travail de recoupement et tester la validité des informations fournies. C'est une démarche plus classique de recueil de données objectives qui ont trait par exemple aux événements locaux, aux situations de cadastre, aux généalogies, au contexte socio-économique de l'époque, etc.

La démarche ethnobiographique se présente donc comme une recherche globalisante et multicentrée. Elle envisage, comme il vient d'être montré, une série d'approches complémentaires. Le matériau est ainsi soumis à un ensemble d'analyses et de recoupements qui assurent sa validité.

Dans la pratique, à cause des aléas du terrain, la réalisation complète d'un tel projet s'avère souvent difficile voire n'est jamais maîtrisée. Il est cependant utile de connaître dans quel schéma d'ensemble l'enquête par récit de vie s'insère.

Mais c'est dans les «récits de vie croisés» que, selon J. Poirier, S. Clapier-Valladon et P. Raybaut (1983, p. 65), la méthode peut le mieux s'accomplir.

Les récits de vie croisés vont permettre de pallier le handicap de l'unicité des récits. Le croisement des documents consiste à recouper les témoignages, ce qui augmente la validité des données. Il s'agit donc d'une enquête menée auprès de divers informateurs et d'une mise en relation systématique et pertinente de toutes les informations récoltées. La collecte des témoignages se réalise auprès de tous les membres du groupe ou auprès d'une partie significative de ce groupe (par exemple, toutes les personnes âgées) ou encore auprès d'un échantillon représentatif de la population. La comparaison et la confrontation des informations obtenues permettront, plus que l'analyse d'un récit unique, d'appréhender le système de représentation sociale du groupe étudié.

5.3.2. Analyse du corpus recueilli

L'enquête par récits de vie permet de recueillir un corpus abondant et riche en informations. Il s'agit alors de traiter ces données afin de leur donner un sens sans en réduire la richesse.

J. Poirier, S. Clapier-Valladon et P. Raybaut (1983, p. 150) proposent une analyse de contenu des corpus dont le but est de mettre en évidence les constantes dans les récits. Dans ce cas, le cadre de l'analyse est ouvert : rien n'est fixé a priori. Il s'agit d'élaborer des catégories descriptives qui découpent et structurent thématiquement le récit. Ce sont elles qui vont rendre compte du sens du corpus. L'essentiel dans cette démarche est de disposer d'un système catégoriel qui ventile bien les réponses sans les déformer et qui ne laisse pas trop de données inexploitées. Comment découper le récit ? En général, on fait coïncider l'unité d'analyse avec l'unité de sens pour garder l'authenticité des fragments.

Ainsi, chaque récit est analysé en lui-même. Par la suite, le chercheur aura à effectuer une analyse horizontale, c'est-à-dire une analyse sur l'ensemble du corpus ; le chercheur juxtapose puis met en relation tous les énoncés dégagés par l'analyse catégorielle ; il constitue ainsi la thématique globale de toutes les informations récoltées. Il met en évidence le noyau central — l'unité — des récits auquel viennent se greffer les différentes singularités individuelles. Le phénomène de saturation va rendre possible ce travail. On voit en effet qu'après un certain nombre d'entretiens, de nouvelles informations n'apparaissent plus. C'est ce qu'on appelle la saturation de l'information par répétitivité. Ce phénomène dépend à la fois de l'hétérogénéité des réactions des informateurs et de la méthode d'analyse catégorielle employée.

5.4. Avantages et limites

Les histoires de vie sont certes une source de données extrêmement riche. Cette richesse entraîne inexorablement une grande complexité car la technique comprend aussi bien des observations événementielles que des interprétations, des jugements de valeur, des données ethnographiques, psychologiques, biologiques, etc. La difficulté réside dans le fait d'exploiter l'information recueillie, d'en faire la synthèse et d'en extraire la signification sociologique. Le problème concerne certes la quantité de travail interprétatif à réaliser mais aussi la qualité de ce dernier (Ferrarotti, 1980) vu le caractère artificiel et incomplet des récits, l'ambiguïté des perceptions subjectives, la versatilité et l'imprévisibilité des sentiments et émotions.

Ainsi, F. Ferrarotti affirme que les déclarations personnelles n'échappent au subjectivisme que dans la mesure ou le chercheur les confronte aux situations objectives et aux conditions concrètes dans lesquelles les narrateurs vivent (p. 238). Ce rapport dialectique entre le cadre objectif et les matériaux empiriques est indispensable si on ne veut pas se cantonner dans une juxtaposition banale de vécus qui peut certes présenter des qualités descriptives mais qui est dénuée de toute valeur de connaissance ou de toute capacité prédictive (p. 239).

Face à l'«idéologie autobiographie» (D. Bertaux, 1980) manifestée par les narrateurs, J. Poirier, S. Clapier-Valladon, P. Raybaut (1983) signalent que le chercheur est amené à corriger dans une certaine mesure le matériau brut, c'est-à-dire qu'il a à prendre une distanciation par rapport au point de vue du narrateur sans qu'il puisse jamais éluder cependant le «relativisme de la vérité» (p. 46). La réalité n'est ni simple ni univoque. Elle traduit l'engagement du narrateur (p. 50). Cela implique qu'il y aura toujours plusieurs lectures à faire d'un document. Rappelons que le récit n'est pas un produit fini mais un matériau sur lequel va s'exercer un travail d'analyse, de correction et d'addition. Là est la tâche de l'ethnobiographe. La relecture critique par le narrateur même de son document, les divers moyens de recouper l'information, la recherche de matériaux documentaires objectifs, les récits croisés, les analyses de contenu multiples, telles sont les diverses démarches auxquelles le chercheur aura recours pour accroître la validité de ses informations.

Une question méthodologique souvent posée aux chercheurs qui utilisent la méthode biographique est celle du nombre de récits à récolter pour qu'une validité suffisante puisse être accordée à la recherche. D. Bertaux (1980, p. 206) considère qu'il est difficile de se prononcer sur la validité des conclusions si on ne dispose que d'un seul récit. La réponse résiderait dans le «point de saturation» (*ibidem*, p. 206) qu'il faut bien sûr largement dépasser pour être assuré de la validité des résultats. Par ailleurs, le chercheur ne peut signaler avoir atteint la saturation que s'il a consciemment cherché à diversifier au maximum les informateurs (*ibidem*, p. 207). En fait, la saturation n'est pas aussi facile à atteindre qu'il n'y paraît. Cependant, si elle est obtenue en respectant les conditions émises ci-avant, elle confère à la recherche une bonne généralisation qui s'apparente fort à la représentativité de l'échantillon dans une approche plus traditionnelle (*ibidem*, p. 208).

Une autre difficulté à laquelle peut être confronté le chercheur est l'intercommunication entre narrateur et narrataire (Poirier, Clapier-Valladon et Raybaut, 1983, p. 44) qui va conférer (ou non) la validité de signifiance à l'approche autobiographique. Les deux partenaires parlent-ils le même langage? Le problème doit être surtout examiné dans les cas où locuteur et interlocuteur appartiennent à des générations différentes ou à des cultures différentes. Les différences de systèmes de valeurs, d'usage des mots peuvent fausser l'entretien voire en dénaturer le sens. Dès lors, de grandes précautions doivent être prises quant à la signification des termes utilisés par le narrateur et l'interprétation des données doit être réalisée en tenant compte de la spécificité du système de valeurs de l'informateur.

Remarquons, avec P. Thompson (1980, p. 250), que le récit de vie réintroduit la dimension temporelle au sein de l'analyse sociologique. En effet, il prend en compte le cycle de vie de l'individu, sa mobilité sociale, les processus socio-historiques desquels découle le changement. Cette prise en compte du temps vécu (temps phénoménologique) est une des caractéristiques importantes de la méthode biographique qui lui confère une grande richesse.

Ainsi, il semble bien que l'approche biographique soit des plus prometteuses en sciences humaines. «Les multiples facettes et ses diverses possibilités font la richesse de cette démarche particulière de recueil de l'information personnalisée, mais fondent aussi la complexité de l'analyse du matériel obtenu» (Poirier, Clapier-Valladon et Raybaut, 1983, p. 69).

5.5. Assurer la scientificité de la méthode

Comme dans le cas de l'entretien non directif, se pose ici le problème de la qualité des informations récoltées. Plusieurs procédures peuvent améliorer la crédibilité de l'étude. D'abord, il y a la référence à des matériaux objectifs, tels les documents d'archives, la connaissance du contexte socio-économique et des événements locaux de l'époque, etc... Ensuite, le chercheur peut avoir recours à des techniques de recoupement des informations, c'est-à-dire de triangulation des sources. En particulier, les récits de vie croisés sont susceptibles d'accroître fortement la crédibilité. Dans ce cas, la recherche du «point de saturation» peut conférer à l'étude une bonne transférabilité, pour autant que la récolte des données ait été effectuée auprès d'informateurs diversifiés (échantillonnage théorique pertinent) et que le contexte local (le site) ait été décrit de façon détaillée.

Les critiques d'autorité, d'identité, d'originalité et de restitution sont extrêmement importantes à envisager dans le cas des récits de vie : les informateurs sont-ils crédibles ? Quelles caractéristiques présentent-ils ? Comment le témoin a-t-il pris connaissance des faits et comment a-t-il conçu ses idées ? Les documents de travail sont-ils originaux ? Sinon, ne sont-ils pas altérés ? Telles sont les questions que le chercheur ne peut éviter de se poser lorsqu'il utilise la technique des récits de vie.

Ici aussi, comme dans la technique de l'entretien non directif, le chercheur peut être confronté aux divergences de langage et de valeurs qui existent entre lui-même et le narrateur. De grandes précautions doivent être prises à cet égard notamment en demandant à l'informateur de préciser tout terme pour lequel il y aurait un doute quant à la signification (un lexique peut dès lors être créé) et d'expliciter ses jugements et options si leur orientation ne semble pas claire.

5.6. Illustration

Dans leur ouvrage relatif aux récits de vie, J. Poirier, S. Clapier-Valladon et P. Raybaut présentent un ensemble d'opérations pratiques (pp. 150 à 203) afin de mener à bien une analyse de contenu d'un matériel qualitatif constitué par une série de récits de vie de sujets issus d'une population bien déterminée, comme par exemple les mémoires des médecins français d'Outre-Mer (pp. 151-152). Les auteurs déploient onze étapes dans leur travail.

1) *La pré-analyse* : elle comprend la classification des documents, la transcription du texte oral (décryptage intégral), l'annotation du texte (précision quant au sens, première organisation catégorielle) et la mise en évidence de mots significatifs.

2) *La clarification du corpus* : c'est une première démarche d'élaboration des catégories ; celles-ci sont issues du corpus enregistré. Il s'agit de repérer des thèmes afin d'établir le profil biographique de chaque narrateur (par exemple, vie professionnelle ; vie personnelle : habitat, loisirs, nourriture, etc. ; bilan ; opinion).

3) *La compréhension du corpus* : elle consiste en la mise au point d'un lexique-thesaurus, c'est-à-dire d'un inventaire de la terminologie propre à la population interrogée.

4) *L'organisation du corpus* : il s'agit d'élaborer des grilles de lecture (un système catégoriel) afin de rendre cohérent et logique le flux spontané et répétitif des récits ; c'est la démarche normale d'une analyse de contenu de type thématique. Elle est la mise en forme logique des trois démarches précédentes. Elle peut aussi classer les réponses en fonction de l'attitude favorable ou défavorable, de l'intensité de l'opinion, etc.

5) *L'organisation catégorielle* : chaque récit de vie est relu et découpé ; chaque unité de sens est placée dans le système catégoriel.

6) *La sommation des récits* ou analyse horizontale : on travaille ici sur l'ensemble du corpus, chaque récit n'étant qu'un élément d'information ; on met bout à bout les informations catégorisées ; on recherche un noyau central, une unité dans les récits, c'est-à-dire une thématique globale des informations recueillies (dans l'exemple présenté, on reprend toutes les informations concernant le thème des «épidémies — maladies tropicales»).

7) *L'analyse quantitative* (facultative) : elle relève d'un comptage : fréquence des allusions au thème, dénombrement des sujets qui parlent du thème, surface que prend sur les feuilles le récit dactylographié, nombre de lignes dactylographiées traitant du thème envisagé, fréquence des liaisons entre certaines catégories, etc.

8) *La présentation synthétique* : c'est un travail d'assemblage (un montage) qui dégage la trame commune de l'ensemble des récits. Le texte ainsi constitué intègre des citations des narrateurs.

Exemple proposé par les auteurs (p. 193) : *L'Afrique Noire*.

«Lorsqu'un médecin était désigné pour l'Afrique Noire, son voyage ‹Outre-Mer› commençait par Marseille où il prenait le bateau pour Dakar. Ceci surtout avant la guerre car juste après la guerre, il s'acheminait vers son poste par le convoi dit ‹chanas›.

» M2 nous raconte, pp. 5-6 : ‹Je suis parti Outre-Mer la première fois en 1945, en Avril, parce qu'il y avait la relève des camarades qui étaient restés 6 ou 7 ans du fait de la guerre (...)›.»

9) *L'analyse typologique* : chaque récit possède sa spécificité, sa tonalité propre. Des épisodes-clés peuvent être ré-analysés au sein de chaque récit et une typologie établie afin de restituer la dimension personnelle de chaque narrateur. En d'autres termes, on examine les types particuliers d'attitudes face à certains événements importants.

10) *Contrôle des informations* : il est important de contrôler l'information reçue (recherche vérificatoire) : recoupements interne, externe (contrôle à d'autres sources); il est toujours nécessaire de replacer les données récoltées dans une perspective critique (validité des informations).

11) *Les interprétations et commentaires* : après la présentation synthétique, le chercheur va s'atteler à la tâche difficile de l'interprétation. Pour cela, il aura recours à des théories explicitement annoncées. Une lecture plurielle sera toujours préférable à une lecture univoque qui, inévitablement, déforme la réalité.

6. LE DESSIN D'UNE SITUATION DE VIE (méthode projective)

6.1. Historique des méthodes projectives

L'expression «méthodes projectives» (voir D. Anzieu, 1961) fut créée en 1939 par L.K. Frank. Elle regroupait à ce moment trois épreuves psychologiques : le test d'association de mots de Jung (1904), le test des taches d'encre de Rorschach (1920), et le «T.A.T.» de Murray (1935).

Pour les psychanalystes, les associations libres que les sujets émettent lorsqu'ils sont face à un matériel ou une consigne ambigus sont déterminées par l'histoire du patient et ses conflits. Par exemple, Jung considère que les associations du sujet sont révélatrices de ses tendances et conflits profonds. Pour Rorschach, la structuration de la perception des taches est due à l'organisation individuelle de la personnalité. Dès 1930, les chercheurs s'aperçoivent que les dessins et récits libres possèdent une signification symbolique et permettent une connaissance de l'individu. C'est dans la perspective du récit libre que Murray crée le T.A.T. Les tests projectifs utilisant le dessin libre viennent plus tardivement : le test de l'arbre (Koch, 1949), le test de dessin d'une personne (Machover, 1949), etc.

Selon L. Frank (1939), on peut distinguer quatre systèmes dans les méthodes projectives :

- les méthodes constitutives, qui impliquent la structuration d'un matériel non structuré ou à demi-structuré ;
- les méthodes interprétatives, dans lesquelles le sujet décrit ce que signifie pour lui une situation déterminée ;
- les méthodes cathartiques, qui suscitent le défoulement des affects ;
- les méthodes constructives, dans lesquelles le sujet organise et ordonne les données selon ses propres conceptions.

Les épreuves de dessins relèvent le plus souvent des méthodes constitutives et des méthodes constructives.

6.2. Intérêt de l'épreuve du dessin

Nous ne nous appesantirons pas ici sur les tests projectifs bien connus et largement décrits dans la littérature. Nous voudrions au contraire présenter, à titre d'illustration, une technique originale qui tente de capter la façon dont l'individu appréhende un lieu particulier : la classe. Cette dernière constitue en effet un lieu de relations intenses et multiples constituant un environnement de première importance pour l'élève. Quelle image mentale ce dernier a-t-il de la classe ? Comment se la représente-t-il idéalement ? Comment construit-il son espace classe ? Quelle signification peut revêtir une telle organisation ? Quelles visions les responsables politiques, les enseignants, les parents ont-ils du local scolaire ? Telles sont les interrogations sur lesquelles des chercheurs du C.E.R.I.S. se sont attardés (Bertiaux et Pourtois, 1981) et qui ont suscité l'élaboration de l'épreuve «Le dessin de la classe».

Dans le dessin, le sujet peut projeter sa représentation la plus subjective de la classe. Selon Piaget et Inhelder (1966, pp. 13-14), le dessin est en effet un des moyens d'atteindre l'image, la représentation mentale. Par ailleurs, la plupart des auteurs actuels s'accordent à penser que l'image mentale exprime la connaissance que l'individu a de son monde. Et c'est cette perspective qui nous intéresse ici.

Nous insistons sur le fait que l'épreuve du dessin peut être utilisée pour appréhender la représentation que se font les sujets d'un concept quelconque. Ce peut être le dessin d'un professeur ou d'une maison ou du quartier d'habitations, etc. Nous présentons d'abord l'exemple du concept «classe» pour concrétiser la technique.

6.3. Définitions et buts

L'élaboration de la représentation que se font les sujets du local «classe» met en œuvre des facteurs d'origines diverses, en relation étroite avec leur univers mental, leur personnalité, leur passé scolaire, leur histoire, les valeurs véhiculées par le groupe socioculturel d'appartenance, etc. Cette représentation est le résultat de l'organisation des éléments provenant de la situation telle qu'elle est ou a été perçue par le sujet.

L'univers mental se structure autour de signifiants chargés de significations particulières qui créent une réalité qui devient la réalité du sujet. La description de cette réalité a retenu notre attention, tant par sa dimension singulière que par son aspect de «réalité collective» reflétant le mental collectif du groupe d'appartenance.

Ainsi, la classe est un espace géographique et un espace psychologique, c'est-à-dire un espace qui revêt une signification particulière pour chaque individu. Cet espace acquiert une valeur affective qui reflète la façon dont l'espace est vécu ou a été vécu psychologiquement.

La représentation mentale est tributaire non seulement des éléments spécifiques qui la composent mais aussi de l'organisation de ces éléments. C'est pourquoi l'analyse de la représentation de la classe, concrétisée ici par un dessin, doit porter à la fois sur le contenu (éléments) et sur l'organisation des éléments.

Par ailleurs, selon Fourcade (1972), la structure fondamentale de la fonction pédagogique peut être matérialisée par une symbolisation graphique. A titre d'illustration, citons l'exemple de l'estrade qui peut représenter l'objet de séparation entre celui qui sait et celui qui ne sait pas et traduire de la sorte la suprématie du maître. L'épreuve du dessin de la classe peut aussi mettre en évidence des indices qui révèlent la fonction spécifique attribuée au local scolaire.

6.4. Le dessin de la classe : technique d'utilisation

6.4.1. Situation

En situation de test projectif, le sujet est totalement libre de ses réponses. Contrairement aux tests d'aptitudes, qui possèdent une structure cognitive que le sujet doit découvrir, il n'y a pas ici de bonnes ou de mauvaises réponses. Ce qui compte, c'est ce qui vient spontanément à l'esprit. Les consignes renvoient le sujet à son propre désir : dessiner une classe comme on veut. Cette consigne est néanmoins une contrainte pour le sujet : s'il est libre, il doit toutefois se dévoiler sans recevoir d'aide de la part du testeur. La neutralité bienveillante est de rigueur ici. La durée de passation n'est pas limitée.

Cette situation de «flou» place le sujet devant une impression de vide, vide qu'il aura à combler en faisant appel non à son intelligence et à ses aptitudes mais à ses représentations spontanées et à son ressenti profond. Cette situation peut entraîner une angoisse chez le sujet comme elle peut aviver des conflits anciens et des mécanismes de défense car l'émergence des représentations peut être une éruption dans le champ de la conscience de sentiments refoulés.

6.4.2. Consignes

Par les consignes fournies, le sujet est placé face à deux situations différentes : ce qu'il croit être la classe et ce qu'il voudrait que soit la classe.

La consigne qui est proposée est celle-ci :

«Vous allez réaliser deux dessins aussi bien que vous le pouvez. Pour ces dessins, servez-vous uniquement du matériel reçu : crayon noir et feuilles. N'utilisez ni règle, ni crayon de couleur.»

Première situation : «Dessinez une classe.»

Deuxième situation : «Avant de réaliser ce deuxième dessin, vous allez fermer les yeux et rêver un peu à la classe que vous voudriez connaître ; toutes les idées sont permises. Imaginez une classe de rêve, une classe qui vous plaira vraiment même si elle n'existe pas dans la réalité. Dessinez cette classe.»

Au terme du second dessin, il est demandé au sujet d'expliquer en quelques lignes au verso de la feuille : «En quoi cette classe est-elle une classe de rêve ?»

Notons que ces consignes sont particulièrement ambiguës, notamment par le fait que le concept «classe» peut aussi bien représenter le local «classe» que le groupe «classe».

6.4.3. Décryptage du dessin

Le langage graphique, symbolique, traduisant les réactions du sujet face au concept «classe» doit être interprété. La projection se dévoile dans le contenu du dessin mais aussi dans l'organisation des représentations. La comparaison entre le premier et le deuxième dessin fournira aussi des indices essentiels dans la connaissance de la façon dont le sujet appréhende la classe. Les divers aspects du dessin qui doit être décrypté sont regroupés en cinq catégories :

a) Aspects liés à la connaissance.
b) Aspects liés à la représentation psycho-spatiale.
c) Aspects liés à la dynamique de la classe (organisation).
d) Aspects liés à l'humanisation de la classe.
e) Aspects liés au local.

a) Aspects liés à la connaissance

Ces aspects sont étroitement liés au savoir et orientés vers la cognition.

Par exemple, la présence d'un tableau dans le dessin de la classe est un élément qui traduit une transmission impositive du savoir. Le tableau, s'il est représenté, est-il nu ou chargé? Quel en est le contenu éventuel? L'enseignant représente le symbole de l'autorité. S'il est écarté du dessin, cela signifie-t-il que l'élève décide d'être son propre maître ou qu'il existe des difficultés et des angoisses liées à la relation éducative? D'autre part, quelle place occupent les livres, les panneaux et les jeux didactiques? C'est la convergence des indices qui permettra de réaliser l'interprétation.

b) Aspects liés à la représentation psycho-spatiale

Les éléments regroupés dans cette catégorie nous donnent des indications sur la façon dont l'espace est occupé. Cette représentation n'est pas fortuite, elle traduit la manière dont cet espace est vécu psychologiquement et exploité pédagogiquement.

Par exemple, l'estrade est-elle présente? La disposition des bancs nous donne aussi des indications précieuses sur les relations entre les élèves et entre le maître et les élèves; les bancs, alignés strictement ou épars ou disposés en U ou en O, etc., constituent des indices pertinents. Par ailleurs, quelle position adopte l'enseignant ? Face à ses élèves ? Parmi ses élèves ? Est-il debout ou assis ? Quant aux élèves, comment occupent-ils l'espace ? Sont-ils assis à leur banc et rivés à leur tâche ou dispersés dans la classe ou occupés dans des ateliers ou encore ont-ils la possibilité de sortir du local ? Bref, le champ d'occupation est-il large ou restreint ?

c) Aspects liés à la dynamique de la classe

Les aspects relatifs à la manière dont s'organise la dynamique de la classe sont regroupés dans cette catégorie.

Le groupe classe existe-t-il ? En d'autres termes, la classe se présente-t-elle comme un lieu formel ou comme un groupe humain ? Dans ce dernier cas, quels sont les acteurs privilégiés ? Comment s'établissent les rapports entre les partenaires ? Seront notamment envisagés ici la taille des partenaires, le nombre d'élèves représentés, le type de travail envisagé (en groupe ou individuel ou en relation duelle maître-élève), les comportements manifestés (par exemple, les élèves doigts levés, doigts sur la bouche, bras croisés, ... ou au contraire en situation de jeux) et les manifestations de punitions.

d) Aspects liés à l'humanisation de la classe

Cette catégorie met particulièrement l'accent sur l'aspect accueillant et chaleureux que peut revêtir un local. Le sujet a-t-il représenté des éléments décoratifs ? A-t-il fait apparaître des fleurs, des arbres, le soleil, des animaux ? La dimension affective est particulièrement importante ici : la classe est-elle un lieu de vie agréable ou au contraire représente-t-elle un espace clos et artificiel ?

e) Aspects liés au local

On peut s'attendre à trouver dans toute production des éléments naturellement liés au local : murs, portes, fenêtres, mobilier, sanitaires. Certains sujets se focaliseront sur ces éléments : la classe est représentée comme un lieu strictement formel. Chez d'autres, qui mettent plus l'accent sur la classe en tant que groupe d'individus, ces éléments au contraire vont être fortement atténués.

6.5. Avantages et limites

Le dessin de la classe en tant que moyen de projection va permettre l'étude de la représentation subjective que possède un individu du concept « classe ». Le dessin ne traduit pas le concept objectif, rationalisé ; il fait apparaître au contraire l'organisation dynamique des images mentales, les sentiments et attitudes du sujet (A. Abraham, 1983, p. 177). La consigne donnée, ambiguë, va susciter chez le sujet la projection de l'image qu'il se fait de la classe non seulement en référence avec son affectivité, son anxiété, son historicité, mais aussi sous l'influence de facteurs extrinsèques que sont les normes, les valeurs culturelles et le référentiel socio-politique. Ces dimensions s'inscrivent dans le dessin et sont empreintes de la spécificité du sujet. Elles nous renseignent notamment sur la façon dont sont perçus la fonction pédagogique, les rapports du sujet avec le savoir et avec l'autorité représentée par le maître, la dynamique de la classe, les relations entre les différents partenaires. Le dessin de la classe idéale nous informera sur les désirs restés insatisfaits chez le sujet. En cela, la méthode constitue un moyen de recueil d'informations subjectives extrêmement pertinent et riche.

La validation d'un test projectif s'est de tout temps posée. Il s'agit de transformer une masse de données qualitatives et d'établir un corps d'hypothèses, c'est-à-dire de constituer un système d'interprétation. Ce dernier n'est-il pas soumis à la sensibilisation de l'examinateur à certains traits ou à certains problèmes, en fonction de sa propre structure ou de ses conflits personnels (Anzieu, 1961, p. 270) ? L'utilisation d'une telle technique nécessite une grande expérience et un sérieux entraînement de la part du chercheur ainsi que la connaissance approfondie de son équation personnelle.

Par ailleurs, l'image mentale n'est atteinte ici qu'indirectement, au travers du langage graphique. Il s'agit dès lors d'établir les relations entre ce langage et les images mentales qu'on cherche à appréhender. Or, il n'existe pas une identité parfaite entre image mentale et image graphique ne fusse que par la présence de l'élément moteur dans le deuxième cas. Cependant, les représentations sont apparentées en ce sens qu'elles font toutes deux appel à la fonction symbolique du sujet. M. Denis (1979), s'alignant sur la perspective des grands auteurs tels que Stora (le test de l'arbre) et Machover (le test de dessin d'une personne), reconnaît que le dessin est un des moyens les plus efficaces permettant l'évocation et la transmission des affects. Ainsi, il semble bien que le dessin puisse permettre l'actualisation d'un ensemble de traits figuratifs composant l'image mentale. Mais cette actualisation est circonstancielle et momentanée. Tous les traits figuratifs n'apparaîtront pas. Seuls, ceux que le sujet privilégie seront mis en évidence. Ils seront fonction de la façon dont le sujet vit ou ressent actuellement la situation. L'image est instable et éphémère (Denis, 1979, p. 99). Cela met en question la stabilité à long terme des données recueillies. Mais si une telle technique ne met pas en évidence la permanence des traits, elle est au contraire sensible aux changements, et dans ce cas, elle peut être un instrument de recherche intéressant.

6.6. Assurer la scientificité de la méthode

Un problème essentiel se pose lorsqu'est utilisée la méthode du dessin. Le chercheur doit en être parfaitement conscient. Cela concerne à la fois la fiabilité et la constance interne de l'épreuve. Dans quelle mesure les conflits personnels, la propre affectivité et les options idéologiques du chercheur n'interfèrent-ils pas dans les analyses et interprétations du dessin? L'examinateur peut être sensible à certaines caractéristiques et pas à d'autres. Cette influence subjective peut être atténuée. D'abord, il importe pour le chercheur de bien connaître son équation personnelle, de l'annoncer clairement et de spécifier son influence possible (transparence du chercheur). Ensuite, l'interprétation par plusieurs analystes des mêmes dessins peut être effectuée. Les convergences des résultats sont alors examinées et les divergences analysées (triangulation des observateurs). La concomitance des méthodes (ou triangulation méthodologique) peut aussi être envisagée. Par exemple, le chercheur peut, après que l'épreuve est terminée, procéder à un questionnement du sujet afin de cerner sur le vif ce qui l'a poussé à fournir le dessin qu'il a réalisé. Une connaissance approfondie de l'anamnèse de la personne (critique d'identité ou triangulation interne de l'acteur) peut également être fort utile pour comprendre les motivations, les raisons d'un tel dessin.

Rappelons que cette technique peut être utilisée pour d'autres situations de vie que celle de la classe présentée ici en exemple. Il revient au chercheur de bâtir son épreuve et de vérifier sa validité.

6.7. Un autre exemple : le dessin du salon

D'une façon très similaire à l'exemple qui vient d'être présenté, à savoir le dessin de la classe, nous pouvons analyser le dessin du salon. L'épreuve est destinée dans ce cas soit à des sujets adultes, soit à des enfants et peut nous fournir, comme nous le verrons ci-après, des informations utiles sur le milieu socio-culturel de ceux-ci.

Les consignes données sont dès lors les suivantes :

«Dessinez le salon tel qu'il est chez vous.» Et, lorsque ce premier dessin est terminé :

«Dessinez un autre intérieur (salon) que vous aimeriez aussi.»

Nous avons pu efficacement analyser les dessins obtenus au départ d'une théorie qualifiée de «théorie des signes». Ainsi que le signalent P. Bourdieu (*La Distinction*) ou J. Baudrillard (*Pour une critique de l'économie politique du signe*), les objets sont loin d'être de pures choses, ils sont porteurs de sens profond. Ainsi, dans un système référencié, on peut décrire une classe sociale au travers des objets possédés. Car les objets renverraient toujours à un système de signes. Par exemple, les recherches des auteurs précités ont montré que l'intérieur bourgeois ou petit-bourgeois se caractérise par l'encombrement, l'héritage ou l'accumulation étant des signes de «statut», d'aisance. Citons encore l'objet «télévision» qui est soit un objet à exposer, soit un objet à cacher en fonction des milieux sociaux. J. Baudrillard (1972, cité par Descamps, 1986, p. 70) observe qu'en milieu modeste le poste sera isolé, dans un angle, sur son piédestal. La pièce, traditionnellement ordonnée autour d'un point central, se redistribue pour permettre un champ de vision favorable. Dès lors, la T.V. prend une position excentrique. En milieu moyen, le poste s'abaisse à hauteur de vision des fauteuils. Il est posé sur une table basse ou encastré dans un meuble. Il a une position moins excentrique. La pièce n'est plus agencée en fonction d'une vision collective. Dans un intérieur de haut standing, l'objet T.V. n'est plus considéré comme un «monument», un «rite», il est intégré aux éléments ou à la paroi.

Ainsi, dans le dessin du salon, il peut être extrêmement intéressant d'observer la présence ou la situation de certains objets tels que, par exemple, le récepteur de télévision. Ils peuvent nous donner des informations très riches sur les pratiques et les représentations qui différencient les catégories sociales. Notons que les pratiques de différenciation ne sont en général pas présentes dans la conscience du sujet.

Par ailleurs, on peut contrôler la fidélité des informations en demandant au sujet de placer le téléviseur à un deuxième endroit possible de la pièce ou encore à un troisième et vérifier si les mêmes conclusions peuvent à chaque fois être tirées.

7. LES ENQUETES PAR QUESTIONNAIRE

7.1. Historique

Le recensement, enquête effectuée auprès de l'ensemble de la population, est une technique qui existe depuis des temps immémoriaux.

Les enquêtes par questionnaires portant sur un échantillon de population apparaissent dès le XIXe siècle et, à ce moment, sont surtout relatives aux conditions de vie des milieux pauvres. Le développement des techniques statistiques de probabilité et d'échantillonnage a largement contribué à l'accroissement de l'utilisation des enquêtes par questionnaire. En sciences humaines, il est l'instrument le plus employé. Il est vrai que son coût est relativement faible, si on le compare à celui de l'observation directe par exemple. De nombreux auteurs pensent que sa commodité lui a octroyé trop d'importance, a occulté les imperfections qu'incontestablement il présente et a limité les précautions à prendre lors de son utilisation.

7.2. Définitions et buts

L'enquête par questionnaire est un instrument de prise de l'information, basé sur l'observation et l'analyse de réponses à une série de questions posées. Cette technique présente des avantages. Elle peut notamment constituer un raccourci précieux quand l'observation directe est impossible voire trop coûteuse (en temps et en argent). Elle est susceptible dans ce cas de fournir des informations crédibles pour autant que soient prises certaines précautions dont nous aurons l'occasion de discuter ci-après. En outre, l'observation peut souvent ne pas être suffisante ; il convient aussi de savoir comment le sujet explicite le phénomène observé et quelle signification il lui confère. L'enquête peut donc efficacement contribuer à compléter l'observation et à aider à l'interpréter.

Le champ d'application de la méthode est très vaste. Le chercheur peut y avoir recours pour appréhender des phénomènes très divers et particulièrement des comportements privés et intimes (sexualité, consommation, mode de vie, méthode de travail, etc.). Parfois, une enquête est lancée à des fins comparatives, notamment pour mesurer le changement entre deux moments différents. Dans ce cas, la comparaison est facilitée si le questionnaire comporte des questions identiques. Néanmoins, l'enquête a pour but principal de saisir le présent dont elle donne une image. Elle est en fait une coupe instantanée dans le temps[38].

Remarquons que l'enquête par questionnaire se prête particulièrement bien au traitement quantitatif. Toutefois, le chercheur qualitatif peut aussi trouver dans cette technique un outil précieux de recueil des données. Dans ce cas, l'enquête est très approfondie ; elle se réalise sur un nombre restreint de sujets et nécessite une analyse de contenu. Bien souvent, elle constitue un complément à l'utilisation d'une autre technique (observation participante, méthode projective, etc.).

Il existe différentes catégories d'enquête. Les données recueillies peuvent être des faits ou des comportements effectifs. Par exemple, les enquêtes relatives aux vacances peuvent essayer de connaître la proportion de départs dans les divers groupes sociaux, la durée du séjour en fonction de l'âge, du revenu, de la composition de la famille, etc.

Une autre catégorie d'enquête porte sur des représentations, des attitudes mentales, des motivations, des attentes, des opinions, des intérêts, des intentions.

Les enquêtes d'opinions portant sur les intentions de vote sont particulièrement connues. De nombreuses études de la motivation se réalisent dans les domaines commercial et publicitaire : savoir comment un produit est accueilli dans le public, quelles sont les qualités qui plaisent afin d'orienter l'effort publicitaire vers ces caractéristiques, etc. A titre d'illustration de l'approche par questionnaire dans le secteur pédagogique, nous présenterons une étude qui envisage les opinions des étudiants de première candidature de l'Université de Mons à l'égard de leurs études secondaires et universitaires.

Depuis quelques années, des auteurs (P. Bourdieu, notamment) et des sociétés de marketing et d'études d'opinion ont mis au point des enquêtes portant sur les styles de vie [39]. Elles examinent entre autres les motivations mais aussi les mœurs, les conceptions idéologiques, le type et la structure des relations sociales, les rapports aux valeurs, etc.

Par ailleurs, apparaissent de plus en plus actuellement les «enquêtes-participations», c'est-à-dire des «recherches impliquant la participation des enquêtés à l'analyse de leur situation et de leurs problèmes, et à l'élaboration d'actions éducatives susceptibles de les aider à les affronter» (Le Boterf, 1981, pp. 7-8). Ces enquêtes-participations ont pour but de dégager «les besoins éducatifs essentiels». Il s'agit en fait d'aider les populations confrontées à des problèmes fondamentaux (alimentation, santé, hygiène, éducation, ...) à identifier elles-mêmes leurs propres problèmes, à réaliser une analyse critique pour rechercher ensuite une solution (*ibidem*, p. 8). Cette technique s'intègre dans le courant psycho-social (recherche participante).

7.3. Technique de l'enquête par questionnaire

7.3.1. Le déroulement

Quel que soit l'objectif qu'elle poursuit, l'enquête par questionnaire requiert des connaissances et des savoir-faire élaborés reposant sur une réflexion théorique et critique approfondie. Une enquête bien construite suppose un savoir préalable considérable. Une enquête bien interprétée élabore et valide son schéma d'intelligibilité à partir de modèles théoriques variés.

Neuf phases constituent habituellement une recherche menée à partir d'un questionnaire d'enquête (inspiré de Lautman, 1985, p. 640) :

1) la détermination des objectifs et des hypothèses de recherche ;

2) la construction du questionnaire qui implique le recours à des connaissances reconnues et/ou récoltées sur le terrain et à des modèles théoriques multiples ;

3) l'établissement de l'échantillon ;

4) le test du questionnaire auprès d'un sous-échantillon restreint pour vérifier la compréhension des questions, éliminer celles qui sont ambiguës ou refusées, repérer les omissions, examiner comment le questionnaire est accepté (n'est-il pas trop long, ennuyeux, indiscret, ... ?), etc. ;

5) la réalisation de l'enquête proprement dite auprès de l'échantillon retenu ;

6) le codage du matériel récolté (dépendant du type de questions et du traitement ultérieur) ;

7) le traitement des données : calcul des fréquences, mise en œuvre de modèles statistiques adéquats (remarquons, avec J. Lautman, que la validité statistique n'est pas un impératif universel et n'est pas non plus une garantie de fécondité), choix et application de l'analyse de contenu, ... ;

8) l'interprétation et la présentation des résultats qui nécessitent ici aussi l'utilisation de modèles intellectuels variés pour la lecture des données ;

9) la vérification de la fidélité et de la validité des données recueillies, codées et interprétées.

Ainsi, la mise en œuvre d'une enquête par questionnaire n'est pas une entreprise aussi aisée qu'il n'y paraît à première vue. Trop souvent, les études menées sur base de questionnaires ne font pas appel aux neuf phases énoncées ci-avant. La référence à des modèles théoriques pour l'élaboration et l'interprétation du matériel recueilli fait très souvent défaut. Certes, tout chercheur possède un référent théorique sur lequel il fonde son étude mais le plus souvent, ce dernier est implicite. Est-il suffisamment scientifique et rigoureux? Sans information précise, le lecteur peut difficilement apprécier. Même si cette phase est longue et ardue, le chercheur ne peut négliger de la développer sous peine de présenter une étude peu crédible et peu fiable. De même, il ne peut faire abstraction de la dernière phase (vérification de la fidélité et de la validité des données) qui elle aussi est souvent absente dans la relation d'une recherche utilisant le questionnaire comme outil d'investigation. Nous discuterons plus loin des qualités métrologiques de l'enquête par questionnaire.

F. Bacher (1982) fait observer qu'un problème de validité des instruments d'enquête a trait au choix des variables hypothétiques (validité de construct). La difficulté réside dans le fait qu'on ne peut jamais décrire une situation de façon exhaustive. Pour décrire un phénomène, il est nécessaire de choisir certaines dimensions qui ne traduisent que certains aspects de la réalité. Cette sélection relève des attentes et des hypothèses de l'enquêteur. Des variables hypothétiques sont donc choisies; elles prennent habituellement leur origine dans deux secteurs. Les unes proviennent des principes de la connaissance commune (épistémologie populaire), les autres résultent des réseaux de relations établis antérieurement, qui constituent le corps de connaissances du domaine investigué (théories, systèmes, modèles, etc.). Par la suite, au terme de l'enquête, ces variables hypothétiques sont précisées, voire modifiées; elles évoluent ainsi pour finalement acquérir le statut de concepts scientifiques. Une autre difficulté pour le chercheur qui élabore un questionnaire est de traduire les variables hypothétiques en variables observables. Les variables hypothétiques en effet ne peuvent être saisies directement. On peut seulement les inférer ou les construire à partir de données observables. Celles-ci sont donc les indicateurs des variables hypothétiques. Ghiglione et Matalon (1978, pp. 221-225) distinguent le langage de la théorie du langage des observables. Le premier comprend des concepts tels que «attitudes», «perceptions», «idéologie», etc. Le deuxième est constitué des questions posées. Pour passer d'un langage à l'autre, on a souvent recours aux définitions opérationnelles de chaque concept hypothétique. La tâche n'est pas simple même si on travaille dans un cadre théorique bien précis. L'expérience quotidienne du chercheur, son intuition, l'observation informelle vont guider ce dernier dans le choix des questions à poser. Sachons que la définition opérationnelle d'une attitude par exemple reste une définition arbitraire, fondée le plus souvent sur le sens commun, sur l'expérience ou sur une théorie implicite. Cela implique pour le chercheur de soumettre les définitions de concepts à la critique et d'éliminer ceux qui sont flous ou ambigus ou encore impossibles à définir opérationnellement. Cela nécessite aussi de ne pas se contenter d'une seule mesure d'un concept mais de plusieurs en se servant notamment de techniques différentes.

7.3.2. *Les types de questions ou d'items*

On distingue couramment deux formes de questions : les questions ouvertes et les questions fermées. Dans les questions ouvertes, le sujet répond comme il le veut, détaille, commente, explicite à sa guise, utilise son propre vocabulaire et sa propre syntaxe. Dans les questions fermées, on présente au sujet, après lui avoir soumis la question, une liste pré-établie de réponses possibles parmi lesquelles il pointe celle(s) qui correspond(ent) le mieux à celle(s) qu'il désire donner (Ghiglione et Matalon, 1978, p. 101).

Par ailleurs, un questionnaire peut comporter autre chose que des questions au sens strict (*ibidem*, p. 101). Nous nous proposons de présenter ci-après divers types d'items qui peuvent être utilisés dans un questionnaire[4].

a) Réponse(s) à fournir

– *Forme question / réponse(s)* : question ouverte, réponse à développer.

Ex. : Qu'est-ce pour vous une vie réussie ?

– *Phrases à compléter*

Ex. : A l'école, j'aimerais apprendre plus sur...

– *Réponses multiples spontanées*

Ex. : Citez dix qualités qui vous viennent à l'esprit.

– *Lacunes à compléter dans un texte*

Ex. : test de closure.

b) Choix dichotomiques

– *Réponses* oui / non *ou* vrai / faux.

Ex. : J'établis un planning de travail pendant l'année.

☐ OUI
☐ NON

c) Check List (inventaire)

Ex. : liste d'adjectifs à cocher (ici, adjectifs par lesquels le sujet se sent décrit).

– distrait
– actif
– souple
– affectueux
– aventureux
– agressif
– etc.

d) Choix multiples

– *Choix multiples à réponse correcte unique*

Ex. : Quelle est la profession de ton père ?

☐ cadre supérieur, profession libérale
☐ cadre moyen
☐ employé
☐ ouvrier
☐ professeur
☐ artisan, petit commerçant
☐ militaire, policier
☐ instituteur
☐ artiste
☐ exploitant agricole
☐ autre : ....

– *Choix multiples ne mettant pas en jeu une « réponse correcte »* (question type « cafeteria »)

Ex. : Pour que je puisse étudier, il faut que [coche la ou les conditions qui t'est (te sont) indispensable(s)] :

- ☐ il y ait de l'animation
- ☐ mon environnement soit parfaitement ordonné
- ☐ il y ait un silence total
- ☐ je m'éclaire à la lumière artificielle
- ☐ il y ait un fond musical
- ☐ je dispose de l'ensemble de mes crayons, marqueurs, lattes, ...
- ☐ il y ait beaucoup de désordre autour de moi
- ☐ je me trouve seul dans mon local privilégié
- ☐ je sois de bonne humeur
- ☐ je ne sois pas interrompu sans cesse
- ☐ j'aie fait le vide autour de moi
- ☐ j'aie soigneusement planifié mon temps de travail
- ☐ je sois pressé par le temps (un ou deux jours avant l'examen)
- ☐ je n'aie pas de préoccupation personnelle (financière, professionnelle, sentimentale, ...)
- ☐ autres conditions (physiques ou morales) ....
  ....

– *Exceptions à trouver*

Ex. : Trouver dans une série de dessins représentant des physionomies, celui qui exprime un sentiment différent de celui des autres dessins.

– *Compléments à trouver*

Ex. : Trouver l'image qui complète une histoire traduite en bande dessinée.

– *Appariements*

Ex. : Etant donné une série d'ouvrages et une série d'auteurs, apparier deux à deux ouvrage et auteur (Remarque : le nombre de propositions est supérieur au nombre d'éléments à apparier pour éviter la déduction par élimination).

e) *Echelles d'appréciation*

   – *Echelle de type « Likert »*

   Ex. : A la maison, la mère permet à l'enfant de choisir ses vêtements.

   ☐ entièrement d'accord
   ☐ d'accord
   ☐ indécis
   ☐ pas d'accord
   ☐ absolument pas d'accord

   – *Différenciateur sémantique d'Osgood (7 échelons)*

   Ex. : Indiquer par une croix, pour chaque échelle, l'impression que vous fait l'ECOLE par rapport aux deux pôles concernés :

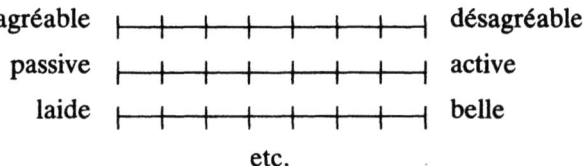

f) *Classements*

   – *Indication des préférences et rejets* (forme simplifiée de classement)

   Ex. : Etant donné une série de professions, mettre un signe + devant celles qui attirent et un signe – devant celles qui sont à rejeter.

   – *Classement d'un nombre réduit d'éléments*

   Ex. : Etant donné 4 attitudes possibles face à une situation donnée, indiquer l'ordre de préférence en les notant de 1 à 4 selon ces critères :

   4 : proposition qui plaît le plus
   3 : seconde préférence
   2 : troisième choix
   1 : proposition qui attire le moins.

– *Classement d'un grand nombre d'éléments*

Ex. : Etant donné une série de douze professions, les classer selon l'ordre de préférence. Le métier qui a la préférence obtient le n° 1 et ainsi de suite jusqu'à 12.

– *Technique Q* (Q-Sort technique) : procédure de distribution forcée. Il s'agit de classer un certain nombre de propositions (écrites sur des cartes) dans un certain nombre de classes et suivant une distribution normale prédéterminée. Le nombre de classes pour cette technique varie de 5 à 13 classes.

Ex. : Perception de soi (inspiré de G. De Landsheere, 1976, pp. 98-105). Classer une pile de cartes sur lesquelles sont inscrites des propositions décrivant des traits de personnalité dans 11 classes allant de «me décrit très bien» à «ne me décrit pas du tout».

Nous nous proposons de développer particulièrement cette technique plus loin.

g) Choix forcés

Ex. : Deux qualités étant mises en comparaison, choisir celle qui correspond le mieux à sa personnalité.

– coopératif — dynamique
– résolu — efficace
– efficace — sociable
– conciliant — coopératif
– etc.

7.4. Analyse et interprétation des données de l'enquête par questionnaire

Lorsque les questionnaires sont rentrés, le chercheur va procéder à leur dépouillement. Il s'agit de transcrire les réponses sous une forme homogène afin de pouvoir les traiter, les comparer et établir des relations entre elles.

L'analyse des résultats d'une enquête va permettre de confirmer ou d'infirmer les hypothèses émises au départ. Par ailleurs, s'ajoute toujours à cette démarche une phase d'interprétation des résultats obtenus, c'est-à-dire une phase de compréhension de l'existence de relations entre diverses variables. Cette étape est difficile et pose un problème de validité.

Les méthodes de la statistique inductive et descriptive peuvent être utilisées pour analyser les données recueillies par enquête. A l'heure actuelle, on dispose d'outils statistiques tels que l'analyse en composantes principales, l'analyse factorielle des correspondances, etc., qui vont tenter d'appréhender un ensemble de données complexes et de donner une vue du phénomène dans sa totalité.

L'analyse de contenu est la technique qui sera utilisée pour traiter les questions ouvertes.

Ghiglione et Matalon (1978) font remarquer aussi qu'il est important de ne pas omettre de traiter les «non-réponses», c'est-à-dire les «sans opinion», les «je ne sais pas», les refus, les oublis, les incompréhensions de la question, les réponses non codables, etc. Leur proportion peut être importante et les négliger peut amener un biais dans la généralisation des résultats. Les non-réponses constituent une attitude à l'égard du problème envisagé mais aussi vis-à-vis de l'enquête et de l'enquêteur, ce qui complique grandement l'interprétation (pp. 216-219).

7.5. Avantages et limites

Nous avons déjà cité les avantages de la technique des enquêtes par questionnaire. D'abord, elle est un substitut commode de l'observation directe, mais elle peut être aussi un complément indispensable lorsqu'on veut saisir la signification que revêt pour le sujet le phénomène observé. Elle est irremplaçable également lorsqu'on veut investiguer les comportements plus intimes des personnes. Elle a bien souvent constitué une solution de facilité mais dans maintes situations de recherche, elle est le seul mode d'approche possible. Par ailleurs, l'expérience de la méthode a démontré que l'information récoltée est valide pour un grand nombre de répondants. Certes, les risques de distorsions sont énormes et une grande prudence s'impose à tous les niveaux : lors de l'élaboration du questionnaire, lors de la passation, lors de l'analyse et lors de l'interprétation des résultats. Nous nous inspirons ci-après des critiques et propositions formulées par R. Ghiglione et B. Matalon (1978).

7.5.1. La véracité des réponses

Une limite importante a trait à la véracité des réponses. Il est certain que des «erreurs» volontaires ou non sont toujours présentes dans les réponses données. Le comportement durant la passation du questionnaire est déterminé par des objectifs divers (Ghiglione et Matalon,

1978, p. 149). Donner une image de soi favorable et/ou donner une image de soi conforme, «normale» constituent deux objectifs qui induisent fréquemment des biais.

Par ailleurs, R. Ghiglione et B. Matalon signalent (pp. 149-150) la présence de réponses «instrumentales», c'est-à-dire de stratégies pour atteindre un but extérieur à l'enquête, celle-ci devenant alors un moyen pour le sujet. Par exemple, un étudiant interrogé sur les études universitaires peut, à dessein, noircir la situation afin d'inciter les autorités à prendre les mesures qu'il souhaite. Ce qui est important à examiner ici, c'est la représentation que l'enquêté se fait de l'utilisation ultérieure de ses réponses.

7.5.2. Le sens des questions

Une grande prudence s'impose du fait que le matériel récolté et traité est exclusivement verbal, qu'il soit oral ou écrit. Outre les limites déjà citées, cela pose le problème du sens. Le langage du chercheur et celui de l'enquêté coïncident-ils ? De grandes précautions doivent nécessairement être prises dans la formulation des questions et dans l'analyse de contenu des réponses. L'analyse des différences d'utilisation du langage s'impose. Les questions sont-elles comprises — et comprises comme le chercheur le souhaite — par tous les sujets?

Dans le libellé des questions, le chercheur veillera à ce que la structure logique de ces dernières soit sans ambiguïté ; ainsi, il évitera les doubles négations et les négations dans des phrases interrogatives. Il n'introduira pas deux idées dans la même question. De plus, celle-ci sera la plus courte possible. Il tentera aussi d'éliminer les termes trop chargés d'affectivité ou de jugements de valeur qui peuvent modifier le contenu des réponses. Cependant, il faut bien savoir qu'aucune question n'est intrinsèquement neutre. Des connotations positives ou négatives peuvent être perçues au travers des termes utilisés dans les questions. Cela est dû à la complexité des opinions et des représentations. Le chercheur doit prendre conscience de ce phénomène et savoir qu'il est impossible de l'éliminer complètement.

Lorsque, dans une question fermée, on propose au sujet de choisir entre plusieurs réponses — c'est notamment le cas dans un questionnaire de type «cafeteria» où une série de réponses, présentées sous forme de propositions, est fournie au sujet qui doit en cocher une ou plusieurs — le chercheur doit s'assurer au préalable que la liste couvre bien tout le champ des possibles. Dans ce cas, on impose un modèle de choix rationnel au sujet. Celui-ci apprécie les avantages et les inconvénients de chaque option pour finalement ne retenir que celle(s) qui correspond(ent) le mieux à son opinion. Très souvent cependant, les présupposés du chercheur, son idéologie, son cadre de pensée transparaissent dans la formulation des questions. Cela introduit bien évidemment un biais dans la démarche scientifique car, dès lors, les résultats de l'enquête ne font que renforcer les présupposés du chercheur. Pour éviter cette erreur de démarche, le chercheur aura à prendre diverses précautions. Notamment, préalablement à l'élaboration de son enquête, il ira sur le terrain recueillir des informations auprès d'un groupe équivalent à celui concerné par l'étude. Par ailleurs, il fera appel lors de la formulation de ses questions à des modèles théoriques qui diffèrent par leurs options et qui fournissent donc des éclairages et des cadres de pensée variés. Dans tous les cas, il donnera la possibilité au répondant d'ajouter une réponse personnelle à la liste pré-établie.

7.5.3. La pertinence du questionnaire

Il ne suffit pas que les sujets questionnés saisissent le sens des questions, il est nécessaire qu'ils possèdent les informations qui leur sont demandées. C'est le critère de pertinence qui se pose avec acuité dans le cas des questionnaires d'opinion. Peu de personnes en effet avouent spontanément ne pas avoir d'avis sur un sujet. Dans certains cas, il se peut que ce soit la question qui crée l'opinion : sans la question en effet, l'opinion serait restée quelque chose de vague et de confus. On peut dès lors s'interroger sur la valeur des réponses données dans ces conditions. Le chercheur a donc tout intérêt à introduire la question d'opinion par une ou quelques questions d'information. On vérifie d'abord le niveau de connaissance avant de tenir compte des réponses reflétant l'opinion sur le sujet (lire A. Blais, dans Gauthier, 1984, p. 345).

R. Boudon (1986, pp. 163-164) fait à juste titre remarquer que lorsqu'on interroge des personnes sur un thème, ces dernières n'ont souvent pas conscience de la complexité du sujet abordé même si le domaine les concerne directement. Souvent, elles le perçoivent comme un problème simple : elles sont convaincues qu'elles savent mais elles ne savent pas qu'elles ne savent pas. Dès lors, il faut considérer les réponses avec prudence. R. Boudon propose de mesurer le degré de certitude des réponses des individus afin de noter la fragilité ou au contraire la solidité des convictions.

7.5.4. L'agencement des questions

Il est un autre biais qui guette le chercheur utilisant un questionnaire. C'est le biais d'acquiescement ou biais de positivité. Tout sujet a tendance à répondre «oui» plutôt que «non», «d'accord» plutôt que «pas d'accord». Il est indispensable que le chercheur connaisse l'existence de ce biais et tente de le réduire au maximum. Ainsi, il aura soin d'alterner les questions où la réponse «oui» traduit une position favorable et où la même réponse reflète une position défavorable. Il aura aussi intérêt à équilibrer les énoncés favorables et défavorables.

Alterner les questions permet aussi d'atténuer l'effet de halo. Celui-ci se traduit par le fait que le répondant, possédant une vue d'ensemble soit favorable, soit défavorable de l'objet, de la personne ou du phénomène à juger, a tendance à se référer à ce jugement global plutôt qu'à chaque critère séparément. L'alternance oblige la personne à s'attarder sur le contenu de chaque question.

Par ailleurs, il faut savoir qu'une succession d'énoncés convergents peut agir comme une source d'influence sur les réponses du sujet. En d'autres termes, une série de propositions allant toutes dans le même sens constitue un ensemble d'arguments favorables à la position exprimée. Bien sûr, le répondant peut les refuser mais cela implique qu'il trouve en lui l'argumentation nécessaire pour les contrecarrer; l'absence d'équilibre dans la présentation des énoncés risque donc de provoquer des biais.

7.5.5. Les refus

Lorsqu'un chercheur pratique une enquête par questionnaire, il se heurte inévitablement à un certain nombre de refus. Pour être «raisonnable», la proportion de non-répondants ne doit pas dépasser 15 à 20 %. Dans ce cas, on peut remplacer une personne n'ayant pas répondu par une personne présentant les mêmes caractéristiques. Le biais peut dès lors n'être pas trop important sauf si les causes de refus sont peu variées, ce qui fait que les «non-répondants» sont systématiquement différents des «répondants». A ce moment, le biais introduit peut être considérable et le chercheur doit toujours se poser la question suivante: «les personnes qui ont refusé l'enquête auraient-elles répondu de façon différente de celles qui ont accepté?».

7.5.6. La réalisation de l'échantillon

Lorsqu'on utilise un questionnaire standardisé et si l'on veut traiter quantitativement les données, il est indispensable de constituer un échantillon statistique. A ce niveau, les distorsions peuvent être énormes à cause des absences et des refus. «Il n'existe aucune méthode qui nous assure dans tous les cas un échantillon absolument représentatif» (Ghiglione et Matalon, 1978, pp. 47-48). Néanmoins, il est nécessaire de rester vigilant et d'évaluer l'importance du biais.

7.6. Assurer la scientificité de la méthode

Nous avons déjà passé en revue dans le point précédent (7.5) les divers biais et distorsions qui peuvent surgir lorsqu'on utilise une méthode par questionnaire et qui peuvent, si le chercheur n'y prend pas garde, affecter considérablement la crédibilité de la recherche. Les précautions à prendre ont été mentionnées afin que soit assurée au maximum la validité de la recherche. Ajoutons aussi que cette dernière ainsi que la fiabilité de l'étude seront grandement augmentées si le chercheur tient compte, dans la mesure du possible, des neuf phases présentées au point 7.3. Une réflexion tant critique que théorique (reposant sur des modèles solides et variés) s'impose ici à la fois au moment de l'élaboration de l'outil, de l'analyse des réponses et de leur interprétation. Nous soulignons à nouveau le grave problème de validité que pose la traduction des variables hypothétiques en variables observables (cf. 7.3.1), la nécessité dans ce cas de soumettre sévèrement la transposition proposée à la critique de divers experts et l'importance d'envisager plusieurs mesures des concepts en se servant de techniques diverses. Par ailleurs, le chercheur pourra aussi accroître la validité de son étude en soumettant les hypothèses et interprétation aux répondants (validité de signifiance). En utilisant des items de type divers, on peut aussi augmenter la richesse et la validité des informations. Ainsi, par exemple, un item de type «cafeteria» donnera une information de type rationnel et réflexif sur le thème proposé; par contre, un item tel que le propose Osgood (différenciateur sémantique) favorisera la dimension affective et spontanée chez le répondant. Une question fermée et une question ouverte portant toutes deux sur le même sujet peuvent très bien se compléter. Leur confrontation a l'avantage de permettre de dégager les cohérences et les contradictions, ce qui apporte des éléments complémentaires précieux pour la validation de la recherche et constitue en outre un moyen de contrôle de la fidélité de l'étude. Notons que les contradictions sont intéressantes à renvoyer aux répondants afin d'enrichir et de clarifier les interprétations.

La critique d'originalité, c'est-à-dire la connaissance de la manière dont le témoin a vu ou entendu les faits ou élaboré ses opinions est intéressante à examiner. Elle peut apporter des indications très utiles pour la qualité des interprétations qui découleront des résultats du questionnaire.

Il convient aussi d'apprécier le degré de fidélité de l'instrument. On peut demander à une série de répondants de répondre deux fois au questionnaire avec un certain temps d'intervalle et recourir par exemple à l'emploi de l'indice (en pour cent) proposé par J. Bellack[5] :

$$\text{Indice}: \frac{\Sigma \text{ des accords} \times 100}{\Sigma \text{ (accords + désaccords)}}$$

On considère en général que l'instrument est fidèle si l'indice est supérieur au seuil arbitraire de .80.

R. Ghiglione et B. Matalon (1978, p. 116) font aussi remarquer que si la validité des questions de fait peut facilement être appréciée en comparant les réponses à des informations émanant de sources plus objectives, il n'en est pas de même pour les questions d'opinion. Une validation externe est impossible. Reste la validation interne, c'est-à-dire la vérification de la cohérence des différentes réponses données à propos du même thème, qui, on s'en doute, n'est pas une garantie absolue de validité. La cohérence avec les comportements observés est insuffisante aussi : on sait quelles divergences il peut y avoir entre attitudes et comportements. Si bien que quelles que soient les précautions méthodologiques prises, il faut savoir qu'en ce qui concerne la validité des questions d'opinion il restera toujours une incertitude.

7.7. Illustrations

J.-P. Pourtois et J. Lhermitte (1986) ont mené une étude relative aux opinions des étudiants de l'Université de l'Etat à Mons à l'égard de leurs études secondaires et universitaires. Nous avons déjà fait mention précédemment de cette recherche qui a pour but d'analyser les commentaires et revendications que les étudiants adressent à ces deux niveaux d'enseignement afin que ces derniers préparent le plus efficacement possible la réussite à l'université des futurs candidats.

L'investigation a été menée au moyen d'un questionnaire qui présente l'avantage d'être simple à manipuler et d'être applicable à grande échelle. Le questionnaire proposé porte sur des faits et des opinions (attitudes, motivations, attributions, préférences). Il comprend des questions ouvertes et des questions fermées de type «cafeteria».

Une pré-enquête a été réalisée auprès des étudiants universitaires au moyen d'interviews centrés sur les thèmes de l'enseignement secondaire et universitaire. Les perceptions ont été extraites des témoignages des étudiants par la technique de l'analyse de contenu et, sur cette base, des items ont été construits. Par ailleurs, des questionnaires déjà publiés et portant sur un thème similaire ont été examinés. Certains items ont été empruntés à ces questionnaires. A ce stade, les auteurs se sont posé la question de savoir si le thème était bien couvert par les items retenus. Pour répondre à cette préoccupation, ils ont pratiqué un examen théorique de ces items. Pour ce faire, quatre théories et trois méthodes d'analyse ont été retenues : la théorie de l'Analyse fonctionnelle (Merton), la théorie des Besoins (Maslow), la théorie de l'Attribution (Heider), la théorie de la dissonance cognitive (Festinger), la méthode de l'Analyse de contenu, le Différenciateur sémantique (Osgood) et la méthode de l'Analyse de l'enseignement. Ces différentes approches théoriques et méthodologiques ont été utilisées pour expliciter la signification des théories naïves employées par l'étudiant dans sa prise de connaissance des événements, c'est-à-dire pour organiser et clarifier la perception première et irréfléchie des événements par le sujet. Notons que ces théories et techniques ont été employées lors de l'élaboration du questionnaire et lors de l'exploitation des résultats de l'enquête.

Ainsi, divers types de validité de l'instrument ont été envisagés. La validité de contenu a été respectée en ce sens que le questionnaire a été composé sur la base d'un ensemble d'interviews réalisés auprès des étudiants afin de recueillir les items essentiels. Les auteurs ont ainsi établi la plus grande correspondance possible entre l'instrument et la perception des étudiants à l'égard des enseignements secondaire et universitaire. Une validité que les auteurs appellent «théorique» ou «conceptuelle» s'ajoute à la première par le fait que l'ensemble des items ont été répartis et traités en tenant compte du champ conceptuel de sept théories et méthodes. Par ailleurs, la validité de signifiance est assurée dans la mesure où les résultats obtenus ont été communiqués à un groupe d'étudiants qui ont interprété les données de façon critique et précisé si les items revêtaient bien pour eux une véritable signification.

Les auteurs signalent aussi qu'ils se sont assurés de la fidélité de leur instrument notamment en vérifiant la compréhension de chacun des termes, en s'appuyant sur un nombre élevé de questions, en employant de façon combinée des questions ouvertes et fermées. Ils ont par ailleurs apprécié le degré de fidélité au moyen de l'indice de Bellack.

J.-P. Pourtois et J. Lhermitte ont pré-testé leur questionnaire sur vingt-six étudiants afin de récolter des informations sur le temps nécessaire à la passation, sur la compréhension des termes utilisés, sur les erreurs éventuelles de signification ou de formulation, sur les réticences, refus ou incompréhensions face aux items.

Lors de la passation du questionnaire aux étudiants de première candidature de toutes les facultés de l'Université de Mons, le taux de participation fut de 82 %. Aucun refus n'a été noté en cours de passation.

Nous ne traiterons pas ici les résultats de cette enquête. L'approche méthodologique utilisée pour mettre au point cet instrument était l'élément central de notre propos. Le lecteur intéressé par l'analyse et l'interprétation des données peut se référer à l'ouvrage *Entrer à l'Université* (1986, Bruxelles, Ed. Labor).

8. LE JEU DE ROLE

8.1. Historique

Le jeu de rôle a été inventé et mis au point par un sociologue et médecin viennois J.-L. Moreno (1889-1974). L'idée centrale du jeu de rôle, à savoir celle de «l'homme comme acteur en situation» dans la vie quotidienne, a été élaborée de 1917 à 1921. Il développe sa théorie des rôles en 1934. Dès 1955, l'influence de Moreno devient internationale. Les difficultés avec les milieux académiques et psychanalytiques sont nombreuses. A la fin de sa vie, il tente néanmoins de réunir toutes les tendances en fondant «l'International Association of Group Therapy».

Trois fonctions fondamentales sont habituellement dévolues au jeu de rôle : le jeu de rôle comme instrument de formation personnelle, comme moyen de formation professionnelle, enfin le jeu de rôle comme méthode d'animation.

Le jeu de rôle est également et d'abord un outil de connaissance des relations humaines. Là est la fonction qui nous intéresse. Il s'agit d'un instrument de connaissance clinique qui met en œuvre tant des situations historiques réelles que des situations imaginaires.

8.2. Définitions et buts

Les éléments qui suivent sont essentiellement inspirés de l'ouvrage *Le jeu de rôle* de A. Ancelin Schützenberger (1981).

Moreno signalait que tout homme possède en lui une série de rôles différents, actuels, passés ou potentiels qui s'actualisent selon les situations et les interlocuteurs. Le jeu de rôle a pour but de faire surgir ces divers rôles en plaçant les sujets dans des situations déterminées. Dans le jeu de rôle, on demande aussi aux personnes de changer de rôle, ce qui fait varier les perceptions et les points de vue. Cette technique permet de révéler que la plupart de nos actions sont des rôles appris dans l'enfance et intériorisés au point de devenir non conscients et automatiques, si bien que nous les répliquons même dans des situations différentes et face à des interlocuteurs différents.

Le jeu de rôle est fondé sur la théorie des rôles et sur la prise de rôle (notion introduite par G.H. Mead). La prise de rôle est le processus par lequel les valeurs et attitudes sociales sont assimilées par l'enfant. Pour Moreno, le rôle est «une manière d'être ou d'agir que l'individu assume au moment précis où il réagit à une situation donnée (...)» (Ancelin Schützenberger, p. 12). Ce rôle est aussi déterminé par l'interlocuteur et par «l'attente-quant-au-rôle». Les modèles culturels produisent des rôles spécifiques, comme par exemple, les rôles de père, mère, époux, épouse, ... qui sont des rôles sociaux individuels (privés). Nous présentons aussi des rôles sociaux collectifs : en fonction du milieu dans lequel nous nous trouvons, nous tenons un rôle différent. Quant aux rôles psychodramatiques, ce sont ceux que nous choisissons au cours d'un jeu de rôle.

Dans le jeu de rôle, la prise de rôle est libre. Elle se réalise dans une situation bien précise et déterminée au préalable. Le but est «d'explorer, expérimenter, développer, entraîner un changement» (Ancelin Schützenberger, p. 13). Par ailleurs, le jeu de rôle permet une analyse des comportements de rôle et peut donc être un instrument de connaissance extrêmement précieux des interactions entre les personnes ainsi qu'un outil de mesure de la flexibilité comportementale. Certains auteurs l'utilisent également pour évaluer les habiletés verbales et communicationnelles. La technique permet aussi, lors de l'interview de l'acteur, de mettre en évidence les significations personnelles non réfléchies que le sujet attribue à ses actes et aux comportements de ses partenaires. En effet, en entrant dans un jeu de rôle, le sujet met en œuvre des stratégies rationnelles, volontairement choisies mais aussi une série de comportements plus inconscients, plus spontanés, moins réfléchis. Dans cette situation, les acteurs vont, en effet «utiliser leurs ‹répertoires personnels de comportements› et enchaîner les échanges en fonction du sens qu'ils attribuent aux attitudes et aux paroles des partenaires» (Ancelin Schützenberger, p. 34). Bien que le thème soit imposé, bien que la situation soit artificielle, les acteurs feront référence à leur façon habituelle d'agir et de réagir et emploieront leur mode de pensée personnel dans la signification à attribuer aux événements qui se produisent sur la scène. On est proche ici de la perspective de l'interactionnisme symbolique (Mead ; Blumer ; Goffman ; etc.) qui tient compte de l'action et de la signification que lui donne le sujet en fonction du comportement des autres (Lopez da Silva, 1986). De même, l'acteur commet des erreurs, des lapsus, des ratés de jeu, des ruptures de logique ; il installe des silences. Ces diverses manifestations sont aussi importantes à analyser. Elles peuvent fournir des éléments très intéressants pour la compréhension active et profonde des phénomènes interactionnels.

8.3. Technique du jeu de rôle : recueil des données

Peut-être faudrait-il commencer par distinguer jeu de rôle et psychodrame. La différence essentielle réside dans le degré d'implication profonde de la personne qui joue. Le psychodrame relève de la psychothérapie. Les scénarios sont des situations réelles et dramatiques, passées ou présentes, de la vie du sujet. Par contre, le jeu de rôle met en scène des situations faisant moins appel au vécu affectif intense des participants. C'est dans cette dernière perspective que nous nous situons ici.

La technique du jeu de rôle consiste à placer les sujets dans une situation sociale bien précise afin d'analyser les comportements. Un thème est fourni aux personnes et on demande à celles-ci de jouer la scène, comme elles le veulent, sans costume ni accessoire. Le sujet n'est pas obligé de parler : il peut mimer. Diverses techniques peuvent être utilisées ; par exemple :

– le jeu direct : l'acteur joue, avec des co-acteurs, la situation comme si elle se passait réellement dans la vie ;

– le renversement de rôle : un acteur change de rôle avec un autre acteur, ce qui permet une ouverture des rôles (mise en œuvre de nouveaux comportements) et une meilleure perception des déformations de l'image qu'on a de l'autre. Cette technique permet d'évaluer les possibilités de flexibilité des comportements des personnes ;

- la projection dans le futur (jeu de rôle d'anticipation) : on fait imaginer la situation dans un an, dans dix ans, ... ;

- la simulation de situations à apprendre : on s'exerce à certains rôles sociaux (par exemple : apprentissage d'un métier, études de cas joués), «en faisant comme si»;

- etc.

Dans le jeu de rôle, le meneur est actif. Il donne les indications scéniques, propose les changements de rôle, arrête les scènes, etc. Il observe à la fois les acteurs et l'ensemble du groupe. Au terme du jeu, il interroge les acteurs sur leur vécu et donne la parole au groupe qu'il aide à s'exprimer. Le meneur doit donc présenter des compétences cliniques certaines : accueil inconditionnel, empathie, évitement de tout jugement de valeur, vigilance, attention aux événements qui se produisent, rapidité et efficacité des réactions lorsque se présente un incident, soutien affectif solide, etc. Il peut magnétoscoper la séquence jouée, ce qui va rendre plus aisée l'exploitation du jeu et permettre aux acteurs et au groupe de se revoir et d'observer leurs propres comportements et réactions.

8.4. Interprétation du jeu

Au terme du jeu de rôle, les acteurs et les spectateurs sont conviés à donner leurs interprétations intuitives de la scène qui vient d'être jouée. Il s'agit d'une interprétation commune, naïve, subjective qui permettra une première connaissance de ce qui s'est passé dans la séquence de jeu.

Par la suite, le meneur va «lire» les comportements des acteurs grâce à l'utilisation d'une grille d'analyse conceptuelle : théorie psychanalytique, modèle comportementaliste, modèle d'analyse systémique, théorie de la dissonance cognitive, etc. Cette lecture théorique va tenter de mettre en lumière les stratégies des acteurs, leurs manières de faire et d'être habituelles, les structures des interactions, les répercussions de ces dernières sur la situation et sur l'interlocuteur. Le jeu de rôle tente de révéler le «comment» des comportements en situation. L'interview des acteurs et des spectateurs sur la façon dont ils ont perçu ce qui s'est passé va grandement aider à cette interprétation qui, par la suite, sera réfléchie aux acteurs. Ici commence la fonction formative du jeu de rôle : la prise de conscience des schémas stéréotypés et répétitifs des comportements personnels suffit souvent à rendre possible l'apprentissage de nouveaux comportements qui jusqu'à là paraissaient impossibles.

8.5. Avantages et limites

L'être humain est toujours en rôle, affirme Moreno. Il ajoute que ces rôles sont toujours déterminés par les attentes des autres, par les habitudes culturelles et par les premiers apprentissages (Ancelin Schützenberger, p. 13). Cette notion de rôle, qui s'inscrit dans une perspective interactionnelle, apparaît donc comme un élément essentiel dans la connaissance de la personnalité d'un individu. Le jeu de rôle va permettre de mettre en évidence ces «rôles fixés» et de les analyser. Contrairement à une épreuve papier-crayon (comme le questionnaire, par exemple) ou même des techniques telles l'enquête, le récit de vie, etc., le jeu de rôle suscite l'émergence de comportements automatiques, non rationalisés. De plus, il tient compte des caractéristiques telles les lapsus, ruptures de style, silences et de la communication non verbale. Ainsi, cette technique est susceptible de nous révéler le style de comportement et la structure habituelle des interactions chez les personnes.

Au cours d'un jeu de rôle, il existe toujours le risque de voir se déclencher chez un acteur une réaction affective intense due à un revécu profond. Ce risque est faible vu que le scénario proposé dans un jeu de rôle est une situation sociale banale et fictive. Le problème n'est pas abordé de front (comme dans le psychodrame). Les résistances sont donc moins fortes et la spontanéité plus grande. Le groupe est moins sur la défensive et est donc plus perméable (Ancelin Schützenberger, p. 35). Néanmoins, le meneur de jeu doit être vigilant et capable de soutenir affectivement la personne si un «drame» se déclenche.

Une critique essentielle est adressée à la méthode du jeu de rôle : c'est son manque de validité externe. L'aspect artificiel est mis en cause. A.S. Bellack *et coll.* (1978, 1979, cités par King, Heller et Jackson, 1983, p. 135) ont examiné la validité du jeu de rôle chez des patients psychiatriques chroniques et chez des collégiens. Leurs recherches ont montré que la validité externe était faible : il y a peu de relation entre les performances manifestées au cours du jeu de rôle et les comportements interpersonnels dans des situations plus naturelles. Les auteurs concluent que la valeur du jeu de rôle aux fins de diagnostic et d'évaluation doit être examinée avec prudence.

8.6. Assurer la scientificité de la méthode

Le chercheur qui utilise la méthode du jeu de rôle à des fins de connaissance doit rester particulièrement attentif à la critique émise par A.S. Bellack *et coll.* s'il veut conserver à son étude toute la crédibilité nécessaire. Il importe avant tout de lever les inhibitions et les peurs de jouer. Les acteurs et le groupe doivent être préparés. On ne hâtera jamais cette phase d'«échauffement» pendant laquelle on parle du scénario et on dédramatise la situation en jouant, par exemple, préalablement de très courtes séquences de jeu de rôle ou de courts sketches pour «se mettre en train».

Néanmoins, malgré ces précautions, il s'agit de rester prudent lors du transfert des résultats à d'autres situations. On sollicitera le sujet à jouer des jeux de rôle variés et on s'attachera à découvrir les perceptions et comportements personnels constants à travers la diversité des rôles tenus.

Ici encore, la validité de signifiance s'avère être une technique des plus importantes pour comprendre plus profondément les comportements joués et la structure des interactions mises en place par les acteurs.

La triangulation méthodologique sera aussi particulièrement utile. Les interviews notamment peuvent grandement contribuer à améliorer la validité et la richesse des informations recueillies.

Par ailleurs, la triangulation interne (ou critique d'identité) qui porte sur la connaissance des caractéristiques personnelles et sociologiques du sujet est essentielle ici afin de mieux comprendre les intentions de ce dernier et donc de rendre les conclusions plus valides.

La triangulation théorique, démarche qui consiste à utiliser des outils théoriques et conceptuels variés pour «lire» les données récoltées, peut également être d'une grande utilité car elle assure la crédibilité et la fiabilité de la recherche.

Il est indispensable de magnétoscoper les séquences jouées afin de faire évaluer et interpréter les comportements par des juges indépendants (fidélité inter-juges ou triangulation des observateurs).

8.7. Technique proche du jeu de rôle : la dramatisation

Nous trouvons dans la littérature une technique proche de celle du jeu de rôle que nous venons de développer : la dramaturgie ou dramatisation.

Dans la dramatisation ou la dramaturgie, les sujets, réunis en groupe, écrivent ensemble une pièce de théâtre. Ils créent la situation, le déroulement, les personnages, les actes et les interrelations. La situation est réelle ou imaginaire (Canevaro, 1983, p. 263). La pièce ainsi créée est ensuite jouée. Chaque sujet tient un rôle précis mais chaque rôle va influencer les autres rôles par le fait que les protagonistes vont lui attribuer une signification et qu'ils vont adapter leurs comportements en conséquence. Il se crée donc un jeu d'influences mutuelles et une recherche d'un certain équilibre pour mener la pièce à bien (Lopez da Silva, 1986). Comme dans le jeu de rôle, la dramaturgie est proche du courant de l'interactionnisme symbolique où, rappelons-le, on recherche une compréhension interprétative de l'action, c'est-à-dire qu'on examine la signification subjective que l'acteur attache à son action en prenant en considération le comportement des autres.

8.8. Illustrations

8.8.1. Le jeu de rôle

N. King, V. Heller et H. Jackson (1983) utilisent la technique du jeu de rôle pour évaluer les habiletés sociales et verbales d'un groupe d'adolescents déficients mentaux qui ont reçu un entraînement en vue de développer ces mêmes habiletés. La technique d'évaluation consiste ici en une simulation en laboratoire de situations interpersonnelles de la vie courante. Les chercheurs observent et analysent les interactions qui s'établissent entre le sujet handicapé et d'autres personnes, handicapées ou non. Les évaluations s'effectuent avant, pendant et après l'entraînement. Les jeux de rôle sont magnétoscopés, ce qui permet notamment à des juges indépendants d'évaluer les comportements-cibles (fidélité inter-juges). La communication tant verbale que non verbale est examinée. Les capacités d'écoute, les demandes d'éclaircissement, etc. sont aussi prises en compte. Les auteurs signalent que la technique d'évaluation par le jeu de rôle est la méthode privilégiée des chercheurs qui ont entrepris des études relatives à l'entraînement des déficients mentaux aux habiletés verbales. La méthode est intéressante car elle fournit un échantillon de comportements des sujets. Néanmoins, les auteurs mettent le lecteur en garde quant à la validité de la méthode : la performance observée en laboratoire peut être très différente de celle que le sujet manifeste dans son environnement naturel. Ainsi, le jeu de rôle est certes une technique très intéressante ; toutefois, quelle que soit sa population d'étude, le chercheur doit rester prudent lorsqu'il l'utilise à des fins de diagnostic et d'évaluation (p. 135).

8.8.2. La dramatisation

Nous avons déjà fait mention de cette expérience menée par C. Page (1985)[6] avec des apprentis (16-20 ans) en difficultés scolaires graves. Leur problème d'expression était considérable. Ces derniers ont créé intégralement une pièce de théâtre et l'ont interprétée face à un public. La consigne avait été de jouer leur propre rôle ou d'en créer un ou plusieurs autres si la première condition ne les agréait pas. Le thème choisi par les apprentis était imaginaire : la guerre atomique. L'analyse des rôles tenus par les acteurs dans la pièce ainsi élaborée et la mise en évidence des significations qu'ils accordent à leurs actes en rapport avec le comportement des autres fut d'une très grande richesse pour la compréhension de l'action des personnes. Par ailleurs, cette expérience a été favorable à la formation personnelle du sujet qui, en prenant conscience des rôles qu'il peut jouer et de son impact sur le comportement des autres, arrive à mieux définir son identité.

9. LA METHODE DES EVENEMENTS CRITIQUES

9.1. Historique

La technique des événements critiques telle que nous la décrirons ici émane d'une méthode de travail dont nous nous servons notamment dans la formation de personnes à l'éducation parentale. C'est, au départ, une méthode d'animation sous-tendue par le courant humaniste dont un des principes est que les personnes disposent en elles de ressources, de potentialités très souvent non actualisées et qu'il convient donc de faire émerger. C'est une méthode de travail pluriréférenciée en ce sens qu'aucune norme n'est imposée par l'animateur au groupe mais que c'est de ce dernier qu'émanent les informations, les solutions, les réflexions. Ainsi, ce sont les opinions des participants qui constituent le référentiel auquel chaque membre du groupe peut se rapporter, s'il le désire.

La méthode que nous décrirons diffère totalement de la technique des incidents critiques définie par Flanagan («La technique de l'incident critique», Revue de psychologie appliquée, IV, n° 2, 1954) qui tente «de déterminer les exigences d'une fonction (par exemple, celle de professeur) en étudiant les ‹incidents›, les traits saillants, les comportements particuliers qui frappent des observateurs, et semblent expliquer des succès et des échecs remarquables» (De Landsheere, 1982, 5ᵉ éd., p. 159).

Nous nous proposons ci-après de définir et de préciser le but de la méthode des événements critiques telle que nous la concevons en tant qu'outil de connaissance.

9.2. Définitions et buts

Un groupe de personnes assiste à la projection d'images représentant une situation quotidienne : situation problématique, de conflit, de malaise relationnel ou situation positive avec des rapports gratifiants entre les membres ou encore situation dans laquelle le réel quotidien est perturbé (Garfinkel, 1967, cité par M.I. Lopez da Silva, 1986), c'est-à-dire quand les faits sont contradictoires avec les rôles (par exemple, un enfant qui fume ou qui boit de la bière).

Le chercheur va se centrer ici sur la connaissance des significations que les participants vont donner à leur réalité. Il va s'attacher à analyser les formes de raisonnements des acteurs, leurs techniques de régulation de l'ordre social, leurs pratiques routinières. En d'autres termes, il s'agit de «comprendre comment les structures des activités quotidiennes sont normalement et routinièrement produites et maintenues» (Garfinkel). Cette technique entre dans le cadre de l'ethnométhodologie et de la phénoménologie qui considèrent la vie quotidienne comme le fondement de la réalité sociologique (Douglas, 1970 cité par M.I. Lopez da Silva). On est ici intéressé par le savoir des personnes, leurs présupposés, leur façon de définir le monde.

La technique des événements critiques se rattache au courant de l'épistémologie populaire ou de la psychologie naïve qui a pour but l'étude d'un mode particulier de connaissance, à savoir le sens commun. S. Moscovici et M. Hewstone (1984) notamment s'attachent à montrer l'importance de l'étude de ce type de connaissance fondée sur la théorie des représentations sociales, celles-ci différant d'individu à individu et de groupe à groupe. Ces auteurs signalent que quand des personnes s'efforcent de résoudre des problèmes familiers, elles ont recours à un corpus de connaissances emmagasiné par tradition et enrichi par les diverses observations, expériences acquises par la pratique. Des images mentales qui dépendent d'engagements antérieurs à un système conceptuel, une idéologie, s'installent donc. Dès lors, les règles et conventions mises en œuvre dans la vie quotidienne semblent «aller de soi». Ce sont ces dernières que la méthode des événements critiques tente de cerner. Cette connaissance profane et la façon dont elle s'édifie chez les personnes ont longtemps été délaissées ; elles présentent de nos jours un regain d'intérêt car elles permettent de mieux comprendre la vie informelle de tous les jours et par là même la réalité sociale.

Remarquons, mais on entre là dans le domaine de la formation des personnes, que le fait de se rendre compte de la multiplicité des pratiques et des opinions — pratiques et opinions émanant du groupe — et de révéler aux sujets des significations très souvent non disponibles au niveau de leur conscience va jouer un rôle dans la production de nouvelles significations. Dès lors, un changement peut s'amorcer allant dans le sens d'une nouvelle construction de la réalité chez les participants (M.I. Lopez da Silva).

9.3. Enregistrement des données

La technique des événements critiques a pour support une image : une photo, un dessin, une diapositive que l'on projette à un groupe de personnes. Ce peut-être aussi la relation d'un fait ou d'un événement.

Trois types de situations peuvent être proposées aux participants :

– soit une situation coutumière susceptible de déclencher un problème, un conflit ou des difficultés relationnelles ; par exemple, un enfant refuse de manger ou d'aller se coucher ;

– soit une pratique familière, positive ou négative ; par exemple, un adulte joue avec un enfant ou punit un enfant ;

– soit une situation critique où le réel quotidien est perturbé ; par exemple, un enfant de trois ans boit de la bière ou joue avec des allumettes.

Les membres du groupe sont invités d'une part, à exprimer spontanément leur vécu, leurs manières d'agir habituelles et/ou leurs opinions face à la situation proposée ou encore à imaginer leur réaction si la situation n'a jamais été rencontrée et d'autre part, à confronter leurs attitudes et pratiques avec celles des autres participants. Par ailleurs, les personnes sont constamment sollicitées à expliciter au maximum leur pensée et leur mode d'action.

Le rôle du chercheur-animateur s'avère important. Il est essentiel qu'il sensibilise le groupe au respect mutuel afin que des jugements de valeur de l'un ou de l'autre ne viennent freiner voire bloquer l'expression des participants. Il est attentif au fait de favoriser la participation de chacun. Il sollicite au maximum les personnes à aller jusqu'au bout de leur réflexion, de leur interrogation ou de leur raisonnement. Les interventions doivent être faites à bon escient afin de ne pas rompre une évocation ou un échange entre personnes. Ses comportements sont empreints de compréhension empathique et d'écoute active. Les participants doivent se sentir écoutés et en confiance pour que leurs propos soient, le plus possible, libres et spontanés.

9.4. Traitement des informations

Les propos, réflexions et raisonnement des participants sont enregistrés voire magnétoscopés puis transcrits de façon à pouvoir être analysés.

Il s'agit d'abord de dégager, au travers des informations fournies par les personnes, des patterns, des régularités, des styles. Ainsi, on tente de mettre en évidence les significations spontanées qui émanent directement des témoignages des sujets. C'est une démarche *a priori*, indispensable pour discerner les connaissances «naïves», «intuitives» des personnes.

Par la suite, le chercheur va essayer de clarifier, d'expliquer ces savoirs «naturels». C'est une phase de transformation de la matière première. Cette démarche est une activité théorique : elle consiste à effectuer une lecture logique et conceptuelle des données recueillies (Giorgi, 1979, pp. 71-72).

Nous sommes fort proches ici de la manière de traiter les informations recueillies à l'aide d'autres méthodes, comme les récits de vie, les enquêtes non directives, etc.

Rappelons encore qu'une lecture plurielle des informations est toujours préférable à une lecture unique. La multiplicité des éclairages théoriques permettra une connaissance plus large de la réalité et fera mieux ressortir la complexité des phénomènes.

Les modèles comportementalistes (grille d'analyse des comportements), l'analyse transactionnelle, les théories de l'attribution, de la motivation, des besoins, de la dissonance cognitive, etc. peuvent être efficacement utilisés pour sous-tendre une analyse de contenu des témoignages récoltés.

9.5. Avantages et limites

La technique des événements critiques va permettre d'appréhender les pratiques quotidiennes caractéristiques d'une personne ou d'un groupe, pratiques difficilement détectables par l'observation directe.

Le support de la technique, à savoir l'«image» ou la description très succincte d'une situation, est statique et global et donc suffisamment ambigu pour susciter la projection du sujet dans la situation proposée. Le sujet y réagit en référence avec ses expériences personnelles passées mais aussi en référence à ses croyances et à son idéologie. La technique permet aussi d'étudier les représentations sociales de l'action quotidienne. Cette perspective prend de plus en plus d'importance actuellement. Elle est soutenue par les sociologues de l'action qui affirment que la société est une création de ses membres, qu'elle est le produit d'une construction de la réalité reposant sur les significations qui sont attribuées à cette dernière. D'où tout l'intérêt qu'il y a, dans ce cadre de pensée, à accorder aux significations partagées qui sont devenues des lieux communs dans un groupe donné et qui sont donc à la base de la société.

Remarquons que dans ce contexte le chercheur est lui-même un élément de la recherche et qu'il doit se méfier de ses propres représentations, de ses interprétations hâtives et de ses préjugés. Ainsi, Boudon (1986, p. 118) fait bien remarquer qu'à cause du savoir dont il dispose et qu'il tient de sa propre culture, l'observateur a de la peine à comprendre un comportement qui ne fait pas partie de son référentiel habituel. Il risque donc fort de mésinterpréter ce comportement. Dès lors, il doit rester vigilant lors de l'analyse de ses données.

Il est certain aussi que ces représentations sociales ne sont pas fixées une fois pour toutes; elles sont toujours en train d'évoluer et varient en fonction des interactions avec les divers agents sociaux. Si bien que la stabilité dans le temps des résultats obtenus est compromise. Par contre, l'outil présenté peut valablement être utilisé à des fins d'évaluation du changement. En d'autres termes, la méthode des événements critiques ne peut servir à cerner la permanence, les représentations étant par essence mouvantes, mais peut efficacement contribuer à mettre en évidence le changement des perceptions, des pratiques et des significations attribuées à ces dernières.

Le problème inhérent au langage que nous avons déjà relevé à plusieurs reprises dans ce chapitre est présent ici aussi. Il importe de toujours bien faire préciser aux personnes le sens qu'elles attribuent à certains termes utilisés.

9.6. Assurer la scientificité de la méthode

Le problème soulevé ci-avant, à savoir la difficulté pour chercheur et participants de «parler le même langage», doit rester constamment à l'esprit. Faire au maximum expliciter par les personnes le sens de leurs propos, faire spécifier très précisément les valeurs auxquelles elles adhèrent, telle est la tâche qui incombe au chercheur-animateur durant toute la durée de la prise d'informations. Par ailleurs, renvoyer aux membres du groupe, au terme de la séance, une lecture synthétique des propos recueillis pour qu'ils en réalisent une analyse critique (validité de signifiance) est un garant de la crédibilité de l'information et de l'interprétation.

En outre, pour assurer une meilleure fiabilité de la recherche, c'est-à-dire pour accroître l'indépendance des analyses par rapport aux présupposés et idéologie du chercheur, la triangulation méthodologique va se révéler une fois encore un moyen des plus utiles. Par exemple, on pourrait compléter les témoignages et échanges recueillis au cours d'une séance d'événements critiques par un jeu de rôle au départ de la même situation. La confrontation des informations récoltées par les deux techniques peut s'avérer d'une extrême richesse. De plus, la lucidité et la transparence du chercheur à l'égard de ses jugements sont particulièrement nécessaires dans ce cas-ci. Bien prendre conscience de l'influence possible de ses préjugés et de ses propres valeurs dans les analyses et interprétations est une démarche indispensable pour une bonne fiabilité de l'étude (triangulation interne du chercheur). La triangulation théorique peut aussi aider à valider les conclusions.

La critique d'identité (triangulation interne des acteurs) est indispensable dans le cas de l'investigation par événements critiques. Il s'agit de bien connaître les caractéristiques des personnes (anamnèse, coordonnées sociologiques, traits de personnalité) afin de mieux comprendre les finalités des interventions et des témoignages.

Pour que soit améliorée encore la fiabilité, pour que soit assurée aussi la constance interne, il est bon qu'il y ait plus d'un observateur pour valider l'information (triangulation des observateurs). Dans la méthode des événements critiques, comme dans le jeu de rôle d'ailleurs, le contrôle en double insu et la reproduction indépendante sont des procédures qui sont susceptibles d'accroître la scientificité d'une recherche.

9.7. Une technique proche des événements critiques : la technique du scénario interactif

Pour J. Kellerhals *et al.* (1986), la technique du scénario interactif consiste à proposer aux membres d'un groupe un scénario de résolution de problème relatif à une situation fréquemment rencontrée dans leur collectivité et à leur demander de le traiter de manière interactive. En d'autres termes, on demande au groupe de «négocier», de manière acceptable pour chacun, un plan d'action visant à atteindre un objectif fixé au préalable et relatif à une situation-problème fréquemment rencontrée dans leur groupe d'appartenance. Le chercheur observe la façon dont les acteurs, ensemble, construisent la solution au problème posé. Ainsi, on dépasse le plan des opinions individuelles pour dégager les représentations collectives.

Par exemple, Kellerhals *et al.* proposent à un couple d'élaborer, par négociation, les moyens qu'il mettrait en œuvre — immédiatement ou ultérieurement — pour prévenir l'apparition de comportements de toxicomanie chez leur enfant.

Notons qu'on n'étudie pas ici des comportements effectifs mais qu'on tente de cerner les représentations sociales spontanées des membres du groupe.

Les débats sont enregistrés et décodés grâce à l'utilisation d'une grille conceptuelle de lecture.

9.8. Illustrations : la technique des scénarios interactifs

J. Kellerhals, J. Coenen-Huther et M. Modak (1986) utilisent la technique des scénarios interactifs pour étudier le processus de décision en matière de justice dans les familles. L'hypothèse est que les normes d'équité au sein d'un groupe familial sont déterminées par les formes de l'échange qui existent à l'intérieur de ce groupe et par les rapports que celui-ci établit avec l'extérieur. Elles sont donc très variables selon le type de familles.

Les auteurs examinent la façon dont les groupes construisent leurs référentiels en matière de justice :

– les protagonistes choisissent soit un critère interne d'évaluation des prestations des membres (ex. : l'effort fourni), soit un critère externe (ex. : le nombre de réalisations produites) ;

– ils privilégient une justice procédurale (acceptation de la solution élaborée par les intéressés) ou une justice matérielle (solution imposée par les parents) ;

– ils optent pour une stratégie globale (qui implique que tous les acteurs sont identiques et traités de la même façon) ou pour une stratégie cartellaire (les ressources, liens ou identités des membres sont spécifiques et sont pris en considération).

Par ailleurs, les auteurs construisent deux typologies de la famille qui conjuguent trois variables : le genre de cohésion (autonomie/fusion des membres), les modalités de l'intégration externe (repli/ouverture par rapport à l'extérieur) et le type de régulation (régulation normative/régulation communicationnelle). Les deux typologies sont l'«Intégration» (croisement de la cohésion et de l'intégration) et l'«Adaptation» (croisement de la cohésion et de la régulation). La typologie «Intégration» comprend trois types de famille :

- Famille «Bastion» : fusion — fermeture par rapport à l'extérieur.
- Famille «Refuge» : fusion — ouverture vers l'extérieur.
- Famille «Base» : autonomie — ouverture vers l'extérieur.

Le quatrième type (autonomie — fermeture) n'apparaît pas. La typologie «Adaptation» comprend aussi trois types de famille :

- Famille «Tradition» : fusion — régulation normative.
- Famille «Compagnonnage» : fusion — régulation communicationnelle.
- Famille «Négociation» : autonomie — régulation communicationnelle.

Le quatrième type (autonomie — régulation normative) n'apparaît pas.

Les auteurs tentent alors d'examiner s'il existe une correspondance entre des modèles spécifiques de fonctionnement familial et des schèmes de justice particuliers. Comme nous l'avons déjà signalé, ces schèmes sont étudiés par le biais de la technique du scénario interactif. Ainsi, on propose un problème comprenant plusieurs phases aux conjoints et on leur demande de le résoudre de manière interactive devant l'observateur. Nous reprenons, pour concrétiser la technique, un des quatre scénarios présentés par J. Kellerhals, J. Coenen-Huther et M. Modak :

Scénario «Petits Bouquets»

«Jumelles de 14 ans, les deux filles (supposées) du couple ont accepté de confectionner de petits bouquets de fleurs artificielles pour le fleuriste chez lequel l'un des parents est employé. Le fleuriste rétribue 1 FS par bouquet et les jumelles comptent ainsi se faire de l'argent de poche. Elles travaillent chacune trois jours à la maison, avec une assiduité

égale. L'une, plus habile, réalise 400 bouquets, sa sœur 200 seulement. Le fleuriste remet les 600 FS aux parents — les sujets observés donc — qui doivent les répartir. Dans la phase A, chacun note sa solution en secret. Dans la phase B, les conjoints comparent leurs solutions et négocient une attitude commune (en cas de dissensus initial). Dans la phase C, l'observateur annonce que l'une des jumelles est en violent désaccord avec la solution retenue : il lui faut davantage d'argent pour s'acheter le vélomoteur dont elle rêve. La question est de savoir alors si ce sentiment d'injustice doit être pris en considération et comment. »

L'objectif de ce scénario est d'observer les stratégies de choix entre des normes contradictoires d'équité et d'examiner si la priorité est donnée à des critères de décision internes (ici, l'assiduité) ou externes (ici, le nombre de bouquets).

Quel type de famille privilégie les critères internes? Les auteurs soulignent que la prévalence des critères internes est plus nette en milieu social défavorisé. Les familles autonomes seraient caractérisées par une prédominance des critères externes. Les choix égalitaires sont plus fréquents dans les familles fusionnelles ouvertes. Les familles fusionnelles fermées ne laissent pas plus de place aux critères internes que les familles autonomes.

Divers scénarios sont présentés qui examinent les choix en faveur d'une justice procédurale ou d'une justice matérielle, d'une stratégie globale ou d'une stratégie cartellaire. Une analyse s'ensuit.

Le lecteur intéressé par cette étude peut se référer à l'article des auteurs précités «Quelques problèmes, méthodes et résultats d'une approche sociologique des normes d'équité» qui paraîtra prochainement dans les actes du Forum d'Education Familiale (Mons, 1986), sous l'intitulé *Thématiques de l'éducation familiale*.

10. LA TECHNIQUE DU Q-SORT[7]

10.1. Historique

La technique du Q-Sort ou Q-Technique ou Q-Méthode a été créée en 1953 par un statisticien américain, W. Stephenson. La lettre Q serait l'abréviation de «Qualities». Le terme anglais «sort» signifie «tri». La technique du Q-Sort consiste en effet en un tri d'énoncés qualitatifs. C'est une méthode statistique qui analyse «la distribution et l'inter-relation d'attitudes individuelles dans l'évaluation par un groupe d'une situation donnée» (Seltner Iden, p. 497).

Selon Nuttin (1971, cité par G. De Landsheere, p. 111), la technique Q. se différencie de la technique R. en ce sens qu'au lieu de calculer la corrélation entre deux séries de résultats de tests provenant d'un groupe de sujets (par exemple, un test de vitesse de réaction et un test de persévération), on calcule la corrélation qui existe entre les classements de chaque paire de personnes. La technique Q. est proche aussi de la technique P. de Cattell dans laquelle on examine la relation entre les résultats obtenus par une même personne dans des situations différentes (avant ou après un traitement, par exemple).

10.2. Définitions et buts

Reprenant la définition de W. Stephenson, M. Seltner Iden (p. 498) précise que la technique Q. se préoccupe de la subjectivité de la personne, subjectivité décrite par la personne elle-même et non subjectivité déduite par le chercheur. Par cette méthode, on recueille d'abord la représentation, le modèle que le sujet se forge quant à un thème, un problème ou une situation complexe et cela conformément à son cadre de référence personnel. Ensuite, l'analyse se poursuit par la comparaison avec des modèles fournis par les autres membres du groupe. Les divers modèles obtenus sont alors soumis à l'analyse factorielle. On découvre dès lors les sous-groupes d'individus qui font des tris similaires et qui sont donc caractérisés par un même facteur (De Landsheere, p. 116). Cela permet de déterminer des sous-groupes au sein d'une population donnée ou de vérifier sommairement une théorie, c'est-à-dire de contrôler si elle est susceptible de caractériser tel ou tel type d'individu (De Landsheere, p. 114).

A. Abraham (1972, citée par M. Seltner Iden, p. 499) souligne que cette technique est particulièrement efficace pour l'étude du concept de soi et des problèmes qui s'y rattachent. Pour cette raison, elle est largement utilisée par l'école rogérienne pour évaluer le changement de la perception de soi d'une personne au cours d'un traitement psychothérapeutique. Car, en effet, un seul sujet peut faire l'objet d'une analyse par la technique Q. Dans ce cas, on examine la corrélation entre les classements effectués par ce sujet à des moments différents (ou en fonction de consignes différentes). On est là fort proche de la technique P.

En outre, dans le cadre d'une formation, cette technique permet aux personnes de prendre conscience de la diversité des représentations à l'égard d'une question, d'un problème, d'un thème, d'une fonction, etc. et de confronter leurs positions personnelles à la distribution des choix du groupe.

10.3. Procédure de passation

Dans la technique du Q-Sort, on tente donc de connaître la façon dont des individus se représentent un concept (par exemple, l'école) ou soi-même (telles que l'appréciation et l'acceptation de soi) ou une formation ou encore l'éthique professionnelle, etc.

Pour ce faire, les sujets sont invités à classer des items se présentant sous forme de propositions qui décrivent des traits de personnalité, des attitudes, des valeurs, etc., propositions inscrites sur des fiches. La procédure consiste en une ordination forcée quelque peu perfectionnée de ces propositions. Le tri s'effectue en fonction d'un critère bien défini. Pour clarifier et décrire cette procédure, reprenons à G. De Landsheere (1982, p. 110) l'exemple suivant : on veut connaître la façon dont un groupe de sujets se représente le concept d'«homme supérieur». On leur demande de classer des propositions (par exemple, «communique clairement et efficacement ses idées» ; «exerce un grand ascendant sur autrui», etc.) sur une échelle imposée allant de «ressemble le plus à un homme supérieur» à «ressemble le moins à un homme supérieur».

La répartition se fait en 5, 7, 9, 11 ou 13 classes en général et selon une variable d'intensité (de la plus forte adhésion au plus fort rejet ou inversement). La distribution est forcée en ce sens qu'on exige des sujets qu'ils répartissent leurs fiches dans les classes selon une distribution imposée qui est le plus souvent la répartition selon la loi normale de Laplace-Gauss. J.M. Faverge (1966, cité par Seltner Iden, p. 502) a ainsi établi les proportions des propositions qui correspondent aux fréquences de la loi normale. Il a aussi proposé des grilles de répartition en fonction du nombre de propositions.

Exemple :
- Pourcentages de répartition en 5 classes :
  6,7 %   24,2 %   38,2 %   24,2 %   6,7 %

- d'où la grille suivante de répartition en fonction du nombre de propositions :
  16 propositions : 1 - 4 - 6 - 4 - 1
  20 propositions : 1 - 5 - 8 - 5 - 1
  25 propositions : 2 - 6 - 9 - 6 - 2
       etc.

Remarquons qu'à l'intérieur de chaque pile (classe), on ne demande pas habituellement de classer les propositions.

Quant au nombre de propositions à classer, il est très variable d'une recherche à l'autre. G. De Landsheere préconise de 70 à 140 propositions. M. Seltner Iden signale des Q-Sorts à partir de 14 items.

En ce qui concerne la durée de passation, il faut savoir que si le chercheur laisse au sujet le temps de la réflexion, il donne une place importante à la rationalité. Par contre, s'il exige une réponse rapide, il privilégie des réactions plus irréfléchies et plus émotionnelles. Il est essentiel que le chercheur décide au préalable de la procédure qu'il va suivre et de bien se rendre compte qu'en privilégiant l'une ou l'autre il obtiendra des réponses de nature différente.

10.4 Elaboration des propositions

Comment composer les propositions figurant sur les fiches à classer ? Diverses sources peuvent être utilisées pour répondre à cette question. D'abord, le chercheur peut obtenir des renseignements au départ d'entretiens libres avec des sujets ou des groupes de sujets et d'une analyse de contenu de ces interviews; il peut aussi consulter des experts compétents dans la matière à investiguer; il fera appel à des théories, de préférence multiples, afin de ne pas laisser de côté des éléments importants; par ailleurs, il n'omettra pas d'examiner des instruments déjà élaborés (autres Q-Sorts ou questionnaires) relatifs à un même objet d'étude ou à un objet d'étude proche; il peut également trouver dans les citations d'auteurs des éléments d'information. Ainsi, cette phase d'élaboration des propositions n'est pas aisée et nécessite la référence à une multiplicité de sources (triangulation des sources). En outre, les propositions doivent non seulement concerner le maximum d'aspects du domaine étudié mais elles doivent aussi prendre en compte les aspects contradictoires qui différencient par exemple les milieux culturels.

La formulation des questions exige une attention toute particulière. Il est nécessaire de respecter les termes et expressions utilisés par le public auquel le Q-Sort est proposé. On évitera les stéréotypes, les propositions ambiguës, imprécises ou trop complexes. Comme nous l'avons déjà signalé dans le questionnaire, les items doivent être courts, concis et sans double négation. Ils ne traduiront qu'une seule idée à la fois. Une analyse lexicale et syntaxique s'impose donc.

Par ailleurs, l'aspect «discrimination» des propositions doit aussi être examiné pour que celles-ci ne soient pas automatiquement placées à un pôle ou l'autre de l'échelle et ce par tous les sujets. De plus, il faut prendre garde à ce que l'échantillon de propositions soit bien équilibré. A tout item positif doit correspondre un item négatif sans toutefois tomber dans la pure négation qui risquerait de provoquer un classement symétrique.

Ainsi, le chercheur, placé devant un univers de traits, effectuera une première sélection, aidé si possible dans cette tâche par divers experts. Par la suite, il soumettra le Q-Sort à plusieurs groupes afin de rectifier la formulation des propositions et/ou d'en éliminer certaines pour finalement aboutir à la version définitive.

10.5. Analyse des résultats

Toutes les réponses des participants peuvent être recueillies sur un tableau de dépouillement. On peut attribuer une note à chacune des propositions en fonction de la classe dans laquelle elle a été placée (par exemple, pour une échelle à 5 classes, on attribue une note de $+2$ à -2). On peut ainsi calculer la fréquence des choix de chaque proposition dans les diverses classes; on peut obtenir aussi le score positif ou négatif de chaque proposition. Il est possible pour chaque participant de comparer son score à celui du score global du groupe et ce pour chaque proposition. Par ailleurs, on peut également établir une moyenne arithmétique des choix concernant les items ainsi que les écarts-types pour connaître la dispersion des choix.

Stephenson préconisait une analyse factorielle inter-Q-Sorts. On établit alors la corrélation deux à deux des distributions au Q-Sort (fourni par un même sujet à deux occasions différentes ou par plusieurs sujets à deux occasions différentes ou par plusieurs sujets à la même occasion) et on procède à l'analyse factorielle. On obtient ainsi, rappelons-le, des «clusters» (ou sous-groupes) d'individus dont les patterns de réponses sont proches et qui sont caractérisés par un même facteur. G. De Landsheere rapporte l'exemple suivant : «Des enfants très créatifs auront-ils une préférence commune pour tel type de production artistique?» (p. 117).

10.6. Avantages et limites

La technique Q. présente l'avantage de s'intéresser essentiellement à la subjectivité des personnes. Elle est un bon moyen d'étudier la perception de soi et les représentations relatives à une question, une situation ou un thème. Elle permet d'établir des typologies. Elle est susceptible de mettre en évidence des changements d'attitudes. Par ailleurs, la méthode donne la possibilité aux participants de confronter leurs attitudes personnelles aux attitudes des personnes du groupe. Ces diverses possibilités font de la méthode du Q-Sort une technique intéressante de recueil d'un matériau subjectif.

Notons cependant que ce matériau subjectif est essentiellement traité de façon quantitative et statistique. Ainsi, Stephenson a très vite émis l'idée d'une distribution imposée en fonction de la loi normale, pour des besoins de calculs statistiques. De cette façon, on impose aux sujets des contraintes d'ordre technique qui vont, selon nous, à l'encontre de la liberté d'expression du sujet. Une autre hypothèse serait (Seltner Iden, p. 502) de laisser aux participants la possibilité de placer le nombre de fiches qu'il veut à l'intérieur des classes. Cette démarche permettrait une plus grande richesse d'expression, renforcerait le caractère subjectif de la méthode ainsi que les différences individuelles. Le sujet créerait ainsi sa propre grille de réponses (*ibidem*, p. 502)[8].

Par ailleurs, la distribution forcée présente une autre faiblesse (De Landsheere, p. 116). Lorsque le sujet a placé une première fiche dans une classe, les choix ultérieurs ne sont évidemment plus indépendants et cette contrainte va s'accroissant au fur et à mesure des placements.

D'aucuns par contre trouvent dans cette technique de distribution imposée un avantage certain : celui de susciter chez les sujets une analyse approfondie de chaque item. Chacune des propositions doit en effet être confrontée en permanence avec les autres pour en fixer sa position dans la distribution. Cette démarche réduirait la tendance spontanée des sujets à la dichotomie des choix. Par contre, on pourrait rétorquer à cela que la méthode encourage la tendance centrale, c'est-à-dire privilégie les choix des classes centrales et défavorise les classements extrêmes. Quelle logique sous-tend cette décision sinon celle résultant d'un besoin imposé par les techniques d'un traitement statistique des données ? Ainsi, l'interprétation des données serait totalement soumise à un modèle d'analyse mathématique ; en d'autres termes, le sens serait réduit au profit de la cohérence, à savoir la stricte raison statistique.

Par ailleurs, on pourrait également ajouter que l'analyse approfondie suscitée par la distribution forcée favorise l'émergence de réponses rationnelles au détriment des réactions plus spontanées, plus émotionnelles, peut être plus phénoménales.

10.7. Assurer la scientificité de la méthode

L'élaboration des propositions constitue une première phase importante dans la construction du Q-Sort. Une attention toute particulière doit lui être accordée si l'on veut assurer la crédibilité et la fiabilité de l'étude. Nous avons déjà insisté sur cette étape au point 10.4. et avons relevé la nécessité d'interroger diverses sources d'information (experts, théories, interviews, etc.) pour la réaliser (triangulation des sources).

En outre, il convient que le chercheur reste vigilant quant au libellé des propositions soumises aux participants. Il aura soin de proposer ses items à divers groupes afin de contrôler si la formulation est compréhensible et de vérifier si le sens qui leur est attribué correspond bien à la signification que le chercheur en a (validité de signifiance). Sinon, il est contraint soit d'éliminer les items ambigus soit de les modifier jusqu'à ce qu'ils soient compris par tous — participants et chercheurs — de la même façon. Remarquons aussi que les consignes doivent être fournies avec précision et que leur compréhension doit être vérifiée afin que le déroulement de l'épreuve se réalise avec rigueur, ce qui conditionne également la validité des résultats recueillis.

En ce qui concerne le choix d'un classement selon une distribution normale, nous estimons que la stricte dépendance à une technique statistique élimine une grande partie du sens que peut nous fournir l'instrument et donc fait perdre une large part de validité. Nous préférons opter pour le classement libre des sujets qui même s'il restreint le traitement quantitatif (statistique) des données donne plus de richesse informative quant aux perceptions subjectives des sujets et conduit à une plus grande pertinence.

Quant à la fidélité de l'instrument, elle peut être contrôlée en demandant à des sujets d'effectuer deux fois le classement à un certain temps d'intervalle (stabilité dans le temps). On peut dès lors recourir par exemple à l'indice de Bellack que nous avons mentionné dans le chapitre consacré au questionnaire. Si l'échantillon de propositions est équilibré, c'est-à-dire si à tout item positif correspond un item négatif, une étude de la cohérence interne peut être réalisée. Les contradictions peuvent être réfléchies aux sujets aux fins de les expliciter et d'en faire une analyse critique, ce qui peut fournir au chercheur des informations supplémentaires d'une très grande richesse et améliorer considérablement les interprétations.

Par ailleurs, pour accroître la validité de l'information recueillie et des interprétations, il est intéressant d'effectuer une approche diversifiée du thème investigué par l'emploi de techniques variées telles le questionnaire, l'interview non directif, le jeu de rôle, etc. (triangulation méthodologique). Notamment, il est intéressant de connaître la raison pour laquelle un sujet a sélectionné ou rejeté préférentiellement une proposition ou une autre. Est-ce par conviction personnelle ? Est-ce par conformité au groupe ? Quelles explications le sujet donne-t-il ? Qu'est-ce que, concrètement, la proposition recouvre pour lui ? Cette démarche d'explication rencontre les buts de la validité de signifiance et de la critique d'originalité.

10.8. Extension de la méthode Q : la méthode des configurations

Selon A. Abraham (dans *Recueil d'instruments et de processus d'évaluation formative*, I.N.R.P., t. II, 1985, pp. 521-527), la méthode des configurations se préoccupe, comme la technique Q., de la subjectivité du sujet. Mais elle se centre sur un élargissement de la notion de soi dans ses caractéristiques conscientes (les différentes images du soi) et dans ses caractères plus ou moins inconscients (tension, anxiété, mécanismes de défense). Pour cela, on demande systématiquement aux personnes, pour chaque item, trois descriptions simultanées du soi : le soi tel qu'il est, le soi tel qu'on aimerait qu'il soit (soi idéal) et le soi tel que les autres le voient.

Les principes d'élaboration des items sont les mêmes que ceux du Q-Sort de Stephenson. Le nombre de classes varie de 3 à 7. Pour favoriser au maximum l'expression du soi, la distribution des items dans les classes est libre. L'objectif de dépouillement est différent de celui de la technique Q. On ne se préoccupe pas de calculer les corrélations entre différentes images du soi mais on examine les relations entre les trois descriptions du soi pour chacun des items. Cette évaluation se réalise par l'examen du classement des items (dans une même classe ou dans des classes différentes).

Notons qu'A. Abraham élimine ici les contraintes liées à la distribution forcée et analyse de façon clinique les données recueillies.

10.9. Illustration : Q-Sort sur les conceptions diverses de l'éducation

L'exemple ci-après est repris au *Recueil d'instruments et de processus d'évaluation formative* (I.N.R.P., 1985, pp. 530-553).

Le Q-Sort présenté porte sur la définition et l'analyse du concept d'éducation. Un premier objectif est de faire prendre conscience à chacun des répondants de ses choix implicites et explicites (objectif de formation). Il peut permettre d'évaluer le changement dans les conceptions après un stage ou un séminaire. Les tendances du groupe et ses contradictions peuvent aussi être dégagées et comparées à celles d'un autre groupe. Un autre but est d'étudier les distances entre les conceptions idéales et les conceptions réellement pratiquées ou entre les conceptions passées et présentes.

Le Q-Sort sur les conceptions de l'éducation peut être proposé à tout public y compris les élèves. L'instrument se présente sous deux formes : en 20 items ou 32 items. Les fiches sont à distribuer sur une feuille de réponse personnelle dans 5 classes comme suit (pour Q-Sort en 20 items) :

– *Feuille de réponse personnelle :*
– Conceptions mises en tête   + 2
– Conceptions auxquelles il est
  fait parfois recours   + 1
– Conceptions qui sont
  considérées comme neutres   0
– Conceptions auxquelles il
  n'est fait que rarement recours   – 1
– Conceptions fondamentalement
  rejetées   – 2

Classement des items relativement à	
vous	autre personne
l'idéal	la pratique
le passé	le présent

Ainsi, les consignes peuvent s'appliquer à la personne qui effectue le Q-Sort mais on peut demander à cette dernière de se placer du point de vue d'une autre personne. On peut aussi proposer de faire le classement relativement à sa pratique quotidienne ou en fonction de son idéal. Il est possible également d'effectuer le classement tel qu'on l'aurait fait autrefois (passé) ou tel qu'il serait envisagé aujourd'hui (présent).

Des propositions telles que celles-ci figurent sur les fiches :
- Eduquer, c'est savoir attendre.
- Eduquer, c'est inculquer le sens du devoir.
- Eduquer, c'est permettre aux possibilités d'une personne de se révéler.
- Eduquer, c'est donner l'exemple.
Etc.

L'analyse du classement se réalise grâce à la grille suivante (p. 543) :

Centration / Style		Items centrés sur le jeune						Items centrés sur l'adulte						Totaux	
Directif	n° item	5	14	15	16	18	Total	2	6	9	10	12	Total		Directif
	Score														
Non directif	n° item	3	7	13	17	19	Total	1	4	8	11	20	Total		Non directif
	Score														
Totaux		Centré sur le jeune						Centré sur l'adulte							

Ainsi, dans ce cas, l'élaboration des propositions et l'interprétation du classement des participants s'effectuent grâce à une grille de lecture qui privilégie deux axes :
- le style directif — non directif ;
- la centration sur l'adulte — la centration sur le jeune.

D'autres grilles de lecture peuvent être utilisées au départ des mêmes items (par exemple, attitude passive/active, etc.). Au chercheur de sélectionner celles qui lui conviennent et qui sont susceptibles de répondre aux objectifs de l'étude.

11. ANALYSE DE CONTENU

11.1. Remarque préliminaire

L'analyse de contenu est une méthode de traitement de l'information récoltée. Ce n'est pas, contrairement aux huit autres techniques présentées ci-avant, une méthode de prise d'information. Elle sert, par contre, à analyser les données recueillies par ces techniques : observation participante (cahier de bord), entretiens non directifs, récits de vie, questions ouvertes dans les questionnaires, jeux de rôles, etc. C'est un moyen efficace et de plus en plus utilisé pour analyser les données émanant de textes ou de tout autre document présentant un caractère de communication.

11.2. Historique

L'analyse de contenu (lire L. Bardin, 1977) est une pratique qui fonctionne depuis trois-quart de siècle. Elle prend actuellement de plus en plus d'extension dans le secteur des sciences humaines.

En fait, l'analyse de contenu prend son essor aux Etats-Unis dès le début du siècle. Le matériel utilisé alors est essentiellement journalistique et les études sont quantitatives. Le souci de l'objectivité et le désir de trouver des méthodes de vérification maintiennent durant des décennies une conception normative et limitative de l'analyse de contenu. Cette définition, célèbre, de B. Berelson et de P. Lazarsfeld (voir L. Bardin, 1977, p. 17) illustre bien la perspective de cette époque : «L'analyse de contenu est une technique de recherche pour la description objective, systématique et quantitative du contenu manifeste de la communication». En France, cette conception de l'analyse de contenu se perpétue jusque dans les années 70 alors qu'aux Etats-Unis, la technique avait depuis plus de vingt années déjà été remise en question et élargie.

L'ouverture méthodologique se réalise donc dans les années 50 aux Etats-Unis et l'analyse de contenu connaît à ce moment un regain d'intérêt. Les chercheurs tentent de combiner compréhension clinique et approche statistique. L'analyse de contenu n'est plus considérée uniquement comme étant descriptive mais comme étant aussi inférentielle : elle peut remonter aux causes des phénomènes communicationnels. Sa fréquence d'utilisation croît dès lors considérablement, d'autant que de plus en plus elle traite informatiquement les données. Ce recours à l'ordinateur nécessite une rigueur accrue des diverses phases de la procédure et suscite l'apparition d'une technicité très poussée dans le domaine.

Cependant, l'adaptation de l'analyse de contenu à l'ordinateur ne constitue pas la totalité des réflexions des chercheurs dans ce secteur. Des disciplines connexes interviennent de plus en plus dans son champ d'analyse : ce sont notamment la sémiotique, la linguistique, la sémantique, etc. Ce phénomène ouvre des horizons nouveaux mais aussi des difficultés nouvelles tels que les problèmes de définition de concepts et de divergence de visées.

11.3. Définitions et buts

« L'analyse de contenu est un ensemble de techniques d'analyse des communications » (Bardin, p. 31). L. Bardin insiste fortement sur le fait qu'il s'agit non d'un seul instrument mais d'un ensemble d'instruments méthodologiques diversifiés et de plus en plus élaborés qui s'appliquent à des textes (discours, propos de patients, documents écrits, entretiens, textes littéraires, thèmes de publicité, cahiers de bord, questions ouvertes dans une enquête, récits de vie, etc.). Le champ d'application de l'analyse de contenu est donc extrêmement vaste : en fait toute communication (c'est-à-dire tout message d'un émetteur vers un récepteur) peut être soumise à la technique de l'analyse de contenu.

L. Bardin fait remarquer que l'analyse de contenu ne s'intéresse pas seulement au « contenu » du message mais également au « contenant ». Ainsi, les signifiés (par exemple, l'analyse thématique) mais aussi les signifiants (par exemple, l'analyse lexicale) peuvent être analysés.

L'analyse de contenu tente d'articuler la rigueur de l'objectivité et la richesse de la subjectivité. Son but est d'effectuer une « lecture seconde » du document à étudier, cette dernière se substituant à la lecture spontanée, intuitive et facile du profane. En d'autres termes, on peut dire que sa visée est de comprendre les communications au-delà de leurs significations premières. Par ailleurs, cette approche désire maintenir un haut degré de rigueur scientifique et garder une attitude de « vigilance critique » élevée.

La première phase du traitement de l'information consiste en une analyse catégorielle qui correspond à une analyse descriptive. Il s'agit de la phase « objective et systématique » qui découpe la communication en « catégories », celles-ci répondant à des règles bien précises d'homogénéité, d'exhaustivité, d'exclusivité, etc. Ce type de travail nécessite de délimiter des « unités de codage » ou « d'enregistrement ». Il aboutit à la classification et au dénombrement d'items de sens. Il est très dépendant des objectifs de l'étude (choix des critères).

Cette première phase ne suffit pas à définir l'analyse de contenu. La deuxième étape consiste en « l'inférence de connaissances relatives aux conditions de production (...), à l'aide d'indicateurs (quantitatifs ou non)» (Bardin, p. 39). L'inférence est la procédure qui permet de réaliser le passage contrôlé entre la description, c'est-à-dire l'énumération synthétisée des caractéristiques d'un texte (première phase) et l'interprétation, c'est-à-dire la signification qu'on peut accorder à ces caractéristiques (phase ultime). Les indicateurs peuvent être d'ordre sémantique (par exemple, la fréquence d'apparition d'un thème) ou linguistique (par exemple, l'ordre de succession des éléments signifiants) ou paralinguistique (par exemple, l'intonation). On atteint ainsi une autre signification, une signification au second degré. En fait, on tente de détecter le «non-dit» détenu par le message.

Remarquons que l'interprétation d'un corpus peut se réaliser par un autre moyen qu'une analyse de contenu qui privilégie une approche quantitative. On peut se servir d'une analyse qualitative (ou contextuelle) (voir à ce propos R. Rezsohazy, 1979, pp. 114 à 118). Il s'agit dans ce cas, pour le chercheur, de pénétrer la mentalité de l'informateur, de s'imprégner de ses idées et de ses valeurs, de capter ses intentions, bref, de se mettre à sa place. L'attitude fondamentale qui guide cette démarche est la compréhension de l'acteur. Comment traiter dès lors le problème d'interprétation ? Il s'agit d'examiner la signification des mots et des faits ; ensuite de reconstruire le sens des phrases, puis des paragraphes. Ces derniers se structurent alors pour donner la signification de l'ensemble. Ainsi, l'analyse se fait du particulier vers le général sans qu'il y ait jamais de rupture de sens d'une étape à l'autre. C'est la suite, l'agencement, les rapports des éléments du texte qui vont fournir la clé des significations. Pour comprendre le contenu, on tiendra compte :

– du contexte socio-culturel qui influence l'informateur ; de la conjoncture du moment ; des intentions de l'acteur et de son système de pensée ; des pressions ou conventions sociales ; du destinataire ;

– des données personnelles de l'informateur : données psychologiques occasionnelles ou permanentes, influences extérieures et itinéraire de vie ; genèse des opinions, etc. ;

– du contexte littéraire qui influence le style, la clarté, le vocabulaire ; par exemple, si un texte scientifique utilise une grande précision et des termes univoques, un pamphlet par contre manipule l'ironie, les insinuations, les allusions, etc.

Ce type d'analyse permet d'accéder à une interprétation tout en finesse et en nuances. Il présente le risque d'être marqué par le subjectivisme des chercheurs. Il peut fort efficacement s'articuler avec une analyse de contenu plus traditionnelle dont la présentation se poursuit ci-après.

11.4. Techniques de l'analyse de contenu

L'analyse de contenu est une méthode empirique. Le choix des techniques est très dépendant du matériau à étudier et des visées du chercheur. Il n'y a pas de modèle tout fait en analyse de contenu. Il existe certes des techniques de base mais qui sont toujours à transposer — et parfois cela s'avère très difficile — en fonction du domaine étudié et du but recherché. Le chercheur, à chaque nouvelle étude, a donc à faire un effort d'innovation dans l'élaboration de ses techniques.

De plus, il faut ajouter, comme le signalent certains auteurs (Ghiglione, Beauvois, Chabrol et Trognon, 1980, p. 159), que l'analyse de contenu n'est pas simplement constituée d'une ou de techniques mais implique toujours aussi une prise en compte des modèles idéologiques qui ont cours dans le milieu où elle s'effectue ainsi qu'une réflexion sur la place de l'analyste dans le processus social où elle s'insère.

Les nombreux travaux de recherche ont néanmoins permis l'élaboration d'un éventail de modèles de base dont le chercheur peut s'inspirer et qu'il peut transformer pour les besoins de son étude. Nous nous proposons de présenter, à titre d'illustration, quelques-unes de ces techniques, en nous inspirant des travaux de L. Bardin (1977).

11.4.1. L'analyse catégorielle

L'analyse par catégories est la technique la plus ancienne et la plus fréquemment utilisée. Il s'agit d'opérations de découpage du texte en unités et de classification de ces dernières dans des catégories. La catégorisation a pour but de condenser les données brutes pour en fournir une représentation simplifiée. Il existe diverses techniques de catégorisation (les unités d'enregistrement pouvant être le mot, le thème, le personnage, l'événement, etc.). L'analyse prenant le thème comme unité est très souvent retenue car elle est rapide et efficace pour des discours directs et simples. Le thème est l'unité, le «noyau de sens», qui se dégage du texte lorsqu'on été choisies les catégories sur base d'une théorie permettant la lecture des informations. L'analyse thématique s'effectue le plus souvent dans le cas d'études sur les opinions, croyances, valeurs, motivations, ...

Remarquons que le chercheur qui veut accroître la validité de ses conclusions peut analyser le texte, non sur une seule dimension mais sur plusieurs dimensions. Il peut, en effet, diversifier ses techniques de catégorisation. Il obtiendra ainsi divers éclairages qu'il pourra confronter au cours de ses interprétations, rendant ces dernières plus riches et plus fiables.

11.4.2. L'évaluation des affirmations

La technique de l'évaluation des affirmations a été élaborée en 1956 par C.E. Osgood et ses collègues. Elle est une mesure des attitudes, c'est-à-dire qu'elle évalue des prédispositions à réagir sous forme d'opinions ou d'actes vis-à-vis d'objets (personnes, idées, événements, etc.).

La technique d'Osgood repose sur le postulat que le langage représente directement celui qui l'utilise. Pour réaliser les inférences, la méthode se sert donc d'indicateurs explicites contenus dans la source d'information. Elle recherche d'abord les pivots attitudinaux au travers de l'ensemble de la communication. Deux dimensions sont alors utilisées pour mesurer les attitudes : la direction et l'intensité. La direction constitue le sens de l'attitude selon un couple bipolaire : l'opinion peut être favorable ou défavorable, positive ou négative, optimiste ou pessimiste, etc. Entre ces deux pôles existe un état de neutralité ou d'ambivalence. L'intensité est la force, le degré de l'opinion : elle peut être tiède ou passionnée, légère ou véhémente, etc.

Comme l'analyse thématique, la méthode d'Osgood a recours au découpage du texte en unités de significations. La différence est qu'elle s'attache non seulement à l'occurrence des thèmes mais aussi à la charge évaluative (direction et intensité) des unités de significations.

La méthode ne prend pas en compte la totalité du texte. Seule, la dimension des attitudes est examinée et donc seuls, les énoncés exprimant une évaluation sont analysés.

L'analyse mise au point par Osgood nécessite une traduction — appelée normalisation — du texte initial. Il s'agit, après avoir isolé les objets d'attitude et avant d'entreprendre le codage proprement dit, de transformer les énoncés contenant les objets d'attitude en des formes affirmatives syntaxiquement élémentaires. Lorsque cette transformation a eu lieu, le codeur assigne une direction aux éléments de l'énoncé simplifié ainsi qu'une note (valeur numérique) traduisant leur intensité (notes allant de -3 à $+3$ soit 7 degrés). On peut obtenir ainsi un niveau (calcul de la valeur numérique globale), par exemple de favorabilité/défavorabilité, pour chaque objet d'attitude du texte analysé.

Cette technique est extrêmement lourde et longue. De plus, elle repose sur un postulat qui limite la portée de son utilisation : elle ne sera pas opportune par exemple, dans les cas d'entretien thérapeutique (où on recherche le sens caché derrière l'expression manifestée) ou de discours de propagande (où le message est volontairement insidieux). D'autre part, de nombreux linguistes signalent que la normalisation des textes manque de rigueur et tend plus vers une interprétation que vers une application de règles linguistiques précises. Enfin, la notation de la charge évaluative est largement soumise au biais des différences individuelles et culturelles. Néanmoins, l'évaluation des affirmations reste une méthode intéressante dans la mesure où elle est une tentative d'évaluer le plus rigoureusement possible un matériel tendancieux. Elle ouvre aussi des perspectives nouvelles, telles la mesure de la cohérence d'un texte dans ses jugements ou la mesure de la charge émotive d'un message. Elle a son utilité maximale dans le cas d'une mesure précise sur un nombre restreint d'objets d'attitude.

11.4.3. *L'analyse de l'énonciation*

Contrairement à l'analyse de contenu classique, qui considère le matériel d'étude comme un donné, l'analyse de l'énonciation repose sur l'examen du processus, de l'acte de parole. On considère ici que c'est au moment de la production d'un discours que le sens s'élabore. Lors de ce processus d'élaboration, interviennent les idéologies sociales, ainsi que les incohérences, les contradictions, les défenses, les rationalisations inhérentes aux conflits, aux désirs, aux ambivalences du sujet. En fait, le langage n'est pas le reflet intégral des opinions de la personne. Un jeu de transformations s'opère toujours. C'est cette dynamique que l'analyse de l'énonciation ambitionne de saisir.

L'entretien non directif est le matériau privilégié de l'analyse de l'énonciation. Il s'agit en effet d'un discours dynamique, en ce sens qu'il est produit dans une situation où la spontanéité est suscitée mais où existe aussi une contrainte liée à la construction du récit. L'analyse de l'énonciation va notamment tenter d'étudier l'agencement, la logique du discours (la dynamique) et de repérer les éléments formels atypiques, c'est-à-dire les «ruptures» dans le récit (omissions, répétitions, silences, illogismes, lapsus, figures de rhétorique, etc.). L'interprétation, la compréhension du processus résultent de la cohérence entre les divers traits caractéristiques.

Remarquons que l'analyse de l'énonciation se centre sur la singularité de chaque énoncé. Il s'agit en fait d'études de cas.

L'analyse de l'énonciation repose sur des conceptions théoriques variées : celles de Freud, de Lacan, le distributionnalisme et l'analyse du discours de S.Z. Harris, la grammaire générative de Chomsky, l'analyse structurale du récit (Lévi-Strauss, Greimas), etc.

Il n'est pas dans la visée du présent travail de développer plus à fond les techniques présentées ci-avant. De même, il ne fournira pas un ensemble exhaustif des méthodes d'analyse de contenu. Sachons que maints autres types d'analyse existent. Citons encore (lire L. Bardin, 1977) : l'analyse de l'expression dont les indicateurs sont d'ordre formel (les signifiants et leur organisation, voir à ce propos l'illustration au point 11.7); l'analyse des relations qui se centre sur les liens qui existent entre les différents éléments du texte et qui vient compléter l'analyse fréquentielle; l'analyse du discours et notamment l'analyse automatique du discours (AAD) mise au point par M. Pêcheux (1969), qui examine les processus de production et qui s'inscrit dans une sociologie du discours (reposant notamment sur la théorie des idéologies et sur le principe de la non-transparence des faits sociaux), etc.

11.5. Avantages et limites

L'analyse de contenu est utile car elle est la technique qui permet de décortiquer et de comprendre, au-delà de leur signification première, les communications humaines. Or, on sait que ces dernières sont une source riche et inépuisable de données relatives à la personnalité, aux attitudes, avis, comportements, etc. Pour cette raison, l'analyse de contenu est une méthode qui se développe de plus en plus entraînant avec elle la recherche de procédures pour assurer sa validation.

Certes, l'analyse de contenu comporte des faiblesses et des écueils que nous nous proposons d'examiner.

L'analyse de contenu classique vise à accéder à la signification d'une communication en se servant de catégories explicites. Coder des segments de texte nécessite un apprentissage des modalités de codage mais renvoie toujours au jugement des codeurs. L'objectivité intégrale conduisant à un résultat univoque est illusoire ici. Dès lors, pour assurer la stabilité maximale de l'analyse du contenu, il importe de toujours vérifier la fidélité intercodeurs (vérification de l'uniformité du jugement de plusieurs codeurs sur les mêmes données) et la fidélité intracodeur (vérification de l'uniformité du jugement du même codeur à travers le temps). Si la définition des catégories est bonne, les distorsions dues à la subjectivité des codeurs est fortement réduite.

Par ailleurs, il faut savoir que les valeurs idéologiques de l'analyste entrent en ligne de compte dans l'établissement des catégories. Pour améliorer la validité des résultats et pallier en partie les effets de ce biais, pour accroître aussi la stabilité des conclusions (voir critique précédente), l'emploi de plusieurs techniques de catégorisation émanant de théories diversifiées peut s'avérer utile. Les multiples éclairages ainsi obtenus, outre le fait qu'ils enrichissent l'interprétation, peuvent rendre cette dernière plus fiable.

Le système de catégorisation soulève une autre difficulté encore (voir W. Ackermann et R. Zygouris, 1967, p. 235). Elle concerne le nombre de catégories de ce système. Le code peut être très fin : dès lors, on court le risque d'avoir des significations trop différenciées attribuées à des énoncés qui ne sont pas à distinguer. Ou bien le code est trop grossier et recouvre sous une même signification des énoncés qui devraient être différenciés. Dans le premier cas, il y a moins de danger d'inadéquation entre le code et le contenu du texte. En outre, des regroupements peuvent être effectués postérieurement. Cette méthode, plus fidèle que l'autre, présente néanmoins le désavantage d'être plus coûteuse en temps et en énergie. D'autant plus qu'elle ne fait que différer le moment des discriminations utiles pour les buts de la recherche.

L'engouement en faveur de l'analyse de contenu est manifeste à l'heure présente. Elle évite le recours aux mesures directes qui, pour beaucoup de spécialistes induisent un trop grand nombre de biais. L'analyse de la communication humaine ouvre en outre la voie à l'étude d'une grande variété de secteurs et de sujets. Elle offre, en effet, une source inépuisable et extrêmement riche de données relatives aux comportements humains. Simple en apparence, elle a néanmoins souvent été utilisée sans rigueur scientifique suffisante et sans référence à des modèles théoriques adéquats et explicites. Le chercheur à tout instant doit rester conscient des limites de la méthode, limites dues à l'utilisation de mesures indirectes et à l'élaboration des inférences.

11.6. Assurer la scientificité de la méthode

La technique de l'analyse de contenu va permettre une interprétation au second degré d'un matériau de base constitué de corpus tels que notamment les cahiers de bord, les entretiens, les récits de vie. C'est donc la scientificité des analyses et interprétations qui doit être examinée ici.

Le recours à une catégorisation pose toujours le problème de la fidélité du codage. Les moyens classiques de vérification de la constance intra- et inter-juge(s) ainsi que la définition très précise et détaillée des catégories s'imposent ici. Quant au choix du système de codage et des analyses, il peut être influencé par l'idéologie du chercheur (problème de fiabilité). Dès lors, celui-ci peut faire appel à une triangulation théorique, c'est-à-dire utiliser des modèles théoriques divers pour élaborer des systèmes de codage et d'analyse différents et ainsi améliorer la fiabilité de la recherche.

On peut également s'interroger sur la crédibilité des analyses et des interprétations. Le fait d'avoir recours et de confronter ses résultats à des théories reconnues et bien définies est déjà un élément qui confère une validité empirique (validité référentielle) à la méthode utilisée. Par ailleurs, en ce qui concerne le contenu des énoncés, c'est l'examen des répétitions et des redondances qui va assurer la crédibilité de l'étude. De plus, quand cela s'avère possible, le renvoi aux sujets, pour analyse critique, des conclusions et interprétations découlant de l'analyse de contenu peut constituer un moyen de vérification de la crédibilité des résultats (validité phénoménologique ou validité de signifiance).

Le chercheur qui effectue une analyse de contenu doit rester attentif à l'état des documents sur lesquels il travaille. Il doit vérifier notamment si ceux-ci n'ont pas subi quelque altération. Il s'imposera donc une critique de restitution qui s'avère indispensable pour la crédibilité des conclusions. Il sera sensible aussi aux critiques d'originalité et d'autorité qui conditionnent la qualité de ses interprétations.

Remarquons que le chercheur peut utiliser différentes formes d'analyse de contenu pour traiter ses informations (triangulation méthodologique). Il en résultera une plus grande richesse de ses interprétations.

11.7. Illustrations

11.7.1. Analyse d'une communication de masse

L. Bardin (1977, pp. 71-89) présente un exemple d'analyse d'une communication de masse : l'horoscope du magazine «Elle». Elle utilise pour ce faire des techniques de l'analyse de contenu par catégorisation d'unités de sens ou de vocabulaire afin de déterminer les fonctions des «prédictions» astrologiques.

Une première lecture intuitive va permettre au chercheur de poser diverses hypothèses à titre provisoire. Ainsi, les hypothèses suivantes sont proposées :

– l'horoscope fonctionne comme un système projectif flattant le narcissisme du lecteur ;

– il a moins une valeur prédictive qu'un rôle de soutien moral ;

– il n'est pas le règne du fatalisme puisque tout est remis entre les mains du sujet lui-même ;

– il place l'individu dans un cadre de référence en lui fournissant ou lui imposant des modèles de conduite ;

– il diffuse un système de valeurs qui correspond à l'idéologie et au mode de vie d'une certaine bourgeoisie : l'amour (conjugal, normalisé, contrôlé), les relations sociales basées sur la conciliation et la diplomatie (sans agressivité ni heurts), la santé (seule relation au corps mentionnée), l'argent (comme richesse à épargner), les exigences du succès (nécessité de résultats positifs) ;

– il contribue à développer le conformisme ;

– il consacre l'idéologie de la tempérance, c'est-à-dire du contrôle de soi ;

– il préconise la recherche du profit par investissement d'une énergie contrôlée (morale de l'effort).

Cette première démarche est déjà une lecture critique, distanciée par rapport au contenu des textes.

La première technique d'analyse effectuée est l'analyse de contenu thématique. L'auteur choisit la phrase comme unité de codage. Par exemple, pour vérifier les deux dernières hypothèses émises, il examine les attitudes, qualités ou aptitudes que le lecteur doit manifester ou éviter pour arriver à ses fins. Ainsi, dans chaque phrase (unité de codage), il relève la «qualité» ou le «défaut» énoncé. Ceux-ci seront dénombrés par la suite. Il regroupe les diverses attitudes dans de grandes catégories, en fonction de la valorisation ou de la dévalorisation de l'attitude. Ainsi, les catégories des attitudes valorisées sont :

– la prudence réflexive ;
– la diplomatie, la réserve ;
– l'énergie, l'optimisme ;
– l'exploitation de ses capacités.

Les catégories des attitudes dévalorisées correspondantes sont les suivantes :
- l'impulsivité ;
- la franchise, l'esprit critique ;
- le découragement et la paresse ;
- le gaspillage de ses capacités.

Ces catégories, émanant des textes, sont donc représentatives des valeurs de l'horoscope de la revue.

En dénombrant les thèmes mis en évidence (analyse quantitative), on constate que plus de la moitié des attitudes est centrée sur l'individu, ce qui est un élément qui confirme en partie l'hypothèse du narcissisme flatté (première hypothèse). Une analyse qualitative montre les valeurs de référence et les modèles de conduite préconisés : morale de l'effort, de la modération et du contrôle de l'action, recherche de la sécurité affective, de la richesse matérielle, de la réussite sociale, bref une morale typiquement individualiste.

L'auteur utilise pour traiter le même sujet un autre type d'analyse de contenu : l'analyse lexicale et syntaxique. Il s'agit ici de travailler sur les signifiants et la syntaxe : unité de vocabulaire, caractéristiques grammaticales, etc. Nous donnons ci-après quelques résultats auxquels l'auteur aboutit.

La moyenne des mots par phrase est d'abord calculée. Celle-ci s'avère très faible et présente une grande régularité. Pourquoi ? Pour une raison d'espace ; par souci de lisibilité ; pour éviter tout effort de mémoire. L'agencement des phrases est stéréotypé : organisation fréquente en deux propositions complémentaires (liées par un «mais» ou un «et») qui permet le maniement nuancé des contraires et qui donne naissance à un message volontairement ambigu, ce qui favorise la projection individuelle.

Quant au répertoire lexical de base des textes, il est extrêmement limité : le rapport occurrences sur vocables, qui traduit le nombre de répétitions par vocable, est particulièrement élevé. En d'autres termes, ce sont toujours les mêmes mots qui sont utilisés, le vocabulaire est pauvre. Les mots pleins (mots porteurs de sens) les plus fréquents sont les verbes «être», «faire» et «pouvoir». Le verbe «avoir» n'arrive qu'à la quinzième place (langage existentiel plutôt que langage de possession ?). Les noms «ami(s)», «famille», «rapports» (sociaux) sont couramment employés. Les adjectifs les plus fréquents sont : «bon», «nouvel» et «favorisé» (projection optimiste sur l'avenir). Les termes «projets», «décision», «initiatives», «preuves», «régler», «organiser», «vouloir», «travail», «succès», etc. figurent en bonne place et renvoient aux termes privilégiés par les cadres d'entreprise.

Les mots outils «vous», «vos», «vôtre» sont très fréquemment utilisés. Ils ont pour but de personnaliser le contact avec le lecteur et rencontrent l'égocentrisme du sujet. La négation «ne... pas» apparaît souvent et rend compte du nombre important d'interdits. «Et» et «mais», fréquents, tempèrent les informations trop précises.

Le temps et le mode des verbes sont aussi examinés. Ce ne sont pas les futurs (15 %) ou conditionnels (4 %), temps ou mode qu'on s'attendrait à trouver vu la fonction de prédiction annoncée par l'horoscope, qui sont les plus employés. Les verbes sont surtout à l'impératif (39 %), ce qui confirme le caractère impositif des textes astrologiques (imposition de modèles de conduite).

11.7.2. Analyse de connotations

Dans leur article intitulé «Ecole : connotations et appartenance sociale», J.-P. Pourtois et G. Delhaye (1981) ont tenté de déterminer la perception qu'ont les parents issus de milieux socio-culturels contrastés du concept «école». Ce concept familier n'est pas perçu avec les mêmes connotations par les subcultures. Le vécu subjectif, les intérêts et les projets des individus et des groupes déterminent sa signification. Il était intéressant d'approcher sémantiquement ce concept afin de dégager les traits prégnants des systèmes culturels que les individus et, à travers eux, les groupes ont intériorisés.

Les auteurs ont utilisé la technique des associations libres. Il était demandé aux sujets d'évoquer le plus spontanément possible les mots qu'ils associent au concept-stimulus proposé (à savoir, dans ce cas, le concept-stimulus «Ecole» ainsi que trois stimuli voisins : «Ecole maternelle», «Ecole primaire» et «Ecole secondaire»).

Le traitement des associations ainsi obtenues relève de l'analyse de contenu. Dans un premier temps, une série de catégories logico-sémantiques est établie sur la base du modèle fonctionnaliste (cf. R.K. Merton, 1965) : l'école remplit des «fonctions»; elle présente aussi des «dysfonctions». Ainsi, neuf catégories ont été élaborées :

- fonction de formation et/ou de professionnalisation;
- fonction de socialisation;
- fonction d'autonomisation;

- fonction de délassement ;
- fonction sociale ;
- fonction de contrainte (volontarisation) ;
- fonction d'affectivité positive ;
- évaluation (jugement global) ;
- dysfonctions caractérisées.

Dans un deuxième temps, les associations sont réparties dans les catégories ainsi fixées en tenant compte de la variable «milieu socio-économique et culturel».

Les auteurs effectuent également une analyse quantitative au départ des données recueillies : nombre total d'associations en fonction du milieu socio-économique et en fonction du concept-stimulus proposé.

Les résultats montrent que l'école a essentiellement une fonction de formation très axée sur la professionnalisation surtout en milieu modeste. Le développement de la personne (fonction de socialisation et d'autonomisation) est mentionné principalement par les parents issus des classes favorisées. L'école apparaît aussi — et cela dans les deux types de milieu — en tant qu'outil de bienfait et de progrès (fonction sociale). Son évaluation est dans l'ensemble positive bien que des aspects dysfonctionnels apparaissent clairement : l'aspect artificiel, restrictif d'un univers clos est mis en évidence. La vie affective et relationnelle (entre maître et enfants) n'est pas une fonction relevée par les parents.

12. EN SYNTHESE

Neuf approches de recueil d'un matériau qualitatif ont été présentées. Elles sont une tentative de mieux appréhender la réalité dans sa complexité, sa dynamique et sa globalité. Elles privilégient la recherche de la compréhension et du sens des événements. Elles s'intéressent au contexte écologique et/ou historique des acteurs ainsi qu'à leurs points de vue et leurs croyances.

On peut dire que ces diverses techniques prennent largement en compte la phénoménologie du sujet et de sa relation à l'autre afin de connaître les phénomènes humains dans leurs multiples dimensions. Elles permettent d'accéder à une sociologie (une pédagogie, une psychologie) «compréhensive» (M. Weber, A. Schütz). Elles veulent dépasser l'appréhension du sujet par la seule observation externe — mais sans la rejeter pour autant — qui exclut de la connaissance toute une série d'aspects de la réalité sociale car elle n'analyse que les situations dans lesquelles les sujets se trouvent quand ils sont observés. Nous signalons à nouveau qu'on ne peut faire l'économie de la dimension objective sous peine d'engendrer de graves erreurs mais que, seule, cette démarche ne peut arriver à fournir une vue complète de la réalité. Nous estimons qu'une approche dialectique entre les deux approches — objectiviste, instrumentale, d'une part, subjectiviste, compréhensive, communicationnelle, d'autre part — doit s'instaurer si on veut au maximum éviter la mutilation des connaissances. En d'autres termes, si nous reprenons la catégorisation à trois dimensions de J. Habermas que nous avons développée précédemment, les instruments et techniques présentés ci-avant privilégient surtout le rapport « je - tu » (observation participante, entretiens non directifs, événements critiques, récits de vie, jeux de rôles, ...) en ce sens qu'ils tentent de saisir le corps de valeurs qui sous-tend les opinions, les perceptions et les actes des sujets. Nous n'éliminons pas pour autant les méthodes d'intérêt technique, tels les questionnaires, les dessins ou les techniques du Q-Sort (rapport « je - il ») mais nous les complétons toujours par une démarche d'intérêt pratique (rapport « je - tu ») qui aboutit inévitablement à un intérêt d'émancipation (rapport auto-réflexif « je - je »).

En outre, nous voudrions insister une fois encore sur le fait que, si le chercheur qualitatif analyse le particulier et le subjectif, sa démarche méthodologique doit rester logique, rationnelle et rigoureuse. Il importe qu'il s'interroge sur la scientificité de sa recherche. Nous avons tenté de montrer, à côté de leurs avantages, les limites de chacune des neuf méthodes et essayé de fournir un ensemble de procédures qui permettent d'apprécier et d'améliorer la validité des résultats. La validité de l'approche qualitative est la condition sine qua non de sa crédibilité.

Nous proposons ci-après, en synthèse, un tableau récapitulatif des procédures de validation des informations et des interprétations en fonction des instruments qui ont été développés. Certaines procédures sont essentielles pour assurer une bonne garantie de scientificité à la recherche : elles sont signalées par une croix dans le tableau 16[9]. D'autres sont utiles, souhaitables même mais on peut en faire l'économie sans pour autant risquer de voir les résultats tronqués ; elles constituent soit une garantie soit un apport supplémentaires ; elles sont marquées dans le texte par une croix placée entre parenthèses. Signalons que cette présentation n'a rien de catégorique ni de définitif ; elle constitue seulement des pistes de réflexion pour les chercheurs qui désirent recueillir ou traiter un matériau qualitatif dans des conditions de scientificité maximale.

Tableau 16. *Procédures de validation des instruments — Synthèse*

Instruments / Validation	Observation participante	Entretiens non directifs	Récits de vie	Dessin situation de vie	Questionnaire	Jeu de rôle	Événements critiques	Q-Sort	Analyse de contenu
Triangulation									
- des sources	X	(X)	X	X	X	X	X	X	X
- des observateurs	X	(X)	(X)	X		X	X	X	X
- méthodologique	(X)	(X)	(X)	X		X	X	X	(X)
- interne - acteur -chercheur	X	X	(X)		X	X	X	(X)	X
- théorique	X	X	X		X	X	X	(X)	X
- spatiale	X	(X)	(X)	X	X	X	X	X	
- temporelle	X	X	(X)	X	X	X	X	X	
Jugement critique									
- crit. originalité		(X)	X		X			X	(X)
- crit. restitution			X						(X)
- crit. autorité	(X)	(X)	X						(X)
Validité de signifiance	(X)	X	X		X	X	X	X	X
Description du site	X		X						
Saturation		(X)	X		(X)			(X)	

Ce tableau n'a pas pour ambition d'être exhaustif. Il présente quelques exemples d'instruments qualitatifs que nous avons mis en rapport avec quelques procédures de validation. La liste est loin d'être complète d'un côté comme de l'autre. Il a pour but unique de susciter l'interrogation des chercheurs quant à la scientificité de ses données et de ses interprétations. Car si la formation méthodologique des chercheurs qualitatifs peut et doit se réaliser de façon systématique, elle est cependant très dépendante des particularités du site d'étude ; elle nécessite donc, en plus, la pratique du terrain et l'imagination du chercheur. En cela aussi, ce type de recherche constitue une entreprise exigeante.

La tâche est ardue, certes. Les stratégies de validation sont encore partielles, peu connues et longues dans leur développement. Elles sont toutefois d'une grande souplesse. Par ailleurs, une grande variété de procédures de validation est possible. Il s'agit de découvrir celles qui s'adaptent le mieux à l'étude entreprise. Le chercheur doit savoir qu'elles sont souvent aussi puissantes que les techniques psychométriques traditionnelles et il ne doit en aucune façon craindre de les utiliser et de les expliciter. Ce n'est qu'à cette condition que les recherches qualitatives assureront leur pertinence et que leurs résultats pourront atteindre une valeur de référence pour d'autres chercheurs, pour d'autres sites, en d'autres temps, en d'autres lieux, bref, pour que puisse se réaliser une diffusion spatiale et temporelle la plus vaste possible.

NOTES

[1] C. PAGE, *Le théâtre, ça t'intéresse? Viens donc jouer*, mémoire de fin d'étude réalisé sous la direction de J.-P. Pourtois, Université de Fribourg (Suisse), Institut de Pédagogie, 1985.

[2] La recherche que nous relatons dans les grandes lignes ici fait l'objet d'une thèse doctorale menée par M. Houx sous la direction de J.-P. Pourtois (Université de l'Etat à Mons, F.S.P.P., Centre de Recherche et d'Innovation en Sociopédagogie familiale et scolaire).

[3] *Le B.B.T., test de photos de professions de M. Achtnich, méthode projective pour la clarification de l'inclination professionnelle*, Editest, Bruxelles, 1986.

[4] La présentation des divers types d'items est inspirée d'un travail réalisé en 1985 au Centre de Recherche et d'Innovation en Sociopédagogie familiale et scolaire (Université de l'Etat à Mons) par Stéphane De Léger, sous la direction de J.-P. Pourtois.

[5] Il existe d'autres indices susceptibles d'être utilisés dans ce cas (lire à ce propos DUSSAULT G., LECLERC M., BRUNELLE J., TURCOTTE C., *L'analyse de l'enseignement*, Montréal, Presse de l'Université du Québec, 1973).

[6] C. PAGE, *Le théâtre, ça t'intéresse? Viens donc jouer*, mémoire de fin d'étude réalisé sous la direction de J.-P. Pourtois, Université de Fribourg (Suisse), Institut de Pédagogie, 1985.

[7] Le lecteur intéressé par cette technique lira les chapitres qui lui sont consacrés dans les deux ouvrages suivants auxquels nous-mêmes nous nous sommes référés :
- *Recueil d'instruments et de processus d'évaluation formative*, t. II, de M. Seltner Iden ; Institut national de Recherche Pédagogique, Paris, 3ᵉ éd., 1985 (pp. 497 à 801).
- *Introduction à la recherche en éducation*, de G. De Landsheere, Liège, Thone, 5ᵉ éd., 1982, pp. 110-117.

[8] Remarquons que, dans ce cas, on ne peut plus à proprement parler de technique du Q-Sort car l'objectif de dépouillement est différent.

[9] Pour la justification du choix de la procédure à adopter, nous renvoyons le lecteur au texte qui précède et qui concerne le développement des instruments (avantages et limites de l'instrument ; assurer la scientificité de la méthode).

Chapitre VI
Conclusions

> *Plus on creuse la science, plus elle s'élève. Nous pouvons donc être certains que la multiplication des méthodes, à quelque étage que ces méthodes travaillent, ne saurait nuire à l'unité de la science.*
>
> G. BACHELARD, *L'engagement rationaliste*

1. OPPOSER OU ARTICULER

Le but du présent ouvrage fut de faire le point sur la situation actuelle de l'épistémologie et de la méthodologie — et plus particulièrement de l'instrumentation — en sciences humaines.

La première partie du travail a été consacrée à examiner le concept de science à l'heure actuelle. L'épistémologie scientifique est en perpétuelle évolution. Elle s'ouvre aujourd'hui à la complexité, au désordre, au changement et à la dynamique des phénomènes. Elle doit faire face à une perte de certitude à l'égard des lois qu'elle formule. Elle s'interroge sur la définition de l'objectivité et se rend compte de la nécessité de prendre en considération l'enracinement social et historique dans lequel s'inscrit la recherche.

Divers courants de pensée sont à la base de la connaissance en sciences humaines. Des oppositions parfois flagrantes s'observent entre eux. Nous avons pensé qu'il était utile d'examiner ces divergences qui constituent le fondement actuel de la connaissance en sciences humaines.

Ainsi, par exemple, une première opposition est relative à l'existence ou la non-existence d'une relation entre le chercheur et l'objet de son étude. Elle implique une vision différente de la notion de «faits» qui, selon l'optique positiviste, ne sont que des données objectives recueillies grâce à une observation systématique et susceptible de neutralité mais qui, selon la perspective phénoménologique, ne peuvent jamais être objectifs car ils dépendent toujours de la façon dont les acteurs les perçoivent. Les concepts d'objectivité et de subjectivité sont donc sous-jacents à ces visions différentes.

D'autres divergences se manifestent. Le nomothétisme qui tente d'expliquer les phénomènes en termes de causalité et qui recherche des lois générales s'oppose à l'herméneutique qui essaie de comprendre la signification profonde des événements et s'intéresse aux représentations des acteurs. En méthodologie, une opposition se marque entre l'expérimentalisme qui récolte et traite statistiquement des données surtout quantitatives et la clinique qui construit son interprétation scientifique sur la construction première réalisée par les acteurs.

Ce sont bien là des visions très divergentes, quoique chacune légitime, qui sont à la base d'un débat qui est loin d'être clos. Quel intérêt présente une telle démarche de mise à jour des divergences et des oppositions dans les méthodes scientifiques? Il faut savoir que tout chercheur se situe et situe ses recherches dans un espace théorique, c'est-à-dire dans un univers de conceptions scientifiquement pertinentes dans l'état présent de l'avancement de la science. Cette position dans l'espace théorique conditionne inévitablement les pratiques scientifiques. Pourtant, le chercheur n'en a pas toujours conscience. P. Bourdieu (1987) notamment souligne ce phénomène extrêmement important pour notre réflexion. Il ajoute combien il est nécessaire de prendre conscience de cet espace pour réaliser une pratique scientifique consciente d'elle-même et contrôlée, pour lutter contre les contraintes de l'espace théorique du moment et pour dépasser les prétendues incompatibilités, les prétendues oppositions, les prétendues voies inconciliables. Actuellement, des tentatives s'amorcent dans ce sens. Des chercheurs, de plus en plus nombreux, pensent que l'articulation entre les deux approches — qualitative et quantitative — est réalisable et prônent la flexibilité afin d'aboutir à une conception non dogmatique de l'épistémologie et de la méthodologie en sciences humaines. Ils recherchent notamment les moyens de traiter les données qualitatives tout en maintenant une rigueur scientifique élevée, rigueur que nous a apportée la démarche positiviste. Ils essaient de coordonner «objectivisme» et «subjectivisme», «rationalité technique» et «rationalité communicationnelle». C'est dans cette perspective que nous avons tenté de présenter le chapitre V consacré au recueil et à l'analyse de l'information.

2. COMMENT ASSURER LA SCIENTIFICITE DES CONNAISSANCES

Le concept de scientificité d'une recherche qu'elle soit issue d'une conception expérimentaliste ou d'une conception clinique est au cœur des préoccupations du présent ouvrage. Dès lors, les critiques adressées à l'une et l'autre des conceptions ainsi que leurs insuffisances doivent être examinées.

A la méthode expérimentale stricte, on peut reprocher sa volonté de simplifier et de fragmenter pour mieux maîtriser et d'ignorer la complexité et la variabilité des phénomènes. Si bien que certains s'interrogent sur la valeur des résultats obtenus par cette méthode. Par ailleurs, en sciences humaines, la quantité de variables est telle qu'il est pratiquement impossible de les contrôler toutes car cela entraînerait des combinaisons infinies et des observations en nombre considérable. On ne peut donc jamais agir que par approximations. Certes, les procédés technologiques sont de plus en plus raffinés mais sont-ils suffisants pour conduire à des conclusions valides ? Beaucoup ne le pensent pas et soulignent que cette approche, utilisée de manière isolée, produit des données virtuellement dénuées de sens et inutilisables dans la pratique. De plus, en n'abordant pas les problèmes de la subjectivité des acteurs, le risque est grand de décrire la réalité sociale comme un monde fictif et inexistant que l'observateur scientifique aura lui-même construit (Schütz, 1975, p. 96).

Quant à l'approche clinique, elle fait appel à un matériau qualitatif. Cela implique l'utilisation de données exprimées en mots, phrases ou récits qui, si elles donnent des renseignements plus riches, sont beaucoup plus malaisées à codifier et à systématiser. Il s'agit pourtant de dépasser le stade journalistique et d'accéder à une étude scientifiquement étayée. Quelques chercheurs s'attachent au problème mais les moyens manquent encore. L'itinéraire de la recherche qualitative est loin d'être bien tracé et il nécessite de la part de celui qui s'y engage imagination et créativité. Par exemple, les phénomènes étant étudiés dans leur particularité, dans leur singularité, le problème de la généralisation d'une situation à une autre n'est pas aisé à résoudre.

Le courant positiviste nous a initiés à la rigueur et à la vérification permanente ; il nous a appris la rationalité et la recherche de la cohérence.

Le courant phénoménologique, celui de la pensée singulière, la perspective interactionniste et l'approche dialectique nous amènent à rechercher le sens profond des événements qui se produisent; ils nous incitent à appréhender la complexité et la dynamique des phénomènes; ils nous renvoient à la signification que les actions humaines prennent pour les acteurs eux-mêmes. Selon ces approches, le «faire» et le «sentir» des acteurs sont le fondement du système social et le chercheur a à répondre à la question «que signifie le monde social pour l'acteur tel qu'on l'observe dans ce monde, et qu'a-t-il voulu signifier par son agir?» (Schütz, 1975, p. 94). De la sorte, il tente de comprendre, à travers les motivations des acteurs, les mécanismes de l'action humaine et donc la réalité sociale dans ses dimensions multiples.

Ainsi que le proposent des auteurs comme Morin, Atlan, Castoriasis, Dupuy, le social devrait être analysé avec des modèles aussi complexes que ceux qui nous permettent de décrire la vie. Nous pensons qu'une articulation entre les deux approches précitées peut conduire à une pertinence et une scientificité plus grandes des recherches en sciences humaines. Ainsi, doit émerger une méthodologie scientifique rigoureuse et en même temps susceptible de capter l'individuel, l'affectif, le contingent, le désordre et le complexe.

Dans la perspective d'une combinaison de ces deux courants, apparaissent des techniques aptes à assurer une bonne qualité scientifique des résultats. Citons à ce propos la «triangulation» qui consiste à confronter des méthodes d'investigation et d'exploitation différentes et complémentaires. La validité de signifiance est un autre moyen de garantir une bonne crédibilité à la recherche; elle a pour but de vérifier si les données et leur interprétation sont bien le reflet de ce que les sujets pensent et perçoivent; dès lors, l'information leur est retransmise pour une corroboration et/ou une analyse critique. Nous ne pouvons pas négliger non plus le jugement critique qui nous vient de l'analyse des faits historiques.

3. VERS UNE EVOLUTION DE L'INSTRUMENTATION

Les techniques instrumentales constituent un secteur extrêmement important à prendre en compte dans toute recherche scientifique. Pour entreprendre une étude, il faut commencer par se procurer ou créer les instruments adéquats. Cette démarche est loin d'être neutre. Sélectionner ou élaborer un instrument, c'est opter pour une conception théorique qui va constituer le fondement de l'étude entreprise. Trop fréquemment, pensons-nous, en sciences humaines, cette étape est négligée et son importance non appréciée à sa juste valeur. Car, comment accorder un quelconque crédit à une recherche dont les mesures et informations émanant de l'outil utilisé sont tronquées ou ne sont pas en adéquation avec l'objet d'investigation ? Que dirait-on des recherches d'un physicien qui se servirait d'un instrument inadéquat pour effectuer ses mesures ? Impensable ! Pourtant, que les recherches soient réalisées dans le domaine des sciences exactes ou dans le domaine des sciences humaines, la situation et les conséquences sont similaires. Nous ne saurons trop insister sur cette phase de la recherche et inciter le chercheur à y octroyer toute l'importance voulue.

Par ailleurs, une autre raison qui nous a poussés à nous attacher à l'analyse des techniques d'instrumentation est que celles-ci sont susceptibles de traduire les valeurs et les conceptions scientifiques d'une époque. L'examen d'articles de revue à deux époques différentes distantes de dix ans permet de mettre en évidence des changements évidents. Actuellement, les chercheurs ont tendance à récolter un matériau plus qualitatif ; ils adaptent plus exactement, plus précisément leur instrument à l'objet d'étude ; ils modifient et élargissent le champ des théories dont ils se servent pour élaborer leurs outils ou interpréter leurs résultats. Bien sûr, les changements restent modérés. On ne rencontre pas de nouvelles techniques ; l'examen des qualités métrologiques des instruments et l'explicitation de leurs théories sous-jacentes restent peu effectués, ce qui confirme le manque d'attention consacrée à l'analyse de l'instrumentation ; le traitement des informations continue à se faire de façon traditionnelle.

Quoique modestes, des tendances nouvelles s'infiltrent dans les recherches actuelles. Elles traduisent une prise en compte réelle de la complexité, de l'historicité, du singulier, du contingent et du sens. Certes, on n'est pas au bout du chemin. Mais la voie est tracée et notre espoir qu'elle se prolonge, s'élargisse et s'enrichisse sans cesse est grand.

Pour aider à répondre à ce souhait, nous avons développé dans le chapitre V du présent ouvrage une série de techniques de recueil et d'analyse de l'information. Elle peut constituer une ressource pour le chercheur qui veut, en toute connaissance de cause, recueillir des données qualitatives reflétant les caractéristiques des tendances nouvelles en sciences humaines. Car tout instrument présente des avantages mais aussi des limites et des lacunes. Mettre celles-ci en évidence pour tenter de les combler, articuler les diverses méthodes que la science actuelle met à notre disposition, même si elles sont de prime abord opposées, adopter une démarche rationnelle pour assurer la qualité d'objectivité scientifique authentique de la technique, tels sont les objectifs que nous avons poursuivis dans ce chapitre et qui traduisent les options épistémologiques et méthodologiques qui nous ont animés tout au long de cet ouvrage.

Notes bibliographiques

[1] Voir I. PRIGOGINE et I. STENGERS, *La nouvelle alliance*, 1979, p. 15.

[2] Voir E. MORIN, *La méthode*, I. *La nature de la nature*, 1977, p. 88.

[3] Voir R. BOUDON, *La place du désordre*, 1984, p. 184.

[4] « *Le temps n'est plus où les phénomènes immuables focalisaient l'attention. Ce ne sont plus d'abord les situations stables et les permanences qui nous intéressent, mais les évolutions, les crises et les instabilités. Nous ne voulons plus étudier seulement ce qui demeure, mais aussi ce qui se transforme, les bouleversements géologiques et climatiques, l'évolution des espèces, la genèse et les mutations des normes qui jouent dans les comportements sociaux.* » (I. PRIGOGINE et I. STENGERS, *La nouvelle alliance*, 1979, p. 15.)

[5] Voir J.-F. PERRET, *Evaluation et modalités de recherches empiriques*, 1980.

[6] « *... à ce stade de la connaissance sensible, élémentaire, la connaissance n'est encore que mon expérience ; elle devient l'*expérience *lorsque — à l'aide du langage et de l'entendement — je la partage avec le reste de la communauté humaine jusqu'à la rendre impersonnelle, reproductible (et la construction d'instruments de mesure la rend plus impersonnelle encore). Les informations sensibles sont alors transformées en données numériques et l'étude de leurs variations permet d'établir des lois empiriques plus ou moins précises... Telle fut la science expérimentale...* » (R. CARATINI, *La Philosophie, II. Thèmes*, 1984, pp. 66-67.)

[7] Auguste Comte.

[8] Doctrine du «Tractatus» de Wittgenstein (1921), voir R. CARATINI, *ibidem*, pp. 72 à 74.

[9] « *Les objets ne possèdent pas de caractéristiques objectives qui s'imposent comme telles, à tous les sujets percevants... en fait, les objets ne sont pas objectifs ; ils ne sont pas indépendants des intérêts et des goûts de ceux qui les appréhendent ; il n'existe pas de sens universel et unanimement approuvé.* » (P. BOURDIEU, *La distinction*, 1979.)

[10] «..., pour bien des phénoménologues et des ethnométhodologues, et même pour quelques adeptes de l'interaction sociale, il n'y a pas de réalité ‹extérieure› dont on puisse rendre compte, de sorte qu'il n'y a nul besoin de développer un ensemble solide de règles méthodologiques pour contribuer à en expliquer les lois (cf. DREITZEL, Recent sociology, vol. 2, London, Macmillan, 1970, Introduction, pp. V-XVII). Selon cette école de pensée, les processus sociaux que nous pouvons déterminer sont éphémères, continuellement fluides, ou n'ont pas une existence indépendante de la façon dont les acteurs sociaux les expliquent et les décrivent. Ainsi, quelles que soient les ‹causes› que nous pensons pouvoir dégager des relations sociales observées, celles-ci seraient simplement le fruit de nos imaginations fertiles.» (M. HUBERMAN et M. MILES, L'analyse des données qualitatives : quelques techniques de réduction et de représentation, 1983, p. 2.)

[11] «Le désordre de la matière est impensable. La science ne peut tenir compte que des systèmes ordonnés, et de leur degré d'ordre, c'est-à-dire des états d'équilibre (lorsque les états accessibles sont équiprobables) et du nombre d'états possibles, équiprobables ou non, pour mesurer le désordre. La fonction qui a été inventée pour mesurer le niveau de désordre dans un système est appelée entropie.» (R. CARATINI, ibidem, p. 113.)

[12] Voir M. HUBERMAN et M. MILES, ibidem, p. 3.

[13] Voir J. COENEN-HUTHER, Le fonctionnalisme en sociologie : et après?, 1984, p. 60, éléments repris à H.R. Wagner dans son introduction à A. SCHÜTZ, On phenomenology and social Relations, The University of Chicago Press, Chicago/Londres, 1973.

[14] Voir G. DE LANDSHEERE, La recherche expérimentale en éducation, 1982, p. 24.

[15] La contestation de D.T. Campbell et de L. Cronbach (référence : G. DE LANDSHEERE, La recherche expérimentale en éducation, 1982).

D.T. Campbell a probablement été le chercheur qui a le plus contribué à la diffusion, en sciences de l'éducation, des plans expérimentaux de R. Fisher, plans expérimentaux issus de l'école de l'agriculture. Durant de nombreuses années, il déclare que seule l'approche quantitative est vraiment scientifique.

Au cours d'une communication qu'il fait en 1974, Campbell remet en question cette approche exclusivement quantitative dans l'évaluation des programmes. Son but est d'arriver à «*une perspective unifiant la connaissance qualitative et quantitative*» (p. 27). Il affirme que le divorce a été une erreur, montre que le quantitatif dépend du qualitatif et insiste fortement sur l'évaluation répondante, c'est-à-dire sur une description des processus dont les méthodes peuvent être trouvées auprès de l'école d'anthropologie : ethnographie, ethnométhodologie, approche historique, biographique, etc. Le débat se situe dès lors au niveau de deux écoles : celle de l'école d'agriculture et celle de l'école d'anthropologie.

Les conceptions de L. Cronbach évoluent parallèlement quoiqu'indépendamment de celles de D.T. Campbell. L. Cronbach analyse les interactions entre les aptitudes et le traitement expérimental. Il souligne que des résultats peu valides sont souvent obtenus si on ne tient pas compte de l'interaction d'une méthode d'enseignement avec les caractéristiques des élèves. Beaucoup de facteurs agissent les uns sur les autres même dans une expérience apparemment simple. Si bien que Cronbach en arrive à recommander une analyse beaucoup plus nuancée des données et «*d'exorciser l'hypothèse nulle*». Il préconise de «*fouiller les données*» pour mettre en évidence les effets dus à des conditions incontrôlées. Son option est résolument clinique et marque de façon inconstestable le changement de conception de la recherche contemporaine. Pour Cronbach, la généralisation ne peut venir que tardivement et l'analyse de l'exception est aussi importante que la recherche de la loi. La généralisation est tout au plus une hypothèse de travail; elle ne doit jamais être une conclusion.

[16] «... *les chercheurs qualitatifs ont progressivement renoncé à l'attitude largement défensive qui consistait, par exemple, à consacrer une bonne partie de leur temps à opposer les avantages des études sur le terrain aux faiblesses des études faites au moyen d'enquête, ou à s'appesantir de façon obsessionnelle sur les précautions à prendre pour lutter contre les erreurs de mesure dans les études sur le terrain, de façon à démontrer que la recherche qualitative peut être encore* plus *rigoureuse que les études corrélationnelles et expérimentales. En effet, l'intérêt s'est heureusement déplacé désormais vers une étude plus consciente et réfléchie, destinée à établir* comment *la recherche qualitative est véritablement effectuée : à quoi ressemble un ‹modèle qualitatif›; comment il procède pour récolter les données; comment ces données sont rassemblées, catégorisées, analysées; et comment les résultats peuvent faire l'objet d'un rapport plus digeste que par le passé.»* (M. HUBERMAN et M. MILES, *ibidem*, pp. 1-2).

[17] «(...) *surgit le problème d'une dialectique de l'exclusion et de l'inclusion du sociologue dans sa vision de la société. Et dans cette dialectique, il n'y a pas de monopole, il n'est pas de recette, il n'y a qu'une stratégie toujours recommencée.»* (E. MORIN, 1984, *Sociologie*, p. 26.)

[18] Voir G. NOIZET et J.-P. CAVERNI, *Les procédures d'évaluation ont-elles leur part de responsabilité dans l'échec scolaire?*, 1983, p. 7.

[19] Voir A. LEGER, *Enseignants du secondaire*, 1983.

[20] Voir E. MORIN, *La méthode, I., La nature de la nature*, 1977, p. 93.

[21] *«Saurons-nous faire de l'incertitude le ferment de la connaissance complexe? Saurons-nous englober le connaissant dans la connaissance et saisir celle-ci dans son multidimensionnel enracinement? Saurons-nous élaborer la méthode de la complexité? Je le sais : les risques d'échec d'une telle entreprise sont hautement probables...»* (E. MORIN, *ibidem*, p. 93.)

[22] Voir M. BRU, «Approches empiriques» dans L. NOT, *Une science spécifique pour l'éducation?*, 1984. *«Dans la recherche-action, on se place volontairement dans une situation réactive; on n'applique pas un schéma expérimental à un objet qui comme tel serait figé et pourrait être observé une bonne fois pour toutes. On cherche à favoriser des relations entre partenaires et par ce moyen on tente de faciliter l'émancipation de chacun d'eux»* (p. 109).

[23] J. ARDOINO, *Polysémie de l'implication*, dans les actes du colloque «Sciences anthroposociales et sciences de l'éducation», Paris, 1983, p. 147.

[24] M. BATAILLE, *Cohérence et sens dans la recherche-action*, dans les actes du colloque «Sciences anthroposociales et Sciences de l'éducation», Paris, 1983, volume annexe, pp. 149 à 152.

[25] Les définitions du terme «*paradigme*», empruntées à T. Kuhn (1970) et M. Masterman (1970) ont été extraites de l'ouvrage de J. COENEN-HUTHER, *Le fonctionnalisme en sociologie : et après?*, 1984, p. 50.

[26] Selon T. Kuhn, dans J. COENEN-HUTHER, *ibidem*, p. 69.

[27] Selon A.T.J. Nooij (1972), dans J. COENEN-HUTHER, *ibidem*, p. 61.

[28] Voir M. BRU, «Approches empiriques» dans L. NOT, *Une science spécifique pour l'éducation?*, 1984.

[29] Voir J.F. MALHERBE, *La philosophie de Karl Popper et le positivisme logique*, 1976.
[30] Voir M. Bru, dans L. NOT, *ibidem*, pp. 79-80.
[31] Voir G. MEURIS, «La méthode des tests en question» dans *Bulletin de psychologie scolaire et d'orientation*, 1980.
[32] Voir J. CARDINET, *L'élargissement de l'évaluation*, Neuchâtel, avril 1975.
[33] Voir les actes du colloque «Sciences Anthroposociales et Sciences de l'Education», avertissements et commentaires, Association des enseignants et chercheurs en sciences de l'éducation, Paris, 1983, pp. 11-12.
[34] *Ibidem*, communication de M. Hardy, pp. 128-130.
[35] J.-M. VAN DER MAREN, «De la rigueur des mesures et des observations. Types et indices de rigueur dans les mesures et observations», dans *Introduction à la recherche éducationnelle. Notes schématiques*, pp. 1-12, automne 1985, Faculté des Sciences de l'Education, Université de Montréal. Ces notes, non publiées, sont d'un apport précieux pour le chercheur qualitatif. Nous y faisons largement référence. L'auteur s'inspire, pour la partie relative à la tradition qualitative, des travaux de M. HUBERMAN, «Splendeurs, misères et promesses de la recherche qualitative», dans *Education et Recherche*, III, 3, 1981, de A. OUELLET, *L'évaluation créative*, Sillery, Q.C., Presses de l'Université du Québec, 1983, et de C. SELLTIZ, L.S. WRIGHTSMAN et S.W. COOK, *Les méthodes de recherche en Sciences sociales*, Montréal, HRW, 1977.
[36] Les définitions ont été reprises à J.-P. Spradley (1980) et à J. Friedricks et H. Lüdtke (1980). Elles sont citées par A. LAPERRIERE, dans *Recherche sociale* (sous la direction de B. Gauthier), 1983, p. 230. Signalons que la présentation de la technique de l'observation directe ainsi que celle de l'entretien en recherche et de l'enquête par questionnaires s'inspire des idées, concepts et perspectives développés dans ce dernier ouvrage.
[37] Voir à ce propos l'article de B. SKA, «L'entrevue clinique comme méthode de recherche en éducation», dans *Repères*, n° 5, Université de Montréal, Faculté des Sciences de l'éducation, 1985, pp. 41-45.
[38] Voir à ce propos J. LAUTMAN, «Intérêts et limites des enquêtes sociologiques», dans *Encyclopédia Universalis*, supplément 1985.
[39] *Ibidem*, p. 639 : J. Lautman cite ici l'ouvrage de B. CATHELAT, *Les styles de vie des français*, Laffont, Paris, 1981. Entre aussi dans cette conception l'étude de P. BOURDIEU (1979), *La Distinction*, Seuil, Paris.

Bibliographie

ABRAHAM A. (1983), « Le groupe en images. Le test : ‹ Dessinez un Groupe ›. D.A.G. », dans *Bulletin de psychologie*, t. XXXVII, n° 363, pp. 177-191.
ACCARDO A. et CORCUFF P. (1986), *La sociologie de Bourdieu*, Bordeaux, Le Mascaret.
ACKERMANN W. et ZYGOURIS R. (1967), « Code d'analyse et domaine de référence », dans *Bulletin du C.E.R.P.*, XVI, n° 3, pp. 231-244.
ACTES DU COLLOQUE « Sciences anthroposociales et sciences de l'éducation » (1983), Paris, Association des enseignants et chercheurs en sciences de l'éducation (A.E.C.S.E.).
ALLAL, L. (1981), *Evaluation formative : entre l'intuition et l'instrumentation*, Neuchâtel, I.D.R.P., novembre.
ANCELIN-SCHUTZENBERGER A. (1981), *Le jeu de rôle*, Paris, E.S.F.
ANZIEU D. (1961, 2ᵉ éd. : 1976), *Les méthodes projectives*, Paris, P.U.F.
ARDOINO J. (1983), *Polysémie de l'implication*, voir actes du colloque « Sciences anthroposociales et sciences de l'éducation ».
BACHER F. (1982), *Les enquêtes en psychologie*, Lille, Presses Universitaires de Lille.
BALL S.J. (1985), « Participant observation with pupils », dans R. BURGESS, *Stratégies of educational research. Qualitative methods*, Londres et Philadelphie, The Falmer Press.
BARBIER R. (1977), *La recherche-action dans l'institution éducative*, Paris, Gauthiers-Villars.
BARDIN L. (1977), *L'analyse de contenu*, Paris, P.U.F.
BATAILLE M. (1983), *Cohérence et sens dans la recherche-action*, voir actes du colloque « Sciences anthroposociales et Sciences de l'éducation ».
BAUDRILLARD J. (1972), *Pour une critique de l'économie politique du signe*, Paris, Gallimard.
BEAUGRAND J.-P. (1982), voir ROBERT M. (sous la direction de), *Fondements et étapes de la recherche scientifique en psychologie*, Paris, Maloine édit.
BEAUVOIS J.-P. (1984), *La psychologie quotidienne*, Paris, P.U.F.
BENZECRI J.-P. (1973), *L'analyse des données, I et II*, Paris, Dunod.

BERTAUX D. (1980), «L'approche biographique : sa validité méthodologique, ses potentialités», dans *Cahiers internationaux de sociologie*, vol. LXIX, pp. 197-225.
BERTIAUX A.-M. (1981), *Le dessin de la classe*, mémoire de fin d'étude sous la direction de J.-P. Pourtois, Université de l'Etat à Mons, Faculté des Sciences Psychopédagogiques.
BLUMER H. (1969), *Symbolic Interactionism : Perspective and Method.*, Englewood Cliffs, N.J., Prentice-Hall.
BOUDON R. (1984), *La place du désordre*, Paris, P.U.F.
BOUDON R. (1986), *L'idéologie des idées reçues*, Paris, Fayard.
BOUMARD P. (1983), *Enjeux épistémologiques de la démarche implicationnelle*, voir les actes du colloque «Sciences anthroposociales et Sciences de l'éducation».
BOURDIEU P. (1979), *La distinction*, Paris, Editions de Minuit.
BOURDIEU P. (1987), *Choses dites*, Paris, Editions de Minuit.
BRONFENBRENNER U. (1977), «Toward an experimental ecology of human development», dans *American psychologist*, vol. 32, pp. 513-531.
BRONFENBRENNER U. (1986), «Ecology of the family as a context for human development : Research Perspectives», dans *Developmental psychology*, vol. 22, n° 6, pp. 723-742.
BRU M. (1984), «Approches empiriques», dans NOT L., *Une science spécifique pour l'éducation?*, Service des Publications de l'Université de Toulouse-le-Mirail, série A, t. 26.
BURGESS R.G. (éd. par) (1985), *Field methods in the study of education*, Londres et Philadelphie, The Falmer Press (a).
BURGESS R.G. (éd. par) (1985), *Issues in educational research — Qualitative methods*, Londres et Philadelphie, The Falmer Press (b).
BURGESS R.G. (éd. par) (1985), *Strategies of educational research — Qualitative methods*, Londres et Philadelphie, The Falmer Press (c).
CAMPBELL D.T. (1974), *Qualitative Knowing in Action Research*, communication à l'Assemblée de l'American Psychological Association, Los Angelès, 1er septembre.
CANEVARO A. (1983), *Handicap e senola manuale per l'integrazione scolastica*, Rome, La nuova Italia scientifica.
CANTER KOHN R. (1984), *Les enjeux de l'observation*, Paris, P.U.F.
CARATINI R. (1984), *La philosophie — 2. Thèmes*, Paris, Ed. Seghers.
CARDINET J. (1975), *L'élargissement de l'évaluation*, Neuchâtel, Institut Romand de Recherche et de Documentation (I.D.R.P.), février.
CARDINET J. (1975), *Les deux visées de l'évaluation formative*, Neuchâtel, I.D.R.P., septembre.
CARDINET J. (1980), *Les suites d'une recherche selon Lee J. Cronbach*, Neuchâtel, I.D.R.P., décembre.
CARDINET J. (1982), *Quelques directions de progrès possible dans l'appréciation du travail des élèves*, Neuchâtel, I.D.R.P., juillet.
CARDINET J. (1983), *Evaluer les conditions d'apprentissage des élèves plutôt que leurs résultats*, Neuchâtel, I.D.R.P., décembre.
CARDINET J. et TOURNEUR Y. (1985), *Assurer la mesure : guide pour les études de généralisabilité*, Berne, Peter Lang.
CHALMERS A.F. (1982), *Qu'est-ce que la science?*, Paris, Ed. de la Découverte (traduction française, 1987).
COENEN-HUTHER J. (1984), *Le fonctionnalisme en sociologie : et après?*, Ed. de l'Université de Bruxelles (Institut de Sociologie).
COHEN L. et MANION L. (1980), *Research methods in education*, Londres, Croom Helm Ltd.
COOK T.D. et CAMPBELL D.T. (1979), *Quasi-Experimentation Design and Analysis Issues for Field Setting*, Boston, Houghton Mifflin Company.

CRONBACH L.J. (1974), *Beyond the two disciplines of scientific psychology*, communication à l'Assemblée de l'American Psychological Association, Los Angelès.
D'ANJOU B. (1985), «L'observation et le système du sujet», dans *Repères*, Université de Montréal, Faculté des Sciences de l'Education, n° 5, pp. 51-59.
DE LANDSHEERE G. (1979), *Dictionnaire de l'évaluation et de la recherche en éducation*, Paris, P.U.F.
DE LANDSHEERE G. (1982, 5e éd.), *Introduction à la recherche en éducation*, Liège, Thone.
DE LANDSHEERE G. (1982), *La recherche expérimentale en éducation*, Unesco, Lausanne, Delachaux et Niestlé.
DE LANDSHEERE G. (1986), *La recherche en éducation dans le monde*, Paris, P.U.F.
DELORME C. (1985), «Interrogations d'un praticien-chercheur», dans *Education permanente*, Paris, 80, pp. 59-66.
DELRUELLE-VOSSWINKEL N. (1980), «Quatre moments dans l'analyse sociologique : les techniques, les méthodes, les théories à moyenne portée, les théories générales», dans *Revue de l'Institut de Sociologie*, Ed. de l'Université de Bruxelles.
DENIS M. (1979), *Les images mentales*, Paris, P.U.F.
DESCAMPS C. (1986), *Les idées philosophiques contemporaines en France*, Bordas, Paris.
DESLAURIERS J.-P. (sous la direction de) (1987), *Les méthodes de la recherche qualitative*, Québec, Presses de l'Université du Québec.
DEVEREUX G. (1980), *De l'angoisse à la méthode*, Paris, Flammarion.
DUQUESNE F. et TOURNEUR J. (1985), *Laboratoire micro-informatisé et validité des recherches expérimentales en psychopédagogie*, communication au 29e Colloque de l'A.I.P.E.L.F., Angers, 16 au 19 mai.
DUSSAULT G., LECLERC M., BRUNELLE J., TURCOTTE C. (1973), *L'analyse de l'enseignement*, Montréal, Presses de l'Université du Québec.
FERRAROTI F. (1980), «Les biographies comme instrument analytique et interprétatif», dans *Cahiers internationaux de sociologie*, vol. LXIX, pp. 227-248.
FERRAROTI F. (1981), *Histoire et histoires de vie. La méthode biographique dans les sciences sociales*, Paris, Librairie des Méridiens.
FINCH J. (1986), *Research and Policy : The use of qualitative methods in social and educational research*, Londres et Philadelphie, The Falmer Press.
FOURCADE R. (1972), *Pour une pédagogie dynamique*, Paris, E.S.F.
GAUTHIER B. (sous la direction de) (1984), *Recherche sociale. De la problématique à la collecte des données*, Québec, Presses de l'Université du Québec.
GHIGLIONE R. et MATALON B. (1978), *Les enquêtes sociologiques. Théories et Pratique*, Paris, Colin.
GHIGLIONE R., BEAUVOIS J.-L., CHABROL C. et TROGNON A. (1980), *Manuel d'Analyse de Contenu*, Paris, Colin.
GIORGI A. (1979), *Phenomenology and Psychological Theory*, dans *Duquesne Studies in Phenomenological Psychology* (vol. III), éd. par A. Giorgi, R. Knowles et D.L. Smith, Pittsburg, Duquesne University Press.
GLASER B.G. et STRAUSS A.L. (1967), *The discovery of grounded theory : strategies for qualitative research*, New York, Aldine Publishing Company.
GOETZ J.-P. et LE COMPTE M.D. (1984), *Ethnography and Qualitative Design in Educational Research*, Orland Fl., Academic Press, Inc., Harcourt Brace Jovanovitch Publ.
GRIFFIN C. (1985), *Qualitative methods and cultural analysis : Young woman and the transition from school to unemployment*, dans BURGESS R., *Field Methods in the study of education*, Londres et Philadelphie, The Falmer Press.
GUBA A. (1981), «Criteria for assessing the trustworthiness of naturalistic inquiries», dans *Education Communication and Technology*, vol. 29, n° 2, pp. 75-91.

HABERMAS J. (1968), *Connaissance et intérêt* (traduction française de J.-M. Brohm, 1976), Paris, Gallimard.
HABERMAS J. (1981), *Théorie de l'agir communicationnel*, t. 1 et 2 (traduction française, 1987), Paris, Fayard.
HAMILTON D. et al. (1977), *Beyond the numbers game : a reader in educational evaluation*, Basingstoke, U.K., Macmillan.
HARDY M. (1983), *Le rapport du chercheur aux faits investigués dans les sciences de l'éducation*, voir actes du colloque «Sciences anthroposociales et Sciences de l'éducation».
HARTMAN J.J. et HEDBLOM J.H. (1979), «Methods for the social sciences», Westport, Greewood Press, dans *Contribution in Sociology*, n° 37.
HORTH R. (1986), *L'approche qualitative comme méthodologie de recherche en sciences de l'éducation*, Pointe au Père, Les Editions de la Mer.
HUBERMAN M. (1981), «Splendeurs, misères et promesses de la recherche qualitative», dans *Education et recherche*, Klett et Balmer Verlag, 3ᵉ année, part. 3, pp. 233-243.
HUBERMAN M. et MILES M. (1983), *L'analyse des données qualitatives : quelques techniques de réduction et de représentation*, Neuchâtel, I.D.R.P., février.
HUBERMAN M. (1983), *S'évaluer pour s'illusionner?*, Neuchâtel, I.D.R.P., novembre.
HUBERMAN M. et MILES M. (1985), *Assessing local causality in qualitative research*, dans BERG D.N. et SMITH K.K. (éd.), *Exploring clinical methods for social research*, Beverly Hills, Ca., Sage Publ., pp. 351-381.
HUBERMAN M. (1986), «Itinéraire de lecture d'un pédagogue américain», dans *Perspectives documentaires en sciences de l'éducation*, n° 8.
INSTITUT NATIONAL DE RECHERCHE PEDAGOGIQUE (3ᵉ éd., 1985), *Recueil d'instruments et de processus d'évaluation formative*, t. 1 et 2, Paris.
KELLERHALS J., COENEN-HUTHER J. et MODAK M. (1986), *Quelques problèmes, méthodes et résultats d'une approche sociologique des normes d'équité*, dans POURTOIS J.-P. (sous la direction de), *Thématiques de l'éducation familiale*, actes du Forum d'Education Familiale, Mons, sept. 1986, à paraître.
KELLERHALS J. et al. (1986), *Les formes de l'équité dans les échanges familiaux : analyse d'une structure normative*, travaux CETEL, n° 27, Université de Genève, 418 pages.
KING N.J., HELLER V.R., JACKSON H.J. (1983), «L'entraînement des enfants et des adolescents déficients mentaux aux habiletés verbales», dans *La technique du comportement*, 7, pp. 133-140.
KUHN T. (1962), *La structure des révolutions scientifiques*, Paris, Flammarion (1970).
LAROCHELLE M. (1985), «Instruments de recherche et statut du sujet», dans *Repères*, Université de Montréal, Faculté des Sciences de l'Education, n° 5, pp. 61-68.
LAUTMAN J. (1985), «Intérêt et limites des enquêtes sociologiques», dans *Encyclopedia Universalis*, suppl. 1985, symposium, Paris.
LE BOTERF G. (1981), *L'enquête participation en question*, Paris, Théories et Pratique de l'Education permanente.
LECLERCQ D. (1983), «Confidence Marking : it's Use in Testing», dans *Evaluation in Education : An International Review Series*, vol. 6, pp. 161-287, Oxford, Pergamon Press.
LECLERCQ D. (1985), *Confidence Marking*, dans HUSEN T. et POSTLETHWAITE T.N. (Eds.), *The International Encyclopedia of Education*, Pergamon, Oxford.
LÉGER A. (1983), *Enseignants du secondaire*, Paris, P.U.F.
LEGROS R. (1987), «Phénoménologie et question de l'homme», dans *La liberté de l'esprit. Qu'est-ce que la phénoménologie?*, Hachette, n°14, hiver 1986-1987.
LOPEZ DA SILVA M.I. (1986), «La perspective interactionniste, une théorie de l'action», dans *Documents du C.E.R.S.E.*, Caën, n° 11, juillet.

MAFFESOLI M. (1985), *La Connaissance ordinaire. Précis de sociologie compréhensive*, Paris, Librairie des Méridiens.
MALHERBE J.-F. (1976), *La philosophie de Karl Popper et le positivisme logique*, Paris, P.U.F.
MEAD G.H. (1934), *Mind, self and Society*, Chicago, University of Chicago Press.
MERTON R.K. (1965), *Eléments de théorie et de méthode sociologique*, Paris, Plon.
MEURIS G. (1980), «La méthode des tests en question», dans *Bulletin de psychologie scolaire et d'orientation*, 29e année, n° 3.
MILES M. et HUBERMAN M. (1984), *Qualitative Data Analysis. A sourcebook of new methods*, Beverly Hills, Sage Publications.
MINON P. (1985), «La démarche qualitative en sciences sociales», dans *Les Cahiers de psychologie sociale*, Université de Liège au Sart Tilman, cahier n° 28, octobre, pp. 3-15.
MINUCHIN S. (1983), *Familles en thérapie*, Paris, Editions universitaires.
MORIN E. (1977), *La méthode, 1. La nature de la nature*, Paris, Ed. du Seuil.
MORIN E. (1981), *Pour sortir du vingtième siècle*, Paris, Nathan.
MORIN E. (1984), *Sociologie*, Paris, Fayard.
MOSCOVICI S. et HEWSTONE M. (1984), «De la science au sens commun», dans MOSCOVICI S. (sous la direction de), *Psychologie sociale*, Paris, P.U.F.
NOIZET G. et CAVERNI J.-P. (1983), «Les procédures d'évaluation ont-elles leur part de responsabilité dans l'échec scolaire?», dans *Revue française de pédagogie*, n° 62, janvier-février-mars, pp. 7-14.
NOT L. (1984), *Une science spécifique pour l'éducation?*, Service des Publications de l'Université de Toulouse-le-Mirail, série A, t. 26.
OUELLET A. (1982), *Processus de recherche. Une approche systémique*, Québec, Presses de l'Université du Québec.
PAGE C. (1985), *Le théâtre, ça t'intéresse? Viens donc jouer*, mémoire de fin d'étude réalisé sous la direction de J.-P. Pourtois, Université de Fribourg (Suisse), Institut de Pédagogie.
PAQUETTE C. (1984) (coordonnateur de la publication), *Des pratiques évaluatives*, Victoriaville (Québec), Editions N.H.P.
PATRY J.L. (1980), *La recherche-action face à la recherche sur le terrain*, Université de Fribourg, rapports scientifiques sur l'éducation, août, n° 26.
PATTON M.Q. (1984), *Qualitative Evaluation Methods*, Beverly Hills, Sage Publications.
PECHEUX M. (1967), «Analyse de contenu et théorie du discours», dans *Bulletin du C.E.R.P.*, XVI, n° 3, pp. 211-227.
PECHEUX M. (1969), *Analyse automatique du discours*, Paris, Dunod.
PERRENOUD P. (1984), *La fabrication de l'excellence scolaire*, Libr. Droz, Genève-Paris.
PERRET J.F. (1980), *Evaluation et modalités de recherches empiriques*, Neuchâtel, I.D.R.P., décembre.
PIAGET J. et INHELDER B. (1966), *L'image mentale chez l'enfant*, Paris, P.U.F.
PIRES A.P. (1985), *Le «sens du problème» et le «sens de l'approche» : pour une nouvelle conception du travail méthodologique*, communication présentée au colloque sur la méthodologie qualitative, Université Laval, 31 oct. et 1er nov.
POIRIER J., CLAPIER-VALLADON S. et RAYBAUT P. (1983), *Les récits de vie. Théorie et pratique*, Paris, P.U.F.
POPPER K.R. (1935), *La logique de la découverte scientifique* (traduction française : 1982), Paris, Payot.
POPPER K.R. (1982), *L'Univers irrésolu* (traduction française : 1984), Paris, Ed. Hermann.
POURTOIS J.-P. (1978), «Mesurer les attitudes éducatives des parents», dans *Revue belge de psychologie et de pédagogie*, n° 40, pp. 163-164.

POURTOIS J.-P. (1981), «Quelques caractères essentiels de la recherche-action», dans *Revue de l'Institut de Sociologie*, Ed. de l'Université de Bruxelles, n° 3, pp. 555-572.
POURTOIS J.-P. et DELHAYE G. (1981), «L'école : connotations et appartenance sociale», dans *Revue française de pédagogie*, 1981, n° 54, pp. 24-31.
POURTOIS J.-P. et coll. (1984), *Eduquer les parents ou comment stimuler la compétence en éducation*, Bruxelles, Labor.
POURTOIS J.-P. et LHERMITTE J. (1986), *Entrer à l'Université*, Bruxelles, Labor.
POURTOIS J.-P. (sous la direction de), *Thématiques de l'éducation familiale*, actes du Forum d'Education Familiale organisé à Mons, septembre 1986, à paraître aux Ed. De Boeck-Wesmaël et aux Presses Universitaires du Québec.
PRIGOGINE I. et STENGERS I. (1979), *La nouvelle alliance*, Paris, Gallimard.
REZSOHAZY R. (1979), *Théorie et critique des faits sociaux. Construire le savoir dans les Sciences sociales*, Bruxelles, La Renaissance du Livre.
RIVIERE C. (1978), *L'analyse dynamique en sociologie*, Paris, P.U.F.
ROBERT M. (1982) (sous la direction de), *Fondements et étapes de la recherche scientifique en psychologie*, Paris, Maloine édit.
SCHUTZ A. (1975), *Le chercheur au quotidien*, traduction française de A. Noschis-Gilliéron (1986), Paris, Méridiens Klincksieck.
SKA B. (1985), «L'entrevue clinique comme méthode de recherche en éducation», dans *Repères*, Université de Montréal, Faculté des Sciences de l'Education, n° 5, pp. 41-45.
SUBKOVIAK M.J. et BAKER F.B. (1977), *Test theory*, dans SCHULMAN L.S. (éd.), *Review of research in education*, 5, F.E. Peacock Publishers, I.N.C., Itasca, Illinois.
TAYLOR J.S. et BOGDAN R. (1984), *Introduction to qualitative research methods. The Search for meanings*, New York, A. Wiley — Interscience Publication, 2e édit.
THINES G. et LEMPEREUR A. (1984), *Dictionnaire général des sciences humaines*, Louvain-la-Neuve, CIACO.
THOMPSON P. (1980), «Des récits de vie à l'analyse du changement social», dans *Cahiers internationaux de sociologie*, vol. LXIX, pp. 249-267.
TOFFLER A. (1980), *La troisième vague*, Paris, Denoël-Gonthier.
TOURAINE A. (1984), «Contre le fanatisme», dans *Le monde aujourd'hui*, 8 août, p. 14.
VAN DER MAREN J.-M. (1985), «De la rigueur des mesures et des observations. Types et indices de rigueur dans les mesures et observations», dans *Introduction à la recherche éducationnelle. Notes schématiques*, pp. 1-12, automne 1985, Faculté des Sciences de l'Education, Université de Montréal.
VAN DER MAREN J.-M. (1986), «Revoir la recherche en éducation : cesser de prédire pour mieux comprendre», dans *Repères*, essais en éducation, Faculté des Sciences de l'Education, Université de Montréal, pp. 100-140.
VAN MAANEN J., DABBS J.M. et FAULKNER R.R. (1983), *Varieties of qualitative research*, Beverly Hills, Sage Publications.
WEISS J. (1984), *La subjectivité blanchie?*, Neuchâtel, I.D.R.P., novembre.
WITTGENSTEIN L. (1921; éd. Gallimard, 1961), *Tractatus*, Paris, Gallimard.

Supplément bibliographique

DESMET H. et POURTOIS J.-P. (1993), *Prédire, comprendre la trajectoire scolaire*, Paris, PUF.
LAHAYE W., POURTOIS J.-P. et DESMET H. (2007), *Transmettre*, Paris, PUF.
NIMAL P., LAHAYE W. et POURTOIS J.-P. (2000), *Logiques familiales d'insertion sociale*, Bruxelles, De Boeck Université.
POURTOIS J.-P. et DESMET H. (3e éd., 2005), *L'Éducation postmoderne*, Paris, PUF.
POURTOIS J.-P. et DESMET H. (2004), *L'Éducation implicite*, Paris, PUF.
POURTOIS J.-P. (1979), *Comment les mères enseignent à leur enfant*, Paris, PUF.

Table des matières

Avant-propos 5

Introduction 7

CHAPITRE I. LA SCIENCE AUJOURD'HUI 13
1. Le rapprochement des disciplines 13
2. La diversification à l'intérieur des disciplines 16

CHAPITRE II. LES DEUX TRADITIONS SCIENTIFIQUES 19
1. Le concept de la connaissance 19
   1.1. Il n'existe pas de relation 20
   1.2. Il existe une relation 21
   1.3. Prendre en compte la complexité 26
2. L'appréhension de la connaissance 27
   2.1. Le nomothétisme ou l'herméneutique 27
   2.2. L'expérimentalisme ou la clinique 28
   2.3. L'objectivité ou la subjectivité 35
   2.4. La persistance des controverses 39
   2.5. Le perfectionnement de la méthodologie expérimentale : illustrations 41
3. La légitimation des connaissances 43
   3.1. Le point de vue positiviste traditionnel 43
   3.2. Le concept de «vérité» en science 44
   3.3. La critique de la méthode expérimentale 45
   3.4. La critique de la démarche qualitative 48
   3.5. La scientificité des recherches 50

CHAPITRE III. L'EVOLUTION DES TENDANCES 67

1. Présentation de l'étude 67
2. Situer l'étude 68
   - 2.1. Le niveau de l'instrumentation 68
   - 2.2. La place de l'instrumentation 70
3. Construire un instrument : deux conceptions différentes 71
   - 3.1. Approche statistique 71
   - 3.2. Approche théorique rationnelle 73
4. Revues dépouillées 73
5. Articles avec instruments 74
6. Types d'instruments utilisés 76
   - 6.1. Total général 76
   - 6.2. Totaux partiels : en fonction des périodes 79
   - 6.3. Totaux partiels : en fonction des revues et des périodes 81
7. Qualités métrologiques des instruments 84
   - 7.1. Ensemble des trois revues 84
   - 7.2. Comparaison entre les trois revues 85
8. Originalité des instruments 87
   - 8.1. Ensemble des trois revues 87
   - 8.2. Comparaison des trois revues 88
9. Théories sous-jacentes aux instruments 90
   - 9.1. Instruments avec théorie 90
   - 9.2. Théories les plus citées 90
   - 9.3. Types de théories 91
10. Synthèse : les tendances évolutives 92

CHAPITRE IV. VERS UNE CONCEPTION ELARGIE DES SCIENCES HUMAINES 97

Introduction 97

1. Sujet isolé ou sujet en interaction 98
2. Objectivité ou subjectivité 100
3. Neutralité ou participation de l'observateur 101
4. Traits normatifs ou traits particuliers 102
5. Handicap ou différence 104
6. Cohérence ou signifiance 106
7. Temps objectif ou temps subjectif 107
8. Causalité linéaire ou paradigme de la complexité 108
9. Conclusion et apport de J. Habermas à notre réflexion 110

CHAPITRE V. LA COLLECTE ET L'ANALYSE DE L'INFORMATION . . 117

1. Le choix des méthodes présentées 117

2. La validation des données qualitatives 119
   - 2.1. La crédibilité 120
   - 2.2. La transférabilité 120
   - 2.3. La constance interne 121
   - 2.4. La fiabilité 122

3. L'observation participante (méthode d'observation directe) 122
   - 3.1. Historique 122
   - 3.2. Définitions et buts 123
   - 3.3. Enregistrement des observations 124
   - 3.4. Traitement des protocoles recueillis 124
   - 3.5. Avantages et limites 125
   - 3.6. Assurer la scientificité de la méthode 126
   - 3.7. Illustrations 127

4. L'entretien non directif ou l'approche clinique 131
   - 4.1. Son usage comme méthode de recherche 131
   - 4.2. Théorie sous-jacente 131
   - 4.3. Définitions et buts 132
   - 4.4. Technique d'enregistrement des données 132
   - 4.5. Traitement du protocole 133
   - 4.6. Avantages et limites 134
   - 4.7. Assurer la scientificité de la méthode 135
   - 4.8. Illustrations 136

5. Les récits de vie 139
   - 5.1. Historique 139
   - 5.2. Définitions et buts 140
   - 5.3. Technique de l'approche par les histoires de vie 141
   - 5.4. Avantages et limites 144
   - 5.5. Assurer la scientificité de la méthode 146
   - 5.6. Illustrations 146

6. Le dessin d'une situation de vie (méthode projective) 148
   - 6.1. Historique des méthodes projectives 148
   - 6.2. Intérêt de l'épreuve du dessin 149
   - 6.3. Définitions et buts 150
   - 6.4. Le dessin de la classe : technique d'utilisation 151
   - 6.5. Avantages et limites 153
   - 6.6. Assurer la scientificité de la méthode 155
   - 6.7. Un autre exemple : le dessin du salon 155

7. Les enquêtes par questionnaire 156
   - 7.1. Historique 156
   - 7.2. Définitions et buts 157

7.3. Technique de l'enquête par questionnaire 159
7.4. Analyse et interprétation des données de l'enquête par questionnaire . . 165
7.5. Avantages et limites 166
7.6. Assurer la scientificité de la méthode 170
7.7. Illustrations 171

8. Le jeu de rôle 173
   8.1. Historique 173
   8.2. Définitions et buts 174
   8.3. Technique du jeu de rôle : recueil des données 175
   8.4. Interprétation du jeu 176
   8.5. Avantages et limites 177
   8.6. Assurer la scientificité de la méthode 177
   8.7. Technique proche du jeu de rôle : la dramatisation 178
   8.8. Illustrations 179

9. La méthode des événements critiques 180
   9.1. Historique 180
   9.2. Définitions et buts 181
   9.3. Enregistrement des données 182
   9.4. Traitement des informations 183
   9.5. Avantages et limites 183
   9.6. Assurer la scientificité de la méthode 184
   9.7. Technique proche des événements critiques :
       la technique du scénario interactif 185
   9.8. Illustrations : la technique des scénarios interactifs 186

10. La technique du Q-Sort 188
   10.1. Historique 188
   10.2. Définitions et buts 189
   10.3. Procédure de passation 190
   10.4. Elaboration des propositions 191
   10.5. Analyse des résultats 192
   10.6. Avantages et limites 192
   10.7. Assurer la scientificité de la méthode 194
   10.8. Extension de la méthode Q. : la méthode des configurations . . . 195
   10.9. Illustration : Q-Sort sur les conceptions diverses de l'éducation . . 195

11. Analyse de contenu 197
   11.1. Remarque préliminaire 197
   11.2. Historique 198
   11.3. Définitions et buts 199
   11.4. Techniques de l'analyse de contenu 201
   11.5. Avantages et limites 204
   11.6. Assurer la scientificité de la méthode 205
   11.7. Illustrations 206

12. En synthèse 210

CHAPITRE VI. CONCLUSIONS 215

1. Opposer ou articuler 215
2. Comment assurer la scientificité des connaissances 217
3. Vers une évolution de l'instrumentation 218

Notes bibliographiques 221

Bibliographie 225

Table des matières 231